U0910510

『双新』要求下的上海高中课程行动

■ 上海市教师教育学院（上海市教育委员会教学研究室） 编著

上海科技教育出版社

总主编

王　洋　徐淀芳　纪明泽

陆伯鸿　谭轶斌

本册主编

金京泽

前　言

十多年来，我与课程领导力项目有着不解之缘。2008年，在我刚任上海市曹杨第二中学校长时，就参加了上海市教育委员会教学研究室（以下简称“上海市教委教研室”）的“学校课程计划研究与编制：基于上海的实践探索”项目，并参与了高中学校课程领导力项目的预研究。此后，我又以上海市提升中小学（幼儿园）课程领导力项目学校负责人、专家等身份，沉浸于多轮项目研究与实践中；2020年到上海市教委教研室任主任后，又负责该项目，往事历历在目。

基于三个需要，上海率先提出提升课程领导力。2009年，上海市教委基于课程改革深化、学校内涵发展、校长与教师专业成长三方面需要，率先提出“提升学校课程领导力”，抓住“课程”的要素，以“项目”的形式，凝聚上海全市之力，打响课改攻坚战。2010年，上海市教委颁布了《上海市提升中小学（幼儿园）课程领导力三年行动计划（2010—2012年）》，并正式启动第一轮“上海市提升中小学（幼儿园）课程领导力行动研究项目”（以下简称“课程领导力项目”）。幼儿园、小学、初中、高中四个学段51所项目学校和1个整体试验区，围绕学校课程计划、学科建设、课程评价和课程管理四大方面，开展大规模行动研究。经过四年艰苦卓绝的探索，明晰了课程领导力的内涵，构建了课程领导力提升的实践框架，确立了“可视化”行动路径，建立了共同体运行机制，提炼了一批凸显实践价值的课程校本化实施经验，荣获第一届国家级基础教育教学成果奖一等奖。在第一轮项目研究中，总项目组出版了《基于问题解决　提升课程领导力的行动》《我们的课程领导故事》《为了学校的可持续发展：普通高中提升课程领导力的探索》《学校课程计划编制实践指南》《小学快乐活动日方案的编制与实施》《幼儿园课程图景　课程实施方案编制指南》等六本专著。

承接教育综合改革，持续提升课程领导力。2015年，在贯彻落实教育部《关于全面深化课程改革落实立德树人根本任务的意见》，推进上海全面开展教育综合改革的背景下，上海市教委启动第二轮课程领导力项目，遴选产生58所项目学校和1个整体试验区。第二轮课程领导力项目以“评价引领、实践导向、互动生成、模式多样、促进提升、关注特色”为指导思想，在行动研究中采用“指南引领（顶层设计）→工具测评（前测、后测）→行动研究（设计—实施—调整）→总结提炼（路径、机制）→推广辐射”的工作思路，突破学校课程领导力评价难点，探索基于证据的学校课程计划的完善，启动学科单元教学指南研究，推进学校德育、美育、体育等关键领域课程体系建设，在顶层设计方面前瞻引领，在面上破解共性问题，在点上突出方略提炼，取得了显著成效。总项目组出版《课程领导：学校持续发展的引擎　上海市提升中小学（幼儿园）课程领导力十年行动》《课程领导的上海高中行动》《学校课程计划完善实践指南》《学校特色课程在行动》《幼儿园，课程领导力在生长》等五本专著。

在新课改路上提升课程领导力，是学校教育发展的永恒主题。2017年，教育部印发了《普通高中课程方案》和各学科《课程标准》，意味着基础教育新一轮改革全面启动。第三轮课程领导力项目在顶层设计方面，全面总结第一轮、第二轮项目成果及未解决的问题，结合新课程、新教材等要求，以及国家教学成果奖推广辐射等形式，研制了第三轮课程领导力项目实施方案。第三轮课程领导力项目学校共涉及119所学校（设A类和B类学校），实现16个区、4个学段全覆盖。在市教委以及基教处、托幼处的领导下，第三轮课程领导力项目由上海市教委教研室王洋、徐淀芳、陆伯鸿、纪明泽、谭轶斌等领导负责，综合教研员、学科教研员和100多位专家参加。总项目组通过培训先行、抓关键环节、年度项目大会、跨校深度研修、成果推广辐射等举措，克服疫情等影响，达成预期目标。在2022年度教学成果奖评选中，项目学校获特等奖13项、一等奖12项，总项目组荣获2项一等奖。项目组在《全球教育展望》《人民教育》《中国教育学刊》《中小学管理》等全国权威核心期刊，以及《上海课程教学研究》上发表系列研究成果，产生良好学术影响力，达到了以研促项目品质的目的。总项目组陆续出版了《课程领导的上海探索》《上海市普通高中课程实施规划案例集》《学校教学管理工具箱》《选择 行动 对话——向幼儿园学提升课程领导力》等专著。

《上海市普通高中课程实施规划案例集》是第三轮课程领导力项目高中学段第一本专著，汇集了上海市普通高中优秀学校课程实施规划。规划含课程规划依据、课程教学计划及说明、课程实施与评价、保障措施等四大部分，体现三个“合”：“合目的”，即符合国家或省级课程方案的理念及相关要求，体现先进的课程理念与素质教育的追求；“合一致”，即课程结构、学年课时计划与说明，依据、计划、实施与保障具有内在的一致性；“合可行”，即实施建议清晰、具体且提纲挈领，保障措施全面、可落实是关键。

本书是第三轮课程领导力项目高中学段的第二本专著，体现了一定理论高度和实践深度。上篇，由第三轮课程领导力项目实施方案，《简论课程领导力之上海模型》《学校课程领导力提升的“上海经验”》《上海校长课程领导研修“5P”模式初探》《高中学校课程领导力评价探索》《数据驱动的中小学教师课程领导力实践模型研究》等专题论文，以及历年课程领导力项目总结组成，体现总项目组学术成果；下篇，针对新课程、新教材实施中面临的问题，挑选出16所项目学校的实践研究成果予以分享，涉及新课程建设、新教学模式、新环境支持等。

十多年来，课程领导力项目以课程实践的方式，催生一线教育者的智慧，不断凸显上海基础教育的品质与力量。它根植于学校，发力于教师，落实于课堂；在项目引领下，越来越多的区、越来越多的学校、越来越多的教师投入其中。“课程领导力”如今在上海市基础教育界，已不是一般的“学术名词”，而是有着特定内涵和外延的“教育动词”；“课程领导力”如今在上海市中小学校长、幼儿园园长心里，已不是行政领导的“指令”，而是学校的一种文化自觉；“课程领导力” 如今在上海中小学、幼儿园的教师眼里，已不是高不可攀的“学术围墙”，而是乐于耕耘的“研究绿洲”。“课程领导力”正在成为学校的“软实力”、校长的“真功夫”、教师的“好本领”。

2023年2月，上海市教委启动了第四轮课程领导力项目，扬帆再出发。第四轮课程领导力项目拟在以下几个方面有新的突破：一是提高政治站位，认清教育形势；二是加强课程领导，提升教育实效；三是聚焦重点难点，推进系统探索；四是强化区域介入，促进整体发展。

王　洋

上海市教师教育学院(上海市教育委员会教学研究室)院长

2023年4月

目 录

上 篇

课程领导力总项目组研究成果

一

课程领导力项目
实施方案

上海市提升中小学（幼儿园）课程领导力行动研究

（第三轮）项目实施方案

本项目实施方案内容包括项目简介、项目校申报与遴选两个方面：

1. “项目简介”含项目基础、项目背景与意义、项目目标、项目基本假设、研究内容、研究方法、路径与策略、项目实施进程、项目团队、过程管理、预计成果、保障措施等，帮助学校了解项目概貌。

2. “项目校申报与遴选”含项目类别、项目学校确定程序、市区遴选推荐项目学校工作、市审核程序、项目学校公示等，指导学校有序申报项目。

项目申报学校要认真研读项目简介，充分把握项目申报与遴选要求，精心研制项目申报表，按时、按要求提交相关资料。

一、项目基础

在上海市教育委员会(以下简称“市教委”)《上海市提升中小学(幼儿园)课程领导力三年行动计划(2010—2012年)》文件指导下,上海市教育委员会教学研究室(以下简称“市教研室”)经过两轮《上海市提升中小学(幼儿园)课程领导力行动研究》项目实践,通过项目学校、指导团队和总项目组共同努力,取得了显著成效。

(1) 编制了学校课程计划,引领学校系统开展课程建设,学校课程领导意识和能力显著提升。

(2) 研制了单元教学设计指南,开展课堂教学改进实证研究,学校学科课程领导力和学业质量明显提升。

(3) 探明了课程领导力的内涵,构建学校课程领导力测评框架,课程领导力评价取得突破。

(4) 形成了“大兵团”“共同体”协同攻关的行动范式,积累了项目组织与项目管理的实践经验。

(5)《上海市提升中小学(幼儿园)课程领导力行动研究》获得2014年国家基础教育教学成果一等奖。

近年来,在市教委领导下,市教研室积极推进基础教育课程教学改革,取得了累累硕果。

(1) 开展基于课程标准的教学与评价研究。研制分年级教学目标,建立活动、作业、评价的设计与实施跟课程目标的关联。

(2) 开展义务教育阶段绿色指标综合评价研究。采用学科测试与背景问卷相结合的方式,既关注学生的学业,又关注学业水平取得的背景与代价,建立起“标准—教学—评价”的循环系统。

(3) 开展教研实践范式研究。从价值、方法、机制和内容四方面反映实践范式,提炼了课例研修、主题教研、课程调研、项目研究等模式,探索通过教研提升课程与教学质量的基本路径。

(4) 开展基于规准的课程与教学调研。通过调研流程改进、模式再构、工具引入,实现从基于“经验与直觉”走向基于“证据与分析”。

以上研究都为第三轮课程领导力项目的启动和开展做了铺垫并奠定了基础。

二、项目背景与意义

继续开展《上海市提升中小学(幼儿园)课程领导力行动研究》项目是全面贯彻落实立德树人根本任务、促进学校自主发展、持续深化课程领导力项目研究的需要。在第一轮、第二轮项目研究基础上,启动项目第三轮研究。

1. 全面贯彻落实立德树人根本任务的需要

提升学校课程领导力是上海教育更好回答“培养什么人”“怎样培养人”“为谁培养人”根本问题,全面落实立德树人根本任务的迫切需要。

教育是国之大计、党之大计。必须牢牢把握培养社会主义建设者和接班人这个根本任务,全面实施新时代立德树人工程,努力构建德智体美劳五育并举、以德为先的教育体系。

一流教育成就一流城市,一流城市孕育一流教育。上海作为国家教育综合改革试验区,先后制定出台了《上海教育现代化2035》《上海市面向2020年加快推进教育现代化实施方案》等文件,明确了上海加快推进教育现代化的战略布局和实施路径。

2. 促进学校自主发展的需要

提升学校课程领导力是学校永恒的课题,是破解难点问题、实现学校自主发展的有效办法。

《上海市进一步推进高中阶段学校考试招生制度改革实施意见》《上海市教育委员会关于实施百所公办初中强校工程的意见》已颁发,“办好每一所学校、成就每一名教师、教好每一位学生”已成为共识,落脚点是学校,且与课程与教学有关。

随着课改的深化,上海基础教育改革的难度和复杂性前所未有,一些教育的难点和瓶颈问题有待进一步探索,如义务教育阶段教育优质均衡发展问题,切实加强德育和劳育问题,学生学业负担重、学习效率低问题,教师教学、备课、命题等专业能力提升问题,校长在教育教学过程中先进理念的落地问题等。

因此,课程与教学问题的解决要从“课程”突破,要以“课程”为抓手,提升中小学(幼儿园)课程领导力,充分发挥学校在破解教育难题、探索育人模式、提高教育教学质量等方面的主动性和创造性,持续深化本市课程与教学改革。

3. 持续深化课程领导力项目研究的需要

前期研究成果科学与否、好用与否需要在不同层面学校中应用验证。同时,在精准诊断、有效提高课程领导力方面还需进一步深化研究。

通过第一、第二轮项目研究，初步形成了“校本化实施课程的有效途径”“提升学校课程领导力的运行机制”“‘大兵团’协同攻关的行动研究范式”等成果。

学校课程领导力评价难点上有突破，基于证据的学校课程计划完善和关键领域课程体系建设有创新，学科单元教学设计研究对核心素养培育产生影响，形成了一些路径、工具和策略等实践经验。

基于上述三个“需要”，第三轮课程领导力项目将继续深化与发展，并持续以“问题导向、需求导向、实践导向、成果导向”为源点，凝聚全市之力深化课程与教学改革。

在第三轮课程领导力项目研究中关注：从个案经验总结转至系统化和规格化经验提炼，形成产品；从实践中归纳经验转至在实践中推广检验经验，优化产品；从课程规划研究转至课程规划新探索与改革教学实施并重；从共性问题的集中攻关转至针对问题，以校为本的个性研究；从自上而下引导落实转至自下而上、上下联动的自主发展。

三、项目目标

本项目研究以“评价引领、实践导向、互动生成、模式多样、促进提升、关注特色”为指导思想，关注课程领导力提升的关键行为表现、关注课程领导力的指标及可测评的工具、关注课程领导力提升的基本策略、方法和途径。项目目标如下：

（1）**进一步完善学校课程领导力提升的三个长效机制**。一是市、区、校三级项目研究网络和研究共同体运行机制；二是学校课程持续完善机制；三是经验孵化共享机制。

（2）**进一步提炼、检验、优化两轮课程领导力项目经验**。提炼经验形成规格，并在项目学校中实践、检验和优化，推动学校课程优质均衡发展和持续完善。

（3）**进一步促进教学方式变革**。探索支持课堂教学转型的新技术、新资源、新模式，形成凸显学生个性化培养和实践性经历的课程实施方法。

（4）**进一步探索提升课程领导力项目的实施方式**。开发学校课程领导力测评系统，研制课程领导力提升行动指南和培训课程，采用“调研—培训—实施—评价”相结合的推进方式，全面提升学校课程领导力。

（5）**进一步培育课程领导力项目示范校**。培育10所在全国具有影响力的提升课程领导力项目示范学校（幼儿园）和40所在全市有影响力的提升课程领导力项目示范学校（幼儿园）（简称“1040计划”）。

四、项目基本假设

从研究目标、研究载体、研究方法、研究策略、研究机理等视角提出如下基本假设：

1. 围绕课程与教学的关键要素开展行动研究能够提高课程与教学的质量，提升课程领导力

课程与教学是课程领导力的重要载体，行动研究是提升学校课程思想力、课程设计力、课程执行力、课程评价力的有效方法，两者的有效结合能够提升学校课程领导力，提高学校的课程与教学质量。

2. 提炼经验形成规格有利于经验传播，培训与项目相结合，可以有效辐射传播经验，提高项目实施的质量

改革可以丰富质量的内涵，规范可以提高质量水平。创新是改革与规范的统一，规格（规准）是基于改革实践提炼形成的规范与标准。将经验转化成规范，在实践中检验完善，并针对问题深化改革，把构想转化成现实，在规范和改革的过程中实现创新和提升质量。

3. 教研是持续提升课程与教学质量的基本保障

教研工作能立足一线教学，发现问题、指导实践、解决问题，总结经验、分享经验，发挥研究、指导、服务职能；教研工作能将立德树人、教育方针和国家重大改革，落实到日常教案、教学、作业、评价等方方面面。通过项目联合攻关等教研范式转型，针对需要研究的问题，提出目标或假设、组织团队设计实践路径和研究方法、收集证据形成解释和结论，持续提高项目品质和课程与教学品质。

五、研究内容

通过项目研究，期望在理论和实践两个层面上探索出提升上海市中小学（幼儿园）课程领导力的有效途径。项目研究主体分为项目学校和总项目组：项目学校重点开展经验提炼、实践检验等方面的研究；总项目组重点开展课程领导力诊断评估、项目规格化、工具化、课程化、机制化等方面的研究。项目研究内容聚焦如下几方面。

1. 开展总项目组与项目学校互动生成的机制研究

一是市、区、校三级项目研究网络和共同体运行机制；二是学校课程持续完善机制，如调研诊断测评（前测、后测）→行动研究（培训—设计—实施—调整）→成果检验（成事、成人）；三是经验孵化共享机制，如经验检验（提炼—实践—验证）→行动研究（设计—实施—调整)→推广辐射。

2. 开展提升区校课程与教学质量的实证研究

一是通过对课程领导力项目已有经验的“规格化”(流程+属性+问题+方法+机制)研究,形成“产品”(方案+规格+案例)作为辐射推广的基础;二是通过调研—培训—实践—评价相结合的方式作为辐射推广经验的基本模式;三是聚焦学校课程制度(着眼于课程的持续完善)、课程计划及课程群或特色课程的建设(着眼于课程的整体性、综合性、实践性→学校德育、美育、劳育等课程群+跨学科课程+综合实践课程等)、国家课程的校本化实施(着眼于教学方式变革→单元教学设计→活动+作业+评价等)、综合评价(着眼于价值引导和学习指导+着眼于诊断分析和成效检验)、信息技术和人工智能应用等深化课程改革需要突破的关键要素进行攻关创新。

3. 深化学校课程领导力及学校课程与教学质量的评价研究

研制学校课程领导力及学校课程与教学质量的模型、测评工具、数据采集和处理系统。

说明:项目学校重点围绕《上海市提升中小学(幼儿园)课程领导力行动研究》(第三轮)中小学(幼儿园)子项目研究领域内容框架(供参考),探索课程领导力的提升机制,起到示范辐射效应。

六、研究方法、路径与策略

1. 研究方法

本项目采用行动研究法、实证研究法、案例研究法、调查研究法等。

2. 实施路径

本项目采用“现状调研→问题梳理+明确目标→设计方案+组建团队+专项培训→实践探索+经验提炼+效果分析+传播分享→形成机制”路径,检验和完善既有成果,探索自主、精准提升学校课程领导力的有效方法,探寻促进校长、教师专业发展的有效途径。

3. 操作策略

一是问题导向,聚焦课改热点难点;二是经验提炼,检验辐射项目成果;三是评价伴随,动态调整研究内容;四是尊重差异,呈现学段个性特点;五是强化研修,建设三级项目团队;六是精细管理,积累项目过程档案(利用teambition平台);七是协同攻关,实现研究深化突破。

七、项目实施进程

1. 预研究阶段（2018年12月—2019年4月）

（1）完成第二轮课程领导力项目成果总结与提炼，分析形成第三轮项目深化研究的重点。

（2）分析新时代课程教学改革的新要求、新趋势，形成第三轮项目研究创新突破口。

（3）研制第三轮课程领导力项目研究方案和项目申报指南。

（4）完成项目学校遴选方案和总项目组专家团队推荐。

2. 项目启动阶段（2019年5月—2019年9月）

（1）发布项目申报指南，完成项目学校申报、推荐、审核与立项（5月）。

（2）召开第三轮课程领导力项目启动大会，做好项目培训（6月）。

（3）遴选项目指导专家，形成各学段专家指导团队，完成指导专家培训，明确研究与指导重点（6—7月）。

（4）组织开展学校课程领导力问卷测评与现场调研，把握学校需求，做好项目方案设计指导（7—9月）。

（5）组织开展项目学校开题论证（9月）。

3. 项目实施阶段（2019年9月—2021年8月）

（1）开展学校课程领导力诊断与评估方案、评估工具、评估平台等的系统研究，并在实践研究过程中不断完善。

（2）探索课程领导力项目经验提炼、成果检验、经验辐射模式等。

（3）完成项目学校中期评估、结项评估。

（4）开展市、区、校际多层次、多类别的提升课程领导力经验和成果分享交流与展示。

（5）伴随项目推进与实施过程，开发研训课程，组织开展专题培训。

4. 项目成果总结阶段（2021年9月—2021年12月）

（1）完成总项目结项报告和各项预期成果。

（2）组织召开总项目结题会。

说明：总项目组将根据项目实施评估情况，适当调整项目进程。

八、项目团队

1. 项目领导小组

由市教委成立项目领导小组,具体由基教处、托幼工作处、市教研室负责组建。

2. 总项目组

由市教研室组建总项目组,对项目进行整体规划和年度工作设计。下设四个学段项目组、评价项目组、专家指导团、区教研室项目组、学校子项目组和项目资源保障组。

组　长:徐淀芳。

副组长:纪明泽、陆伯鸿、谭轶斌、王月芬。

成　员:汤青、金京泽、裘腋成、赵尚华、张玉华、韩艳梅、席恒、陈群波、贺蓉、徐则民、张新宇、张汶、汪茂华、沈慧丽。

(1) 学段项目组:负责学段课程领导力研究和对项目学校的管理、协调、评价工作。

◎高中学段组:负责高中学段研究和管理、协调、评价工作。

组　长:陆伯鸿、纪明泽。

副组长:金京泽、汤青。

成　员:高中部各学科教研员;邵骁、刘辉。

◎初中学段组:负责初中学段研究和管理、协调、评价工作。

组　长:陆伯鸿、纪明泽。

副组长:张玉华、赵尚华。

成　员:初中部各学科教研员;韩艳梅、张新宇、赵雪晶。

◎小学学段组:负责小学学段研究和管理、协调、评价工作。

组　长:谭轶斌、陆伯鸿。

副组长:陈群波、席恒。

成　员:小学部各学科教研员;汪茂华、刘嘉秋、费宗翔。

◎幼儿园学段组:负责幼儿园学段研究和管理、协调、评价工作。

组长:谭轶斌、陆伯鸿。

副组长:贺蓉、徐则民。

成　员:幼特教部幼教教研员;周洪飞。

(2) **评价项目组:**负责评价工具研究和项目学校的评价。

组　长:陆伯鸿。

副组长:金京泽、裘腋成、汪茂华。

(3) **专家指导团:**负责对项目学校的指导、研究、培训工作。

组　长:陆伯鸿。

成　员:由本市中小学校长、教研科研人员、高校教师及教育督导人员等组成,进行全程、全范围的结对指导。

(4) **区教研室项目组:**负责本区项目学校指导和经验传播。

组　长:徐淀芳、陆伯鸿。

成　员:各区教研室主任代表。

(5) **学校子项目组:**负责本校的项目研究。

组　长:项目学校校长。

成　员:学校确定。

(6) **项目资源保障组:**提供会务、科研、信息化等资源保障服务。

组　长:徐淀芳、王月芬。

副组长:张新宇、沈慧丽。

成　员:张汶、周坤亮、陈硕颖。

3. 区项目组

由各区教育局组建区项目组,负责管理本区项目研究、管理和推进,区教育(教师进修)学院提供专业支持。

九、过程管理

本轮项目管理要进一步加强项目管理的精致化、实证性;进一步加强项目的监控与质量控制;进一步明确项目研究共同体的职责。

1. 项目学校

按计划开展项目研究,及时上传研究资料,分享研究成果,参与总项目组研讨与交流,完成总项目交付的各项研究任务。

2. 区教研室

每月一次深入项目学校,了解项目进程,指导项目研究;每学期向总项目组反馈项目进展，提出项目建议。

3. 专家指导组

每月一次深入项目学校开展调研，指导项目研究，评估项目成效；每学期向学段组反馈项目进展，提出项目建议。

4. 学段项目组

制订年度学段项目计划；每年召开2次学段专家组、区教研室主任组、学校校长组联席会议；每年组织1次全市项目展示活动；每学期向总项目组反馈项目进展情况，提出项目建议。

5. 总项目组和保障组

制订年度项目计划、经费预算和项目总结；根据需要组织项目培训；组织项目研讨和评估。

十、预计成果

1. 完成课程领导力项目结项报告，厘清提升学校课程领导力机理。

2. 完成课程领导力诊断系统、课程领导力提升行动指南，以及相关培训课程。

3. 完成课程领导力项目学校典型经验和实践成果集。

为达到上述目的，预期完成以下“产品”：

（1）学校课程领导力评估和教育质量综合评价“产品”：①课程领导力评估（方案+规格+案例+课程）；②教育质量综合评价（方案+规格+案例+课程）。

（2）区校课程领导力提升机理“产品”：路径（问题梳理+明确目标→设计方案+组建团队+专项培训→实践探索+经验提炼+效果分析+传播分享→形成机制）、方法（行动研究+案例研究+实证研究→实践探索+证据积累+质性分析+持续完善）、策略（突出重点+以点带面；经验提炼+实践检验；团队智慧+持续改进）、机制（规范与创新相结合的持续推进机制）等“产品”，体现教研产生质量的机理。

（3）学校课程与教学关键要素的质量提升“产品”：①课程计划编制和完善（现状分析+学校传统+课程政策→学校课程计划基本要素+必须的机制建设）；②德育、美育、劳育、体育等学校课程群建设（学科+学校+社会→整体化+结构化+机制化→规格+工具+案例）；③学校特色课程建设（综合实践活动+跨领域创新实践课程→规范化+特色化+机制化→规格+工具+案例）；④学科教学与评价（教学设计+课堂教学+作业+考试评价→规范+变革→规格+工具+案例)。

十一、保障措施

(1) 上海市教委对“上海市提升中小学(幼儿园)课程领导力行动研究”项目组和立项学校给予一定的经费支持。

(2) 各区教育局对本区市级课程领导力项目学校给予1:1及以上的配套经费。

(3) 各区教育局或教育学院负责区域课程领导力项目,设项目负责人,具体落实本区课程领导力项目研究和实践。

(4) 组建市、区、校三级课程领导力项目研究网络,形成市、区、校课程领导力项目的协同互动机制。

十二、项目学校申报与遴选

1. 项目类别

(1) A类(实验学校建设)项目:应用课程领导力项目(第一轮)和(第二轮)研究成果,在A类项目学校中实践,检验和完善前期研究成果和经验。A类项目学校,拟从未参加过课程领导力项目学校中遴选,其中,初中学段项目学校为“初中强校工程”学校。

(2) B类(示范学校建设)项目:对教育综合改革中重点难点问题,基于前期的项目研究成果,进一步深化研究,开展规格化、工具化、课程化、机制化的探索,积累典型经验和案例,形成可辐射推广的“产品”。B类项目学校,拟从课程领导力项目(第一轮)和(第二轮)中成果显著、贡献突出、有社会影响力的学校中遴选。

2. 项目学校确定程序

(1) 由上海市教委转发《上海市提升中小学(幼儿园)课程领导力行动研究项目(第三轮)申报指南》。

(2) 由各区教育局组织市级课程领导力项目学校的申报、遴选、推荐工作,并确保公平、公正、公开。

(3) 由上海市教委教研室组织专家确定市级项目学校,并在市教研室网上公示市级项目学校,确保公平、公正、公开。

3. 项目学校学段分配原则

(1) 体现公平规范原则:项目学校覆盖各区(总计100校以内)。其中,A类项目学校约占项目学校总数的70%;幼儿园、小学、高中A类项目学校,由各区教育局遴选推荐,市教研室审核;初中A类项目学校由区教育局、市教研室分别推荐,协商完成。B类项目学校约占项目学校总数的30%,由市教研室推荐,区教育局审核,A、B两类项目学校,报市项目领导小组审批确定。

(2) **与初中强校工程相配合原则:**向初中倾斜,初中学段项目学校总数约40所。其中,A类项目学校约30所;B类项目学校约10所。

(3) **其他学段项目学校分配原则:**幼儿园、小学、高中项目学校约20所,每区各学段至少一所,总计约60所。

4. 项目学校遴选、推荐工作

(1) **学校自主申报:**采用区校协商方式,由学校自主申报项目学校。申报学校要有积极性和研究基础,同时参考研究领域,完成《上海市提升中小学(幼儿园)课程领导力项目申报表》。

(2) **区审核推荐:**由区教育局根据市教研室提供的学段A类项目学校配置,确定向市推荐的项目学校,完成本区推荐A类项目学校(幼儿园)信息汇总表和市推荐A类、B类项目学校(幼儿园)区审核表,加盖区教育局印章,报送至上海市教委教研室(陕西北路500号 4号楼212室贺蓉),报送截止日期为2019年5月24日(周五)。

向市推荐的项目学校资料,由区教育局进行审核,并加盖区教育局印章,由区教育局统一报送至上海市教委教研室,报送截止日期为2019年5月27日(周一)。

(3) **市审核确定:**由上海市教委教研室审核各区推荐的项目学校资料,综合考虑区域、学段、研究类型、研究内容等方面因素,确定项目学校名单,并报市项目领导小组审批确定。

5. 项目学校公示和签约

(1) 上海市教委教研室把市项目领导小组审批确定的项目学校名单在“上海市中小学(幼儿园)课程教材改革专题网”上公示,并书面通知各区教育局和相关项目学校。

(2) 上海市教委教研室、项目学校、项目学校所在教育局签订三方合作协议,并履行项目协议。

附件1

《上海市提升中小学(幼儿园)课程领导力行动研究》(第三轮)学校子项目研究领域内容指向

(供中小学参考)

学校子项目研究领域内容设计:以立德树人根本任务落实和学生核心素养培育为导向,响应上海科创中心以及“四个中心”建设对人才培养的需求,重视学生信息素养、创新精神和实践能力的培育,深化上海基础教育课程与教学改革,攻坚新课程形态、新教学方式、新学习时空等难题,强化教学质量监测与课程更新机制探索,提升学校课程领导力,助力上海基础教育“先一步,高一层”。

研究领域	研究目的	学校子项目研究领域	学校研究指向
Ⅰ课程方案	以素养为主线,提升学校整体规划、实施与更新课程方案的能力	01. 学校课程计划编制及其基于证据的完善研究(与深化课程改革相联系)	(1) 学校课程计划关键要素的设计研究,如课程结构/课程图谱、学校课程实施的规格等 (2) 学校课程计划各要素的关联性研究,如课程目标与课程评价的关联性、课程评价与课程实施的关联性等 (3) 基于证据的学校课程计划迭代研究,如对学校课程的监控、评价与改进
		02. 学校德育、美育、体育、劳育课程群建设(横向贯通、纵向衔接)	(1) 学校德育、美育、体育、劳育课程群的横向贯通研究,如学段内五育课程群的贯通;德育等各育的三类课程(如德育课程+课程德育+学校课程)、必修与选修、学科与活动等贯通等 (2) 学校德育、美育、体育、劳育课程群的纵向衔接研究,如课程群的学段间衔接,以及课程群目标、内容、实施方式和评价的关联等
Ⅱ课程设计		03. 跨学科实践创新课程建设(学科融合+教学方式→实践创新)	(1) 跨学科实践创新课程开发与实践的基本范式研究 (2) 跨学科实践创新课程开发中学科融合的方式及实现的技术路径研究 (3) 跨学科实践创新课程实施方式研究,如关键要求、实施流程、学习支架、资源组织等

（续表）

研究领域	研究目的	学校子项目研究领域	学校研究指向
Ⅱ课程设计	提升学校课程（群）的设计力与统整力，推动学校课程（群）向整体性、综合性、实践性方向发展	04. 学习领域或综合主题课程建设（内容综合→体现统整）	（1）学习领域或综合主题课程设计和实践的基本范式研究 （2）学习领域或综合主题课程的主题与内容设计和实施方式研究，如确定主题、统整内容、搭建结构、组织资源、设计支架等 （3）基于科学、人文素养的综合统整课程的开发与实施
		05. 社区服务和社会实践课程建设（资源应用+体验感悟→价值观形成）	（1）"社区服务和社会实践课程设计和实践"的基本范式研究 （2）社区服务和社会实践课程资源的整合与利用（规划+资源+整合）研究 （3）社区服务和社会实践课程实施方式（实践+体验+感悟+升华）研究
		06. 其他特色课程建设（体现组织+认知+活动方式的整体性和独特性）	（1）特色课程各要素（目标+内容+实施+评价+资源）的基本特征研究 （2）特色课程的设计与迭代研究 （3）特色课程的传播与共享（规格+资源+机制）研究
Ⅲ课程实施	提高教师整体设计教学能力，探索多种教学方式，促进学生核心素养发展	07. 学科单元教学设计编制与完善（单元设计+主题教研→提高学科教学质量）	（1）基于各学科单元教学设计指南，开展校本单元教学设计实践研究（内容结构化+素养整体性+课内外一体化） （2）以各学科单元教学设计为载体，探索各学科主题教研的路径、方法、策略，提升单元教学设计各要素间一致性研究（目标、活动、作业、评价一致性） （3）各学科单元教学设计与单课时教学设计的互动转化研究 （4）各学科单元层面探索多种教与学的方式。如混合学习（翻转课堂、实验室模式、线上线下）、体验学习（项目学习、服务学习）、计算思维教学（逻辑、算法、分解、抽象、关联）等
		08. 基于选择性、个性化学习的走班教学实践研究（学生差异+课程供需+选课走班→体现个性化发展）	（1）基于学生个性潜能差异，满足学生个性化需求和专业选项的课程供给研究 （2）满足学生选课走班的跨学科深度学习空间、学习环境建设研究 （3）基于大数据和学习科学理论的个性化走班设计与教学效益最大化实践研究

（续表）

研究领域	研究目的	学校子项目研究领域	学校研究指向
Ⅲ课程实施	提高教师整体设计教学能力，探索多种教学方式，促进学生核心素养发展	09. 基于课程标准的教学与评价实践研究（目标导向、活动落实、资源支撑、评价伴随、精准指导→教学评一致性）	(1) 目标导向的单元、课时教学设计路径研究 (2) 基于课程标准的学期教学方案规划研究（①基于课程标准将年级或学期目标分解为单元目标；②联系教材确定单元教学内容与要求，规划单元课时；③依据目标设计学期、单元学业评价） (3) 基于课程标准，体现目标导向的学期、单元学业评价的设计与实施研究 (4) 以评价调控单课、单元及学期教学计划的方法、策略研究
		10. 以校为本的作业设计和实施实践研究（规范管理+单元视角+特殊作业→增效减负）	(1) 校本作业设计与实施的管理研究，含规章制度、指导、监控、评价与反馈 (2) 单元视角下作业、上课、评价之间的关联研究，如作业设计规格、实施要求，以及作业与学科核心素养培养之间的关系 (3) 长作业（含寒暑假作业）、综合实践类作业、团队作业、家校合作作业等的设计与实施
Ⅳ课程评价	用评价引领课程建设、检验课程实施质量、诊断课程教学问题并不断改进完善	11. 以校为本质量保障体系建设研究（监测机制+监测业务+教学改进→为了改进的评价）	(1) 学校质量监测机制建设、质量监测专业部门设置、质量监测制度建设、质量监测运作方式等 (2) 学校质量监测业务研究：质量标准（课程+教学+学业+教研等）、监测工具（问卷+测试+文本+访谈等）、分析方法（单一数据+数据关联+数据挖掘）、反馈改进 (3) 基于质量监测结果的教学改进研究：改进教学设计、改进教学过程、改进监测本身 **说明：**上述三方面可以概括为以校为本质量保障体系。
		12. 基于教学过程的学习评价实践研究（评价框架+评价工具+教学调控→作为学习的评价和为了改进的评价）	(1) 伴随教学过程的学习评价框架研究：评价内容及标准、评价方式与工具、结果分析与应用、实施流程与策略等（学校层面+学科层面） (2) 伴随教学过程的学习评价工具开发：真实性任务或者表现性任务教学评一体化工具设计与实施等 (3) 基于伴随教学过程学习评价的教学调控：教师调整教学方式和进程；学生完善认识、改进认知方式
		13. 学业质量综合评价绿色指标实践研究（命题研究+教学改进+指标优化→体现绿色质量观）	(1) 绿色指标命题研究：反映高层次思维能力、国际视野、创新素养等绿色指标的选题、命题、组题 (2) 基于绿色指标评价结果的教学改进研究：问题发现→编制改进方案→实践行动→持续改进 (3) 绿色指标的丰富与优化研究：指标研制→工具开发→数据采集分析→指标检验与完善

（续表）

研究领域	研究目的	学校子项目研究领域	学校研究指向
Ⅴ 技术应用	提升学校的整体信息化水平，校长信息化领导力、教师信息化教学能力	14. 应用信息技术推进教学改革实践研究（数字教材应用+培训实践→信息化领导力）	(1) 提升校长、教师信息化领导力的实践研究 (2) 开展数字教材常态化应用研究，以及其他数字化工具软件资源的应用研究（如数字化实验系统） (3) 建立自适应、菜单式、个性化的教师培训学习空间的研究
		15. 大数据支持下的个性化教学改革实践研究（大数据+信息解读→精准教学）	(1) 基于大数据的学情分析、精准教学、作业推送等研究，以及基于大数据的学生发展指导研究 (2) 基于大数据的学校教研创新模式研究 (3) 关注数据实证，关注学校数据治理，关注校长、教师的信息解读、分析、参考决策
Ⅵ 机制建设	提升学校课程管理与运作的能力，包括课程的改进与完善、课程资源的建设和分享，以及课程视角下的教研机制构建	16. 学校课程决策机制创新研究（多元参与+基于证据→课程完善）	(1) 学校多主体参与式课程决策机制建设：课程决策团队建设、课程决策制度建设、课程决策运作方式 (2) 学校基于证据的课程决策模式探索：关注课程决策的证据获取、分析、运用
		17. 促进教师专业发展的教研活动创新研究（合作共同体建设+各类教研设计+专业发展评价）	(1) 学校基于改革需求的多样化教研共同体建设实践探索：跨学科教研、多学科联合教研、项目教研等 (2) 学校教研活动模式研究：课例研修、主题教研、项目攻关等教研活动模式的价值、目标、策略、流程，以及活动设计支架工具 (3) 学校多维度教师专业发展评价研究：评价机制及运作方式、多维度评价指标及工具
		18. 课程资源共建共享研究（校内课程资源+校外课程资源→资源促进教学方式变革）	(1) 教研组、备课组教学资源共建共享研究：关注教学设计、课件、教具、作业等资源的共建共享 (2) 校内资源高效运用研究：关注实验室、图书馆、专用教室、校园小农场等资源的高效运用 (3) 校外资源开发利用研究：关注校外专家和家长等参与学校课程建设；关注社区、社会场馆等课程资源的充分开发和利用

说明：学校要①从“课程方案”“课程设计”子项目研究领域中选择1个子项目研究内容；②从“课程实施”“课程评价”“技术应用”“机制建设”中选1个子项目研究内容。每个学校2个子项目。

二

课程领导力项目成果发表

简论学校课程领导力之上海模型

摘　要　学校课程领导力，其主体是学校组织团体，其作用点是学校课程，其大小取决于领导过程和领导能力，符合变革型领导、情境领导和团队领导等研究趋势。学校课程领导力是教育领导力中最贴合学校实际的领导力，通过文献梳理和总结提炼近十年来的研究成果，其上海模型由课程思想力、课程设计力、课程执行力和课程评价力组成，符合联合国教科文组织提出的质量保障基本模型[1]，即“学习者中心”模型、“输入—过程—输出”模型和“多维社会互动”模型。

上海市教委自2009年启动学校课程领导力项目以来，历经10年共三轮的行动研究，学校课程领导力已深深映入上海中小学校长、教师的脑海中。本文以领导力研究为切入口，解读学校课程领导力之上海模型及作用机理，介绍提升学校课程领导力的项目实践。

一、领导力

若要深入研究学校课程领导力，首先需要对领导力这一核心概念及其研究脉络、模型进行梳理。

（一）领导与领导力

西方国家对领导力的研究早在一百多年以前就开始了。领导力的理论是在与管理学、组织行为学、心理学、社会学等相关科学不断融合的过程中发展起来的。

[1] 中文中“模式”和“模型”的意思有所区别。研究参考文献时发现，有时“模式”和“模型”都源于英文“Model”，故统一改为“模型”，以便读者理解。

“领导”和“领导力”在英文中的对应词都是“leadship”,因此翻译英文资料时用“领导”还是“领导力”,取决于中文译者和具体的情境。

1991年,弗莱施曼(Fleishman)等对几十种“领导”概念进行综合分析。“领导”与“领导力”的主要区别在于:第一,词性不同。前者是动词,后者是名词,“领导”是“过程”,“领导力”是“能力和能力体系”。第二,侧重点不同。“领导”的关注点在于实现组织目标过程中领导者与被领导者的互动,而“领导力”的关注点是领导者吸引和影响被领导者实现组织目标的能力。[1]

中西方对领导力的认识相通又相异。总体来说,中国和西方对领导力的认识没有明显的民族差异性,很难界定西方的领导力和中国的领导力。领寻力体现了在一定时机和形势中赢得了追随者的领导者的个性和价值观。但是,中西方对“领导者”(leader)一词的理解不同,领导者的角色和职能差异很大。[2]

(二)领导力研究脉络

20世纪以来,美国的领导力理论研究经历了特质理论、行为风格理论、情境理论、变革型领导理论和新型领导理论等阶段。[3]

1. 领导力特质研究阶段

20世纪30年代,研究者主要关注的是领导者的特质,其核心观点为领导力与人的某些特质有关。例如,斯托格蒂尔(Stogdill)提出的领导力特质,包括智力、责任感、高的社会经济地位、学术、活动与社会参与等;曼(Mann)提出的领导力特质,包括智力、判断力、外向性、监控力、刚毅及人际关系;扎卡罗(Zaccaro)等提出的领导力特质,包括个性、认知能力、动机及价值观等。

2. 领导行为风格研究阶段

20世纪40年代末至60年代末,领导力的研究维度从领导者个体的特质到领导者行为,主要开展的是领导行为风格理论研究,其主要观点为领导效能与领导行为、领导风格有关。行为模型认为,领导力包含两类行为: 一是以愿景为导向的指向结果的行为;二是以领导者个人为导向的影响人的情感行为。

3. 情境领导研究阶段

情境领导理论出现于20世纪60年代末至80年代初,这一理论认为有效的领导受不同情境的影响。例如,莱维特(Leavitt)在一组链条、车轮、Y字和圆圈的四个情境中发现处于 Y 字中间交接点的人更容易被确定为领导，从而检验了情境中四类交往模型的有效性。

4. 变革型领导力研究阶段

20 世纪 80 年代以来，变革型领导力理论占据主要的地位。研究者从不同角度切入，进行大量实证研究并构建了各自的理论，包括：变革型领导、愿景型领导、榜样领导、文化领导和符号领导等。[4]

变革型领导力理论高度关注领导者的魅力、追随者的内心需要以及领导活动的价值层面。研究认为，领导力重心应从领导权力向领导魅力转变，领导力向度从单向向双向转变，领导力目标从完成变革向实现价值转变。[5]

5. 新型领导力研究阶段

进入 21 世纪后，有关领导力的文献数量大幅增加。美国阿克伦大学教授杰西卡(Jessica)等对 2000—2012 年的《领导学季刊》《管理学会期刊》等 10 种国际顶级学术期刊的 752 篇领导力论文进行频数分析后指出：目前较为成熟的领导力理论中备受重视的依次是新魅力领导理论、领导力和信息处理理论、社会交换理论；在新兴理论中出现频次最高的理论分别是战略领导力理论、团队领导力理论、基于复杂环境的系统领导力理论。[6]

（三）两种典型的领导力模型

我们在做科学研究时，经常需要忽略真实世界的某些方面，只关注最本质的东西。建立模型是聚焦本质的较有效的方法。模型是一个简化的现实世界，如脱氧核糖核酸(DNA)模型。

1. 360 度领导力模型

基于领导特质理论，人们对很多成功领导者的特质进行统计、归纳、总结，抽离出领导力模型，360 度领导力模型(见图 1)是其中之一，具体包括以下六种能力：学习力、决断力、组织力、教导力、执行力和感召力。其中，学习力是领导者超速的成长能力；决断力是领导者高瞻远瞩的能力；组织力是领导者选贤任能的能力；教导力是领导者带队育人的能力；执行力表现为领导者的超常的绩效；感召力表现为领导者的人心所向的能力。

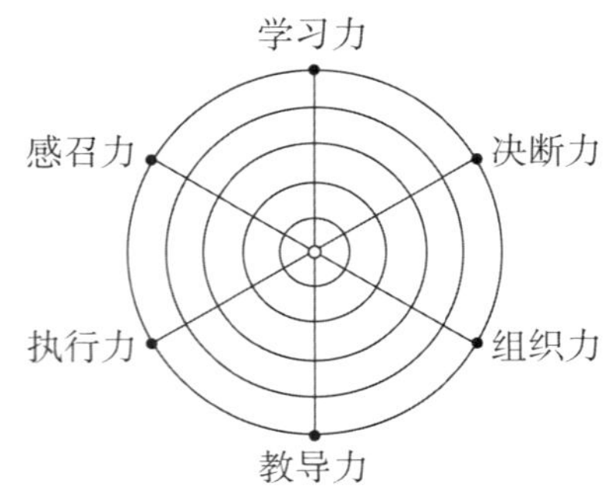

图 1　360 度领导力模型

2. 领导力概念链模型

领导力概念与“领导过程·领导实践”“领导知识·领导行为·领导能力”“领导情境”等密切相关，它们共同构成了领导力概念链(见图2)，诠释了领导力诸概念之间的关系。

如图2所示，处于核心层(第一圈层)的是领导过程，由具体的领导者和被领导者的行为构成，是领导实践；第二圈层的领导行为、领导能力和领导知识都是领导过程的产物，其中，领导能力决定着领导行为的质量与效果，领导知识是领导能力的元素和基础，领导行为是领导知识的主要来源之一；第三圈层的领导情境是指确保领导过程正常运行的环境因素的总和，是领导行为、领导能力和领导知识等形成和发展的重要基础。[7]

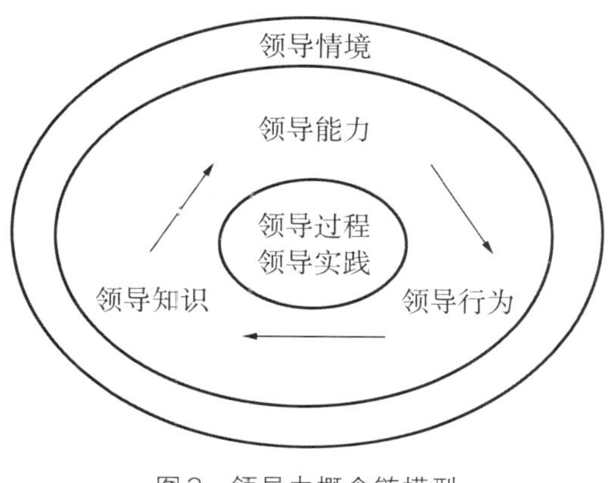

图2 领导力概念链模型

二、学校课程领导力模型

(一) 国外教育领导力模型

教育领导力模型随着研究的进展和深入在不断地发展、演化和变迁。教育领导力是领导力研究的一个分支，曾有特质模型、行为模型、情境模型、权变模型和转换式模型等。每一种教育领导力模型在彰显其优越性的同时也暴露出局限性。伴随着教育领导力模型研究的发展和变迁，新的教育领导力模型的完备性逐渐增强，呈现出统整其他模型的趋势。[8]

近年来，与教育密切相关的教学领导力、道德领导力和教育学领导力等模型受到关注。

1. 教学领导力模型

早期的教学领导力模型强调行政决策因素对教师行为产生影响，而目前更加强调的是校长对激发学生学习所产生的影响。贺灵杰(Hallinger)推出的教学领导力模型是目前教学领导力理论中颇具代表性的模型，这个模型包含三个操作层面：界定学校使命、管理教学方案及提升学校气氛。[9]

内德尔库(Nedelcu)的研究表明,教学领导力与学校变革型领导力之间有很多共同之处。[10]

2. 道德领导力模型

“学校是一个学习共同体”,是道德领导理论的最基本假设。在学习共同体中,领导者的着眼点和侧重点有所不同。霍奇金森(Hodgkinson)发展的“价值概念分析模型”认为,领导者的决策过程受三个层次的价值观支配: 一是“次理性”的价值观;二是“理性”的价值观; 三是“超理性”的价值观。[11]

3. 教育学领导力模型

教育学领导力更多地显示了重视教学关系的特征。21 世纪的教育学追求的是一种理想的学习环境,学习者、教师、家庭和社区与外部元素相互作用,共同建构知识。萨乔万尼(Sergiovanni)认为,教育学领导力是通过运用现有资本提高师生的学习、发展和课堂效率来支持领导力。[8]

教育领导力关注的是领导效能,其本质是影响力,是教育组织谋求生存和发展的关键力量。专家认为,教育领导力研究领域中,教学领导力是最根植于学校情境的,具有研究领域的特异性,但还有些局限性。

(二)学校课程领导力之上海模型

学校课程领导的兴起、发展与课程改革有着密切的关系。

1. 学校课程领导力研究背景

古德莱德(Goodlad)认为“课程”应该被划分为五个层次,即五种不同的课程形态,分别为“理想的课程”“正式的课程”“领悟或理解的课程”“运作的课程”和“经验的课程”。从课程改革的趋势来看,各个国家都在追求个性化,而从各个国家课程改革的现状而言,从理想的课程到学生经验的课程之间有较大的落差。随着课程改革的深化,总体来说越来越重视课程领导。

2. 学校课程领导力之上海模型

2009年开始,项目组在上海市教委的领导下探索学校课程领导力。2010年,上海市教委颁布了《上海市提升中小学课程领导力三年行动计划》,并正式启动了第一轮“课程领导力行动研究项目”。

上海市课程领导力项目研究认为:①学校主体是学校集体团队,涉及校长、教师、学生、家长、社会等相关人员，其核心显然是校长、教师和学生。②学校课程领导力的作用点是课程，这里的课程是大课程的概念，包括课程、教学等方面。如同泰勒(Tyler)的课程基本原理所指出，课程需要考虑目标、内容、组织和评价。③学校校长、教师、学生等主体在“确定教育目标、选择教育体验、组织教育体验、评价教育体验”的过程中相互作用、相互影响，实现学校集体团队的共同愿景。

学校课程领导力指的是学校利益相关人员在课程领域，包括课程愿景、课程目标、课程内容、课程组织、课程评价等载体相互作用，实现目标的过程。学校课程领导力是权变的，是建立在课程环境、课程文化和课程约束条件下的协同能力；学校课程领导力是双向的价值观、能力和影响方式的作用结果。

在第一轮学校课程领导力项目研究中结合文献研究和实践研究，结合上海课程领导力现状和发展需要，总项目组提出了学校课程领导力框架模型(见图3)。

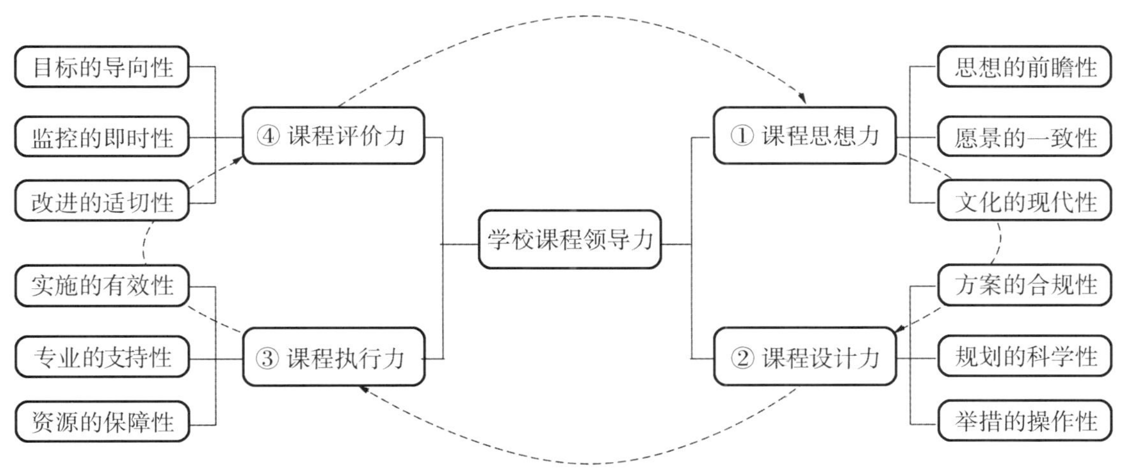

图3　学校课程领导力上海模型框架

课程思想力分解为思想的前瞻性、愿景的一致性和文化的现代性；课程设计力分解为方案的合规性、规划的科学性和举措的操作性；课程执行力分解为实施的有效性、专业的支持性和资源的保障性；课程评价力分解为目标的导向性、监控的即时性和改进的适切性。

笔者认为，学校课程领导力之上海模型不是一成不变的，而是与时俱进的，需要引导学校领会课程领导力，自觉提升学校课程领导力。学校课程领导力之上海模型，就是从学校问题解决思路中提炼出来的，具有较强的实践操作性。

三、学校课程领导力的提升

学校课程领导力之上海模型的建构注重理论联系实际，不仅要跟国际潮流接轨，还需加强本土化设计，体现中国式新领导力。

（一）学校课程领导力与质量保障

学校课程领导力是学校最重要的组织资源和核心竞争力之一，在很大程度上决定着学校课程目标能否实现及实现的程度。[1]

1. 学校课程领导力模型符合领导力理论

从领导力研究视角来看，学校课程领导力之上海模型体现的是新兴的团队领导和变革型领导力理论，能够提高学校领导效能，促进教师心理的积极发展和学生成就的提高。学校变革型领导力理论认为：①学校变革型领导力既代表学校领导者的能力，更代表学校领导者与教师之间的相互作用力；②学校变革型领导力的直接作用对象是教师，以影响教师的动机、价值观等内在心理状态；③学校首要的、最终的目的是促进学生的发展。[10]同时，学校课程领导力之上海模型体现了情境领导力的特征。

2. 学校课程领导力模型呼应保障模型

2015年，联合国教科文组织将“优质教育”纳入可持续发展目标，教育质量提升成为未来10多年世界教育改革发展的关键。学校课程领导力之上海模型符合联合国教科文组织的三种质量保障模型：一是基于人文主义的“学习者中心”模型；二是基于经济理性的“输入—过程—输出”模型；三是基于社会学视角的“多维社会互动”模型。

课程思想力中的“思想的前瞻性”反映了“学习者中心”质量保障模型，以促进每一位学生发展为基本任务，强调以学习者为本，将促进学习者学习放在教育质量保障的中心地位。

课程思想力中的“愿景的一致性”和“文化的现代性”更多地体现“多维社会互动”质量保障模型，强调教育是公共产品，关注不同利益相关者的参与、互动及不同诉求，强调相关背景的重要性。教师、学生、家长等群体在内的不同利益相关者的观点是理解特定背景下的学校教育质量的关键。

课程设计力、课程执行力和课程评价力体现了“输入—过程—输出”质量保障模型。“输入—过程—输出”模型，关注教育投入的效率，追求教育产出的质量及教育系统的绩效。

课程领导力也许不会直接对学生的学习产生影响，但它可以通过改变学校的课程理念、愿景和目标，课程结构、内容和实施过程，教师教学和资源等方面的条件和发展过程，进而对学生的学习产生影响，如图4所示。[12]

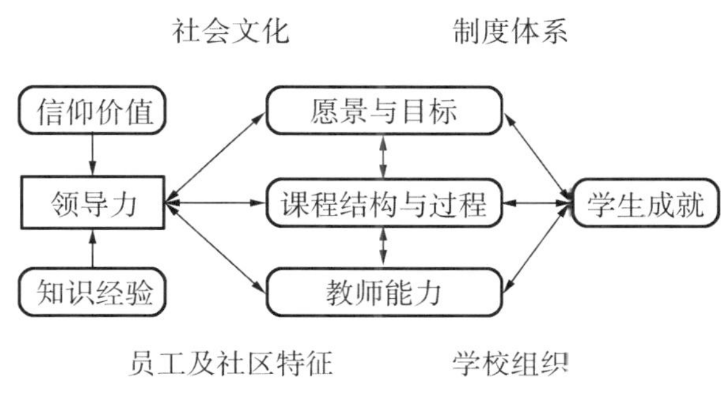

图4 课程领导力对学生的学习有着间接影响

3. 学校课程领导模型体现中国特色

学校课程领导力之上海模型体现了中国式新领导力，涵盖集约化的领导权力、共识型的领导决策、集体式的领导机制、台阶式的领导承继等面向及特质。集约型领导权力，是指集中必要的资源与权力，以效率为价值取向进行领导。这种新型政治领导力范式，能够保障党和国家的长治久安、促进国家治理能力的现代化、助力“中国梦”的实现、补益现代政治文明。[13]

（二）学校课程领导力的提升行动

领导力理论认为，领导力不是领导者独有的素养，而是每个人应有的素养。

1. 学校课程领导力提升与校长和教师课程领导力提升密切相关

学校课程领导力与校长课程领导力、教师课程领导力和学生课程领导力既有区别，又有联系。学校课程领导力的提升离不开校长课程领导力的提升和教师课程领导力的提升。

校长领导力是校长统率、带领团队实现学校发展目标的能力。校长领导力与教师专业发展关系密切，是教师专业发展的动力。

教师教学领导力理论模型由“愿景创设力”“教学决断力”“教导执行力”“沟通激励力”“教学人际力”和“结果驱动力”等六个维度构成。教师教学领导力理论模型具有很高的信度和效度以及跨样本的稳定性和代表性，能为后续教学领导力的实践应用提供实证基础。[14]

2. 项目是提升学校课程领导力的重要抓手

如何提升领导力？全球Top20企业和中国Top20企业在吸引和培养未来领导者方面采用的方式依次为：有针对性的领导力培训与发展、高度挑战性的任务、国际学习机会、快速晋升、长期激励和高薪酬福利。研究证明，企业领导者的成长70%靠实践，20%靠教练、辅导或观察学习，10%靠课堂学习。[15]

显然，既有工作性质，又有研究性质的项目是提升领导力的有效途径。因此，上海成立了提升中小学课程领导力行动研究项目，试图通过项目提升学校校长、教师和学校的课程领导力。

成功的项目，70%~90%靠领导力，10%~30%靠管理。复杂自适应项目组织具有主动性、智能学习性、适应性、协调性与合作性，项目组织实现上述特性的能力是项目领导力的重要内容，即成员自主决策执行力、项目组织适应力和凝聚力。上海市提升中小学课程领导力行动研究项目推进过程采取了以下三种策略培育领导力：第一，注重项目组织成员的个人需求，倡导多样性的激励方式；第二，调整转变领导方式，将组织成员当成服务对象，促进项目组织成员积极性、能动性的提高；第三，围绕增强凝聚力、提升项目领导力建设项目文化。[16]

以上是笔者对学校课程领导力之上海模型的认识。有专家指出，领导力理论发展是一个开放式的系统。上海市提升中小学课程领导力行动研究把重点放到提升学校领导力的行动上，允许在基本概念、范畴中有创新，最终成事、成人。

参考文献

[1] 中国科学院“科技领导力研究”课题组，苗建明，霍国庆．领导力五力模型研究[J]．领导科学，2006(9)：20-21.

[2] 王晓宇．领导力的中西视角[J]．中国浦东干部学院学报，2013，7(6)：87.

[3] 王芳．美国领导力理论的研究特点及其启示[J]．理论前沿，2009(22)：23.

[4] 叶伟巍，叶民．工程领导力要素研究[J]．高等工程教育研究，2011(5)：94.

[5] 孙宏，李罂．变革型领导力：西方理论与中国实践[J]．领导科学，2019(8)：60.

[6] 杰西卡，罗伯特，威廉，等．西方领导力前沿理论与视角变化[J]．中国领导科学，2018(6)：52.

[7] 王明露，王世忠．中国教育领导力探析[J]．学子(理论版)，2016(2)：6.

[8] 胡中锋,王义宁.教育领导力模型变迁之反思[J].华东师范大学学报(教育科学版),2015,33(3):7,11-12.

[9] 蔡怡.教育领导理论新进展[J].比较教育研究,2007(1):23-24.

[10] 缴润凯,刘丹.西方学校变革型领导力的研究述评及展望[J].外国教育研究,2017,44(8):77,85.

[11] 从春侠.萨乔万尼道德领导理论述评[J].国家教育行政学院学报,2009(4):90-95.

[12] 菲利普.学习型领导力:模型及核心维度[J].教育研究,2013,34(12):119.

[13] 张记国,李景平,王婷.中国式新领导力:向度、特征及价值[J].理论与改革,2016(1):98-102.

[14] 吴晓英.中小学教师教学领导力理论模型的验证[J].教育文化论坛,2019,11(1):25-32.

[15] 陈玮.领导力培养:中国优秀公司的新实践[J].中国企业家,2011(22):95-99.

[16] 李理.项目领导力培育问题研究[J].领导科学,2016(5):45.

上海市教师教育学院(上海市教育委员会教学研究室) 金京泽

学校课程领导力提升的“上海经验”

摘　要　提升学校课程领导力是解决课程改革“理念好”而“落地难”问题的必然选择。如何提升学校课程领导力亟须方法论层面的探索。“上海市提升中小学(幼儿园)课程领导力行动研究项目”的运作模式研究历时十年,先后经历模式初探、模式完善和模式成形三个阶段,初步形成较为系统的理论主张、实践模式及多元应用途径。其突破在于重构了“学校课程领导力”的内涵,架构了相对系统的实践操作模型,形成了研究成果的辐射路径。实践效果表明,该模式对提升学校课程领导力发挥了显著作用。

一、问题的提出

课程改革之理想与现实的落差是一种“世界病”。中国基础教育课程改革如何攻克校本实施的难关,建构具有中国特色的学校课程发展模式,这是一个重大课题。[1]为此,过去10多年来,上海市教委教研室始终致力于提升学校课程领导力的行动研究,在以项目方式提升学校课程领导力方面积累了一定经验。指向提升学校课程领导力的项目运作模式是在解决项目推进中如下现实问题的过程中逐渐成形的。

(一) 对学校课程领导力的误解

项目启动之初,不少教育工作者对学校课程领导力有认识上的误区。如,课程领导力是学校校长、副校长等领导的事情,跟教师没有关系;学校课程领导力听起来高大上,但难以解决学校课程教学的实际问题;学校课程领导力强弱和教育教学质量没有太大关系;等等。

(二) 项目与课题没有本质区别

学校教师认为,项目与日常的课题没有什么两样,找几位科研室的教师写课题计划,结束时写结题报告就可以;教师都很忙,做项目研究会影响教育教学质量;缺乏项目体验,对项目的特点不太了解,也不知道如何组织实施,更不会评价。即使是总项目组成员,也存在类似的问题。

(三)对项目与学校课程领导力的关系有疑惑

教师对学校通过项目来提升学校课程领导力的嵌套问题缺乏认识和体验,在如何运作项目才能提升学校课程领导力方面缺乏方法论支撑。比如,如何开展项目管理,如何确定研究切入点,如何组织教师开展项目研究,如何提高项目实施有效性,如何评价课程领导力提升,等等。

基于上述动因,本研究试图建构一种指向提升学校课程领导力的项目运作模式,为学校和区域在设计、组织、实施、评价课程领导力项目方面提供方法论的支撑。这一探索有助于提高项目的品质,为提升学校课程校本化实施能力,促进学校、教师和学生的发展奠定坚实的基础。

二、解决问题的过程

在2009年预研究的基础上,上海市教委在2010年颁布了《上海市提升中小学(幼儿园)课程领导力三年行动计划(2010—2012)》。上海市教委教研室指向提升学校课程领导力的项目研究正式启动,经历三个阶段,在不断迭代的过程中形成项目运作模式。

(一)第一轮(2009—2014):探索项目运作模式,构建研究共同体

提升学校课程领导力项目是上海市教委的重点研究课题。这之前,项目组没有经历过大规模、长周期、复杂性项目的策划、组织与实施。因此,在第一轮项目研究中,项目组从项目运作的维度重点探索以下内容:① 研制项目研究指南,遴选项目学校,组织开题、中期评估和结项评估,经历完整的项目流程。② 从课改方向和学校亟须解决的问题出发,以学校课程计划、学科建设、课程评价和课程管理为主要突破口开展研究,研判研究切入点的适切性。③ 梳理项目涉及人员(项目组、学校、专家、行政)和行动研究(设计、实施、交流、总结等)之间的关系,开展合作研究。

(二)第二轮(2015—2019):开展课程领导力评价,扎根课堂教学实践

第二轮提升学校课程领导力项目在“上海教育综合改革”的背景下展开,意图检验项

目管理模式的有效性。这一阶段的工作内容包括:① 构建与完善课程领导力的三个长效机制(基于合作的大兵团作战机制、课程领导力持续提升机制、经验共享机制)。② 构建学校课程领导力的评价指标,开发、实践、完善课程领导力的测评工具,进行课程领导力的测评实践研究,开发项目管理工具。③ 提升校本化实施课程的品质,促进各学科基于课程标准的教学与评价改革探索和学校质量保障体系的形成。

(三) 第三轮(2019—):提高研修活动品质,开发课程领导研修课程

第三轮提升学校课程领导力项目研究,丰富和完善了指向提升学校课程领导力的项目运作模式:① 基于“输入—过程—输出”模式,深化研究“研修活动品质提升”的路径与方法,形成课程领导研修模式。② 进一步总结课程领导力项目已有的研究成果,结合基层需要,研制提升课程领导力的行动指南和培训课程,从个案研究的经验总结转至系统化和规格化的经验提炼,形成产品;从在实践中归纳经验转至在实践中推广、检验经验,优化产品;从课程规划研究转至课程规划新探索与改革教学实施并重;从自上而下的引导落实转向自下而上、上下联动的自主发展。

为了系统解决上述问题,一是设计了行动研究路径;二是开发与大规模行动研究相配套的“可视化”的工具和流程;三是在实践中注重“如何做”的问题引导。其实施路径为:现状调研→问题梳理+明确目标→设计方案+组建团队+专项培训→实践探索+经验提炼+效果分析+传播分享→形成机制。

三、主要成果

(一) 理论主张

1. “课程领导力”的上海透视

课程领导力本质上是一种专业影响力,需要从主体、载体、宗旨、表征等维度认识。即课程领导力是以校长为核心、教师为基础的课程领导共同体;以学校课程文化建设、课程的设计与开发、组织与实施、管理与评价等为载体;以提升学校的课程教学质量,促进学生、教师、校长、课程、学校文化的发展为目标,在学校的课程改革探索与实践行动中体现出来的教育思想、教育哲学以及课程理解、规划、执行、管理、评价以及创造等方面的能力。[2]

2. 提升课程领导力需要情境支持

下移课改重心，激发学校创造活力，开展校本化课改实践，探索课程领导力提升的策略、方法、手段、机制，这是解决困难、提高成效的基本选择。而抓住“课程”的要素，以“项目”的形式展开实践是一种可行的方式和策略。

课程领导有效性取决于领导者、被领导者和课程环境。不同的领导者有不同的领导特质和行为风格，同样，不同的被领导者也有着不同的个性和习惯，两者的契合度会影响到课程领导的有效性。此外，课程领导者和被领导者在不同课程情境中的表现也会有所不同，所以课程领导力的提升需要“做中学”，在完成挑战性任务的过程中提升。上海课程领导力项目坚信质量输出取决于输入和过程，反对“坐而论道”，反对撰写未经实践的空洞文章，而倡导“做而论道”。

3. 技术领导仍具有现实意义

提炼经验形成规格以及培训与项目结合有利于经验的传播与辐射。新兴领导力模型中有教学领导力、教育学领导力、道德领导力、学习型领导力等，这为课程领导力研究指明了方向。学校在课程领导力的内化、践行方面有一定的难度，[3]对在更加广泛的范围内推广研究成果而言，技术领导力有其现实意义。以项目的方式提升学校课程领导力较有效的路径和方法，就是研发问题链、流程图、技术路线图等工具，在做事的过程中体验和感悟、总结和反思，形成行为习惯。流程再造是领导力的重要组成部分，是满足客户需求和实现自身目标的逻辑思维模式。[4]

提炼经验形成规格有利于经验传播，培训与项目相结合可以有效辐射传播经验，提高项目实施的质量。课程领导力项目将经验转化成规范，在实践中检验完善，并针对问题深化改革，把构想转化成现实，在规范和改革的过程中实现创新和提升质量。

（二）实践模式

提升学校课程领导力项目以“实践导向、互动生成、模式多样、促进提升、关注特色”为指导思想，设计了“研究—开发—试点—推广”的工作模式，确定了“聚焦问题、理论指导、点面结合、纵贯横通、专家引领、强化过程”的研究策略。

1. 指向提升学校课程领导力的运作模式

指向提升学校课程领导力的项目运作从管理、内容、团队、活动、评价等五个方面提出如下要素：“PDCA 管理”“焦点问题攻关”“合作研究机制”“课程领导评价”“5P 研修模式”,具体如图1所示。

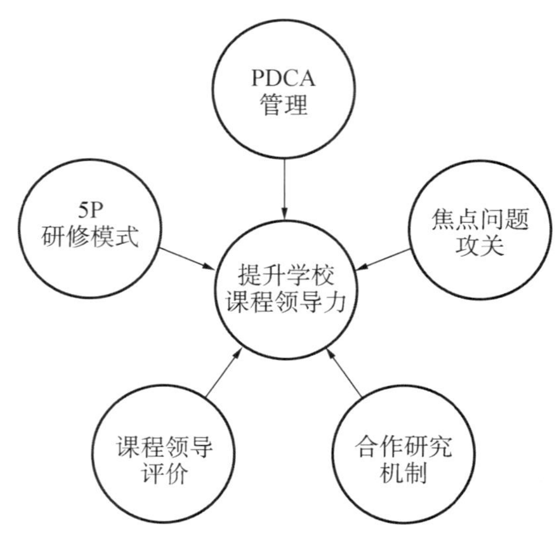

图1 提升学校课程领导力项目运作要素

科学规范的、可操作的项目管理是提升学校课程领导力的基本保障;促进课程改革和从学校发展实际出发开展挑战性任务攻关是提高项目团队积极性、帮助团队快速成长的基础;形成学习、研究、分享、实践的合作共同体机制是提升学校课程领导力文化的基因工程;课程思想力、课程设计力、课程执行力和课程评价力引领着项目的设计、实施和评价;5P研修模式统筹思考项目、问题、人员、阶段和样式等关系,提高项目过程品质,最终提升学校课程领导力。

“PDCA管理”“焦点问题攻关”“合作研究机制”“课程领导评价”“5P研修模式”这五大项目运作要素之间不是割裂的,而是通过有机整体的运作来提升学校课程领导力,如图2所示。课程领导力项目研究操作策略体现六点:一是问题导向,聚焦课改热点难点;二是经验提炼,检验辐射项目成果;三是评价伴随,动态调整研究内容;四是强化研修,建设三级项目团队;五是精细管理,积累项目过程档案;六是协同攻关,实现研究的深化与突破。

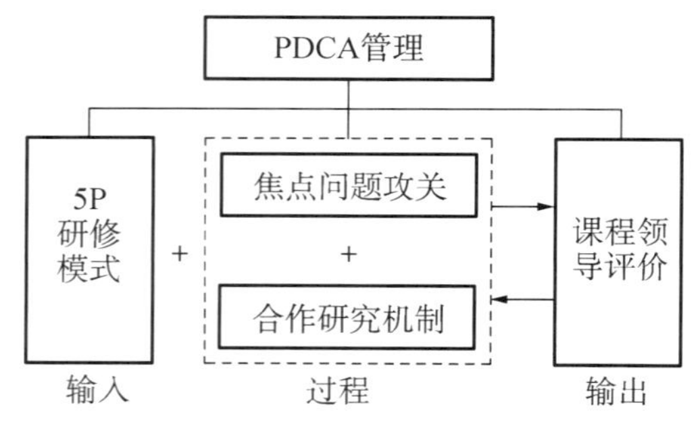

图2 提升学校课程领导力项目运作关系

2. 操作要点

(1) PDCA管理

PDCA是一种常用的行动研究管理模式,对项目的启动、实施、中期评估、结项评估等关键环节进行精细管理。P(Plan)对总项目组来说指的是设计项目指南或计划。D(Do)指向实施阶段,关注项目的过程监控和质量监控,包括指标引领、专家指导、调研、交流、展示活动等。C(Check)和A(Adjust)指的是在项目的实施过程中对照开题报告检查,根据情况适当调整。

课程领导力项目强化规范化的管理,启动阶段关注项目论证;立项阶段关注学校项目设计;实施阶段关注项目过程监控和质量监控;结项阶段关注项目目标的达成度,包括经验的总结提炼和课程领导力的提升。

(2)焦点问题攻关

学校重点攻关问题的选择,可以从以下三个方面进行考虑:一是课改导向和学校现实存在问题的交点;二是研究内容领域和课程领导力视角的交融;三是研究的挑战性和前瞻性的交叉。

项目组给项目学校提供了研究领域的参考框架:第一轮:研究内容从课程视角、学校视角出发,设计了必选项目和自选项目。其中,学校课程计划编制是必选项目;课程建设、课堂教学、作业、管理、评价、资源等是自选项目。第二轮:研究内容结合教育综合改革,设计了学校课程计划、关键领域课程体系和单元教学设计等限选项目,设计了课程设计、课程实施、课程管理、课程评价等自选项目。第三轮:结合立德树人、五育并举的背景,设计了课程方案、课程设计、课程实施、课程评价、技术应用、课程制度等六个领域的自选项目。

(3)合作研究机制

规模大、人员多、历时长、多个子项目同步展开的大型研究项目,务必方向明确、程序清晰、方法得当、过程合理。为确保沟通和交流顺畅,项目组构建了与“研究共同体”相配套的运行机制:① 建立总项目组、专家团队、项目学校校长和骨干教师的例会机制。② 建立专家结对定期指导机制,每月有一位或两位专家或独立、或结对共同指导一所学校。③ 建立专家团队会诊机制,根据需要组织专家团队合作指导并解决学校项目开展中的疑难困惑与关键问题。④ 建立互动机制,包括总项目组和行政、总项目组和专家、专家和专家、学校和学校间的互动机制。

(4)课程领导评价

课程领导力本质上是一种专业影响力,它渗透在课程设计、开发、实施与评价的全过程,并由课程思想力、课程设计力、课程执行力与课程评价力构成,如图3所示。

为把握学校课程领导力水平和提升空间,促进学校诊断与基于问题的改进,根据课程领导力的内涵,研究确立了学校课程领导力评价标准。研究形成了测评工具,形成了基础性测评、发展性测评和特色测评等测评方式,建立了学校课程领导力测评流程和基于评价的改进路径。评价标准引领学校不断追求卓越,将测评工具应用于学校自我诊断,通过课程领导力评价获得的证据开始被应用于学校课程计划的持续改进和完善。

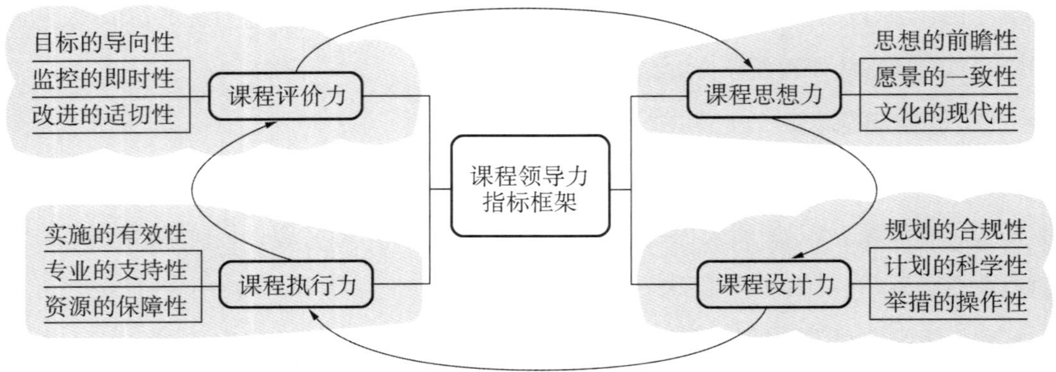

图3　课程领导力指标框架

（5）5P研修模式

经实践研究形成了上海课程领导研修“5P”模式。“5P”分别是Project（项目）、Problem（问题）、Participants（参与人员）、Period（阶段）、Pattern（样式）。其模式内涵为：第一，课程领导研修中的问题来自提升学校课程领导力项目，研修成果回馈到提升学校课程领导力项目；第二，参与研修的人员包括项目学校校长、总项目组核心成员和专家，他们在不同情境中扮演不同角色；第三，研修分“研修前—研修中—研修后”三个阶段，其中“研修中”又分“总—分—总”三个环节，环环相扣，层层递进；第四，通过研修提升参与人员的课程领导力，推进提升学校课程领导力项目，形成研修样式，如图4所示。

课程领导研修项目可能比想象中的还要复杂，需要基于活动的定位、目标、条件、资源、流程、成果、评价等综合考虑提升学校课程领导力项目，基于问题的研修、参与人员、阶段和样式等因素，才能提高研修品质。

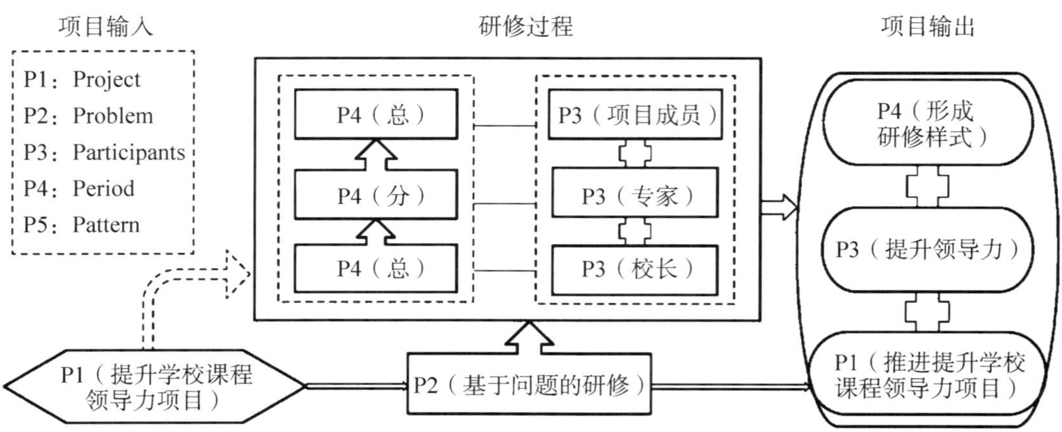

图4　上海课程领导研修“5P”模式

3."工具箱"

为促进提升学校课程领导力项目的顺利开展,项目组除明晰操作要点外,还为项目整体试验区和学校提供了支撑工具。针对项目运作的核心环节以及重点内容研发工具包括:① 提升学校课程领导力的项目指南,含项目概要、研究内容领域参考框架、项目学校遴选、项目申报表等;② 项目开题相关工具,含开题报告、任务分解进度表、技术路径图、项目开题评审表、开题论证纪要、项目档案袋目录、项目会议纪要;③ 提升学校课程领导力项目的中期评估、结项评估方案及评估表;④ 提升学校课程领导力项目的基础性检核表、课程领导力现场评价标准、现场评估方案、教师课程领导力问卷;⑤ 学校课程计划研制指南、关键领域课程体系建设手册、单元教学设计指南;⑥ 学校课程计划、教研备课、作业、考试测验等点评工具;⑦ 提升学校课程领导力项目研修手册。上述工具所组成的"工具箱"成为区域和学校开展提升学校课程领导力项目研究的技术支撑。

(三)应用途径

指向提升学校课程领导力的项目运作模式涉及区域和学校课程教学改革的多个层面,作为区域课程领导力提升的模板、学校课程领导力提升的支架以及课程领导力提升研修课程的框架,充分发挥了价值引领和实践导向的作用。

1. 作为区域提升学校课程领导力的模板

上海市黄浦区、杨浦区等,在整体推进区提升学校课程领导力项目过程中应用了上海市提升学校课程领导力项目运作模式,取得了显著成效。指向提升学校课程领导力的项目运作模式作为促进区域课程改革的有效模式(见图5),其应用途径为:① 复制模式,区域开展提升学校课程领导力项目研究时,可以"照搬"上述项目指南、评估手册、测评工具、研修课程等来进行项目研究。② 调整模式,指向提升学校课程领导力的项目运作模式全面、系统,但要求较高,未必适合所有区域。试验区可以在认真学习领会项目运作模式精髓的基础上,对部分内容进行选择性探索,或对部分成果改造应用。③ 迁移模式,这一项目运作模式具有一定的通用性,可以在推进区域其他项目时作为参考。

2. 作为学校提升课程领导力的支架

学校作为提升课程领导力的主体,可以借助提升学校课程领导力项目运作模式作为支架,便捷地开展校本项目研究:① 定期开展学校课程领导力的测评、分析、改进;② 把提升学校课程领导力作为学校龙头项目,整合学校各方力量,开展项目研究;③ 以学校课

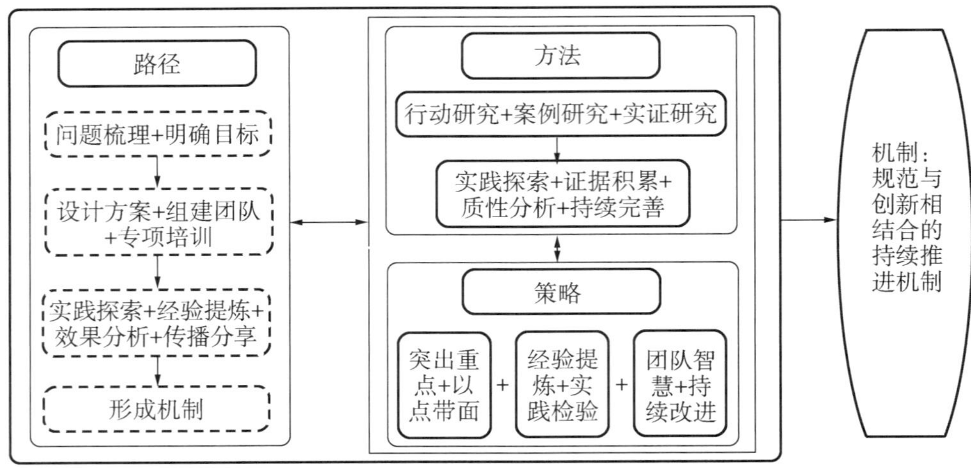

图5　区域提升学校课程领导力路径方法策略

程计划、教研备课、作业、考试测验等工具为支架，提升课程教学品质；④ 利用学校课程计划编制指南、关键领域课程体系建设指南、学科单元教学设计指南等，开展实践研究。如，研究确立学校课程计划的评价标准和工具，进一步优化学校课程计划各要素的编制规格要求与路径，建立证据采集、分析与基于证据的课程计划完善路径（见图6）。

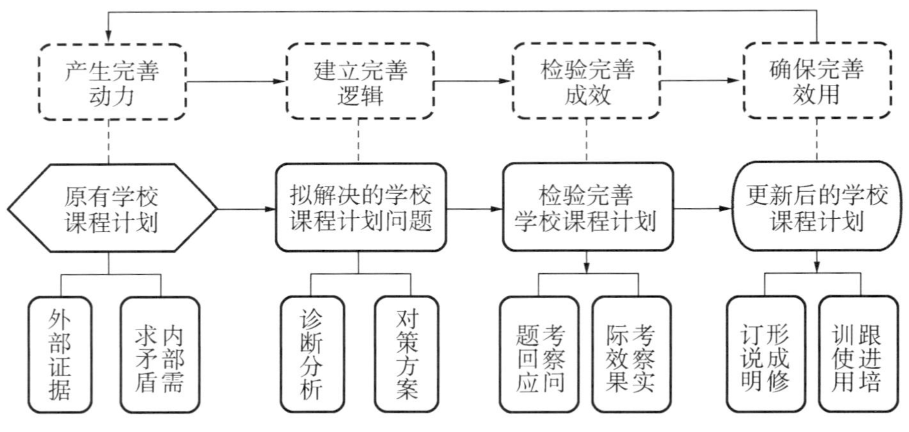

图6　学校课程计划持续完善系统

上海市教委教研室研制的《学科单元教学设计指南》具有很强的应用操作性：突出了关键要素、提炼了规格（流程图、属性表、问题链）、突出了指导功能；通过问题导向让日常教学管理行为发生改变；运用可视化路径的手段促进教师从思维到行为的转化；通过工具的应用突破教师教学研究和实施的难点。

3. 作为研修课程开发的框架

在广泛的实践应用中，该模式还可以作为课程领导研修课程开发的行动框架：① 以该模式为蓝本，研发课程领导力项目的课程纲要、课程文本和在线课程；② 开发学校课程计划编制、特色课程建设、单元教学设计等专题研修课程；③ 开发以深度研修提升学校课程领导力的研修课程。

四、创新突破与实践成效

（一）突破与创新

1. 构建了提升学校课程领导力的上海模型

本研究统整了领导力、课程、质量等三个领域理论，即领导力的特质理论、行为理论、权变领导和新兴教育领导力模型，后现代课程理论，以及“输入—过程—输出”质量模型、“学生中心”质量模型等，构建了课程思想力、课程设计力、课程执行力、课程评价力的上海模型，形成了课程领导力各指标的评价标准、工具以及评估手册。

2. 攻破了学校课程教学的核心领域

本研究在学校课程计划编制、德智体美等关键领域课程体系建设和学科单元教学设计等学校课程教学的核心领域，厘清了性质、内涵与特征，形成了设计规格。以学科单元教学设计研究为例，形成了学科单元教学设计的规格、路径与工具：① 厘清了学科单元教学设计的内涵和外延。② 厘清了单元教学设计与核心素养、课程领导力的关系。③ 研制《学科单元教学设计指南》，突出了关键要素、流程图、属性表、问题链等。

3. 形成了“大兵团”“共同体”协同攻关的行动范式

一是形成了行政人员、理论工作者和一线教师分工合作的“大兵团”协同攻关范式，使各个研究群体都能发挥各自优势，相互取长补短。二是探索了行政部门自上而下的引领指导与一线学校自下而上的实践创新有机结合的运行机制，整合教育行政、教育研究人员和教育实践人员多方力量构筑了支持保障体系，为集多方人员智慧共同实践与推动一项重大改革提供了很好的范例。三是提炼了目标、任务、时间与“可视化”工具相结合的项目管理办法，以提高工作效率。

4. 提炼了学校提升课程领导力的有效途径

一是形成了“背景分析+需求调研→顶层规划+模型设计→分段推进+专家指导+展示

交流→提炼总结”的行动研究路径；二是开发与大规模行动研究相配套的“可视化”的工具和流程；三是以实践中注重“如何做”的问题为指向，引导学校结合子项目实践，从机制形成、团队影响、专业提升、环境变化、行动改进等方面，回答如何提升学校课程领导力的问题。

（二）实践成效

项目组自2009年开始研究以来，经过三轮的探索与实践，提炼出了一套可操作、可复制、可推广的项目运作模式，至今已辐射到多个省市，对提升学校课程领导力发挥了重要作用。

1. 学校课程领导力得到了显著提升

以校长为核心的学校课程领导力得到了显著提升，具体体现在以下几个方面：校长和教师的课程领导的意识和能力得到提升，这反映在问卷调查、特级校长和特级教师评选中；学生的课程满意率得到了提升，这体现在绿色指标评价数据中；项目学校的研究成果显著，并在上海市和国家级教学成果奖评选中脱颖而出。

以第二轮课程领导力项目为例，教师参与面广，并且在项目研究中得到专业发展。据统计，在所有项目学校中，教师参与率100%的学校达26所，占44.8%；参与率达50%以上的学校有50所，占86.2%。课程领导力项目学校的教师总数为5 683名，参与项目研究的教师数为4 179名，占73.5%。有22名校（园）长被评为特级校（园）长、特级书记或特级教师，4名校（园）长被评为正高级教师，1名校长获得“上海市教育功臣”荣誉称号。

在2013年和2017年上海市基础教育教学成果奖评选中，提升学校课程领导力项目学校获特等奖9项、一等奖39项。在2014年和2018年国家级基础教育教学成果奖评选中，提升学校课程领导力项目学校获一等奖8项、二等奖11项。上海市提升中小学（幼儿园）课程领导力行动研究项目获2013年上海市教学成果奖（基础教育）特等奖，获2014年基础教育国家级教学成果奖一等奖。

2. 形成了一批凸显实践价值的物化成果

总项目组完成了《基于问题解决提升课程领导力的行动》《我们的课程领导故事》《课程领导：学校持续发展的引擎》等跨学段专著3本和《为了学校的可持续发展普通高中提升课程领导力的探索》《学校课程计划编制实施指南》《课程领导的上海高中行动》等学段专著6本，以及《化学学科单元教学设计指南》等各学科单元教学设计指南20多本。项目学校出版了116本相关研究成果，如《高考改革与学校变革——基于上海市曹杨第二中学的探索》《空间引发的学习变革》《个性化教学：基于"道尔顿制"教育的再实验》等。

3. 研究成果已向全国辐射

项目经验从上海辐射到全国。在本项目的带动下，研究从项目学校推广到全上海16个区。2013年，教育部课程教材发展中心专程到上海调研论证，并启动了教育部6个实验区的提升课程领导力的实践探索，涉及上千所学校。据不完全统计，在第二轮项目研究期间，总项目组和项目学校接受的国际参观接待活动共128批次、全国参观接待活动共1195批次，并围绕本项目开展了517次对外专题讲座。报纸、网站、微信等媒体报道205次，包括《中国教育报》《文汇报》《解放日报》《上海中学生报》《新闻晨报》。尤其是《文汇报》，10多次报道提升学校课程领导力项目组的成果。2018年，项目组通过中国教师研修网向全国直播了提升学校课程领导力项目成果展示活动。

提升学校课程领导力是永恒的主题，前期研究成果科学与否、好用与否、完善与否，需要在不同层面的学校中继续应用验证；同时，在精准诊断、有效提高课程领导力方面还需要进一步深化研究。

参考文献

[1] 崔允漷．学校课程发展"中国模式"的建构与实践[J]．全球教育展望，2019(10)：73.

[2] 上海市教育委员会教学研究室．为了学校的可持续发展普通高中提升课程领导力的探索[M]．上海：华东师范大学出版社，2013：34.

[3] 杰西卡·E. 丁，罗伯特·罗德，威廉·加德纳，等．西方领导力前沿理论与视角变化[J]．中国领导科学，2018(6)：51-57.

[4] 金京泽．简论学校课程领导力之上海模型[J]．上海课程教学研究，2019(12)：6-12.

上海市教师教育学院（上海市教育委员会教学研究室）　金京泽

上海校长课程领导研修“5P”模式初探

摘　要　为提高研修的有效性，上海市教育委员会教学研究室结合课程领导力行动研究项目和问题为中心的学习理论，设计校长课程领导研修“5P”模式，并在实践中应用和检验。“5P”模式阐明了Project（项目）、Problem（问题）、Participants（参与人员）、Period（阶段）、Pattern（样式）等研修要素及其运作机理，通过“主题与内容”“角色与互动”和“反思与激励”的精心设计与实施，提高了研修的有效“宽度”“深度”和“高度”。

培训是校长专业成长的有效途径之一，然而培训效果并不能让参训校长满意。有调查显示：81%的校长认为现在的培训缺乏实效性；48%的校长认为培训方法单一；32%的校长认为培训形式僵化；还有40%的校长认为培训内容陈旧。[1]

为评估和提高培训满意度，笔者认为可以借鉴《教研活动质量评估运作模型》一文中的做法。该文指出：在教研活动中，组织者可从主题确定、内容组织、过程安排的实施成效，以及教师参与程度、反思等方面的行为表现，来对教研活动质量进行评估。[2]

为提高校长课程领导研修满意度，上海市教育委员会教学研究室（以下简称“上海市教委教研室”）进行了校长课程领导研修模式的探索。

一、研修背景和问题提出

本文中的研修主要是指以提升校长课程领导意识和能力为目的的教育培训活动。

（一）研修背景

2019年，上海市教委教研室启动了“上海市提升中小学（幼儿园）课程领导力行动研究（第三轮）项目”（以下简称“第三轮课程领导力项目”）。第三轮课程领导力项目推进流程如图1所示。

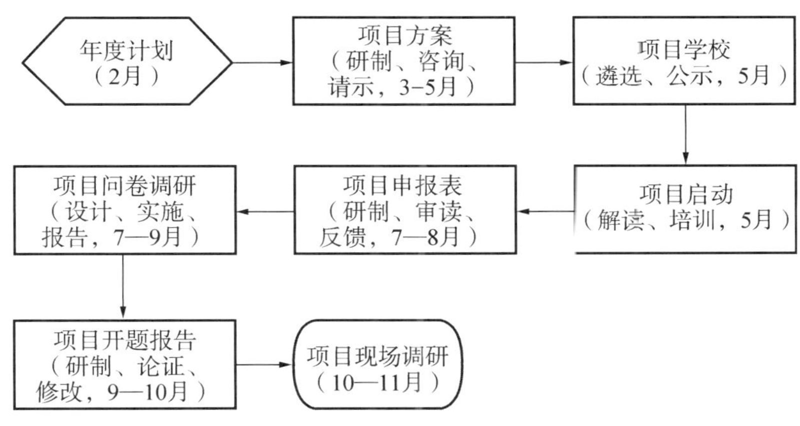

图1　课程领导力项目推进流程

（二）问题提出

关于是否召开"2019年课程领导力项目大会"，总项目组内产生了意见分歧。第一种意见认为不要举行项目大会，其理由为：①第三轮课程领导力项目学校还未开展实质性研究；②很多新的课程领导力项目学校未经历过比较严格的项目研究；③有必要让项目学校休整。第二种意见认为还是需要举行项目大会，其理由为：①年度项目大会是较有效的项目推进措施；②项目需要趁热打铁，不能松懈；③相信项目学校的潜力。

经过听取校长、专家、领导意见，总项目组权衡年度课程领导力项目大会的优势、劣势、机遇和挑战，最终决策为：继续开展2019年课程领导力项目大会，但在形式上可以调整完善。

二、课程领导研修"5P"模式设计

项目组多次研讨后认为：第一，年度大会的定位可以从"培训"（培养+训练）到"研修"（研究+修炼）；第二，研修内容紧紧围绕着校长和学校需求设计；第三，需要研修流程再造，环环相扣；第四，从研修方式上创新，如提供小规模的深度交流，合作完成挑战性任务等。

（一）课程领导研修"5P"模式

经过总项目组、专家和校长反复研究，组织方形成如下共识：任何项目都需要考虑问题、阶段、参与人员和活动样式等要素，课程领导研修"5P"关系如图2所示。

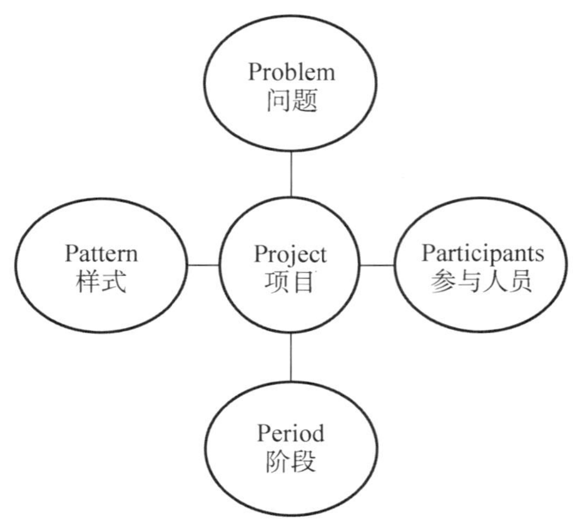

图2 课程领导研修“5P”关系

课程领导研修和课程领导力项目是嵌套关系。课程领导研修是课程领导力项目的一个部分,其“5P”运作模式(见图3)具有以下课程领导力特点。

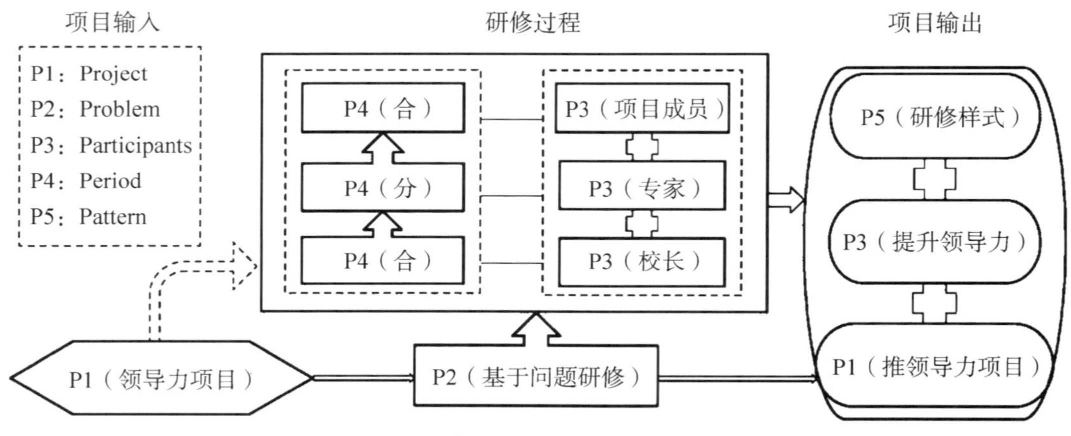

图3 上海课程领导研修“5P”模式

1. 遵循“输入—过程—输出”模式

课程领导力项目始终认为,质量的输出取决于输入和过程,反对“坐而论道”,反对只会写没有实践的空洞文章,倡导“做而论道”。本次课程领导研修是整个课程领导力项目推进过程中的一次研修。

2. 符合情境领导理论

从主题和内容确定来看,课程领导研修中的问题来自课程领导力项目中的真实问题,研修成果又反馈到课程领导力项目,形成循环完善系统。这样一来,既可以解决“基于问题的培训”中培训教师难觅合适的、学员感兴趣的真实问题的状况，同时由于这些问题都是项目学校的真实问题，具有一定的普遍性和挑战性，有助于参与者在解决问题的过程中提升课程领导力。

3. 符合课程领导力的流程再造理论

领导力研究指出，流程再造是领导力的重要组成部分。流程是为满足顾客的需求和实现组织自身目标，在组织的逻辑思维模式、组织与环境、组织内部等的逻辑关系。

强化角色与互动。本次研修流程如图4所示，分为“研修前—研修中—研修后”三个阶段，再细分为“合—分—合”三个环节、“段—组—段”三个部分，各环节有明确的任务。

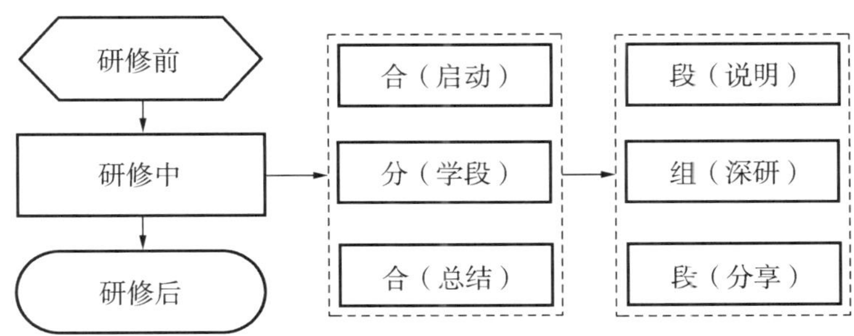

图4　上海课程领导研修流程

4. 综合考虑“5P”各要素

注重反思和激励。课程领导研修项目可能比想象中的还要复杂，需要基于研修活动的定位、目标、条件、资源、流程、成果、评价等综合考虑课程领导力项目、基于问题的研修项目、参与人员、阶段和样式的因素，才能提高研修品质。

（二）研修指向团队课程领导力提升

1. 主题与内容

激发课程领导内驱力。研修前，各个学校结合项目研究内容建专题研究小组，激发学校参与研修的积极性。研修中，发言者注意讲“他人要听的”“跟他人相关的”的话题，激发参与研修活动内驱力。

2. 角色与互动

营造平等研讨氛围。在整个研修活动中，校长本身就是具有实践和理论的专家，没有“牛校”和“强校工程学校”之分，也没有校长资历之分，他们都充分、自由地发表自己的观点；专家角色从原来的“指导专家”变为“互动专家”，用“苏格拉底式对话”的方式引发校长思考,不是吹毛求疵而是出谋划策、群策群力,一同解决学校面临的问题。

基于实践对话。所有参加研修的校长都需要就项目推进情况取得的经验和困惑进行交流。这是对行动研究的复盘,也是对实践行动的总结与反思,更是经验的辐射推广过程。

3. 反思与激励

合作完成挑战性任务。激励同一专题的研究小组,就共性问题展开现场深度研究,如本主题研究需要解决的关键问题是什么?各个关键问题解决的可能路径、工具、策略是什么?这有助于项目学校从具体、独特的情境中脱离出来,从系统、结构的角度来反思本校研究的价值性、突破性与局限性,有助于未来在更大范围、更多场景中的成果推广。

通过研修:①所有参加研修校长进一步梳理和总结本校项目推广经验和存在的问题,提炼解决问题过程中的智慧;②以任务驱动方式,针对课程领导力项目推进中的普遍问题,充分调动与会人员共研、共享,达到1个经验变N个经验,1个问题变1/N个问题(部分得到解决)的效果。

三、课程领导研修“5P”模式应用

笔者以“上海市提升中小学(幼儿园)课程领导力2019年度研修”为例,探索课程领导研修“5P”模式的操作性。课程领导研修活动有来自120所课程领导力项目学校的校(园)长和骨干教师、项目核心专家代表、16个区教研室主任、上海市教委教研室领导和教研员等近240人全程参加。本次研修活动精心策划“主题与内容”“角色与互动”和“反思与激励”,并对研修“瞻前”与“顾后”。

(一)研修前:确定主题与内容

本次课程领导研修活动围绕“新项目·新行动·新成长”这一主题展开。为提高课程领导研修的有效性,会前在包括会议主题、会议方案的设计、参加人员、大会报告资料以及会议保障等方面做了精心准备。

为本次课程领导研修,总项目组多次召开核心团队的工作会议,研讨研修项目的目标、流程、参与人员、角色定位、成果等。以高中为例,根据项目研究内容分5个专题组,召开5场筹备会,明确了各项目学校交流分享主题和内容视角,确定了小组研讨会主持人。

（二）研修中:角色与互动

本次现场活动采用“合—分—合”三个环节,如图5所示。

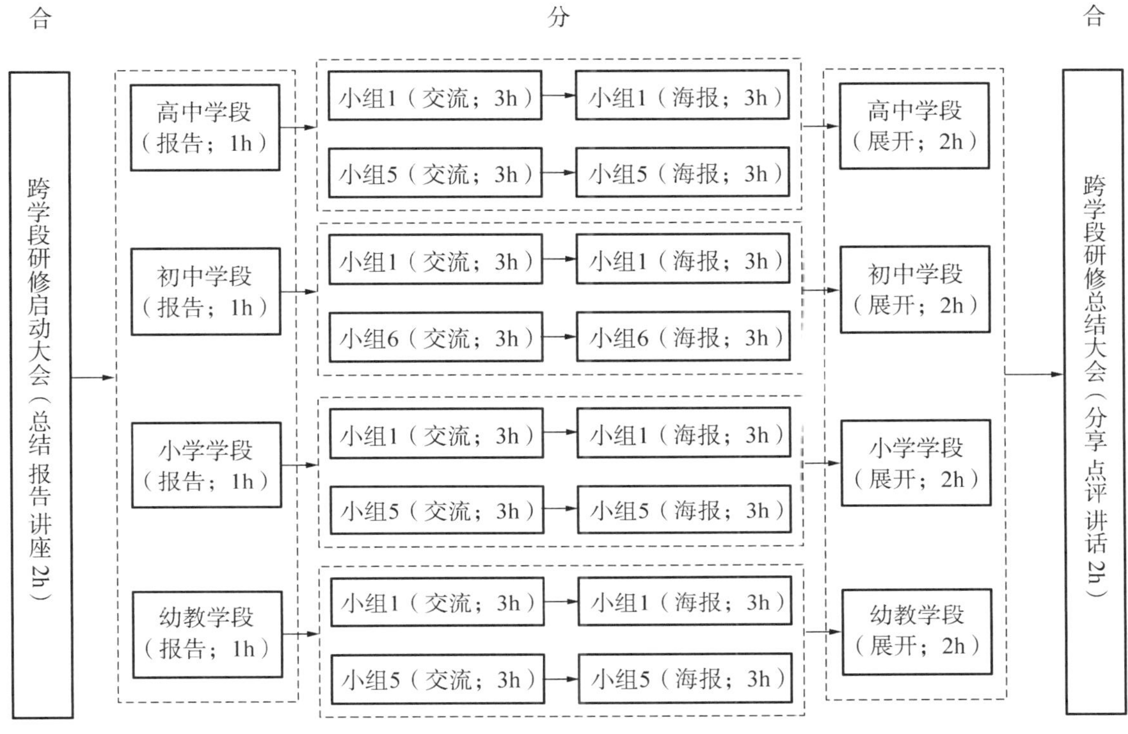

图5 课程领导研修活动流程

1. 广度:跨学段研修启动大会

这一单元为后面深度研修奠定“共同话语”基础,其内容由项目回顾、典型案例分享和学术报告组成。

(1) 项目年度报告:总项目组以时间为纵向、内容为横向、项目为内向,回顾和展望第三轮课程领导力项目的“昨天、今天、明天”,突出思想性、观点、流程,树立了N个里程碑:项目指南的研制→项目学校的遴选→项目启动→课程领导力基础性测评→项目开题论证→年度项目大会。

(2) 项目经验分享:参加三轮课程领导力项目的学校代表以“课程领导力,引领学校发展”为题,从“聚焦真问题,实现新转变”“创设真机制,激活真研究”“力求真效果,促进新发展”和“新的目标和愿景”四个部分,阐述了学校与课程领导力项目共成长的动人事迹。

(3) 学术报告:课程领导力项目负责人以“指向提升质量的课程领导力项目”为题做学术报告,强调:①项目指向的是提升学校的质量;②项目强调行动研究;③项目的任务是推动学校课程改革;④希望在改革中把每一个学校的经验进行提炼、分享,形成团队智慧。

2. 深度:分学段研修活动

高中、初中、小学、幼教四个学段研修均由以下三个环节组成。

(1) 第一环节:明确任务。由项目学段负责人交流课程领导力学段开题情况总结报告和研修活动的目标、要求、注意事项等。

(2) 第二环节:深度互动。这一环节分两个部分:①所有项目学校和专家,在各自的专题组交流推进项目的经验和智慧,抛出面临的问题;②以海报形式汇总小组经验、解决问题的路径方法,形成专题组成果,共同完成挑战性任务。

(3) 第三环节:段内分享。小组展示形式虽然丰富多样,但无论一人勇挑重担还是整个团队共同汇报,都非常强调小组研究成果。通过简洁的海报等形式,传递出背后的深层思考。在这个过程中,校长和教师的专业影响力得到充分展示和锻炼,也给其他开展类似研究的项目学校以借鉴和启迪。

3. 高度:跨学段研修总结大会

跨学段研修项目总结大会把整个活动推向高潮,大致由学段代表发言、专家点评和领导讲话三个部分内容组成。前两项内容考虑了典型性、时代性和覆盖性:高中、初中、小学、幼教四个学段全覆盖;突出初中强校工程学校和区域推进经验。

项目校代表和专家代表的发言经组内评选、段内评选后产生,代表了项目研修的高度。领导讲话指出,课程领导力项目是推动上海教育发展的重要抓手,是上海基础教育的龙头项目。课程领导的研修方式,越来越接近一线的需求,我们要让教育改革同盟者越来越多,旁观者越来越少。

(三) 研修后:反思与激励

研修不是一个孤立事件,研修前需要有充分的铺垫,研修后也绝不能戛然而止,而应该起到持续推波助澜的作用。

反思性工作包括:①与会者对本次研修项目进行评价;②组织方完成课程领导研修总结报告;③组织方完成课程领导研修的宣传报道;④组织方完成课程领导研修归档。

激励性工作包括:①各项目学校,结合研修内容完成一份2020年学校课程领导力项目研究计划;②每个学段项目组开展一次学段研修活动。

四、课程领导研修“5P”模式评价

研修活动结束后,组织方做了网上问卷调查,179位与会者自觉参与了评价。

(一)总体评价

参评者对研修活动内容、方式、作用等方面做了积极的评价,列举如下。

对“2019年课程领导力项目研修的总体安排满意度”这一题,回答“非常满意”的占88.8%,回答“满意”的占11.2%。

对“合一分一合有效度”这一题,回答“很有效”的占88.2%,回答“有效”的占11.8%。

对“留下最深刻印象的是”这一题,回答“大会的思想性”的占35.8%,回答“大会目标、内容、环节的设计”的占53.6%,回答“大会的操作性”的占10.6%。

对“哪些方面做得比较好(多选题)”这一题,回答“研修方式灵活”的占83.2%,回答“互动交流多”的占82.1%,回答“研修目标明确”的占75.4%。

对“是否对推进本校课程领导力项目有帮助”这一题,回答“非常有帮助”的占80.0%,“比较有帮助”的占20.0%。

(二)回归分析

为进一步总结反思课程领导研修模式,对“总体满意度”“目标清晰度”“合一分一合有效度”“专家指导满意度”“会务组服务”“引领推动作用”这6项进行赋分处理,例如,回答“非常满意”赋4,回答“满意”赋3,回答“一般”赋2,回答“不满意”赋1,然后进行相关性分析,具体结果见表1。

“总体满意度”与“合一分一合有效度”“引领推动作用”“目标清晰度”“会务组服务”之间呈显著正相关性,其相关系数分别为0.587、0.438、0.325、0.256。

以“总体满意度”为因变量,以“合一分一合有效度”“引领推动作用”“目标清晰度”“专家指导满意度”为自变量进行线性回归分析,其结果模型R方值为0.384,意味着上述四项自变量可以解释因变量的38.4%的变化。其中,“合一分一合有效度”对“总体满意度”产生显著的正向影响,模型R方值为0.375,前者可以解释后者37.5%的变化。

以“合一分一合有效度”为因变量,以“引领推动作用”“目标清晰度”“专家指导满意

表1　课程领导研修相关性

总体满意度	皮尔逊相关性	1	.325**	.587**	−.036	.256**	.438**
	显著性（双尾）		.000	.000	.724	.001	.000
目标清晰度	皮尔逊相关性	.325**	1	.422**	.394**	−.020	.560**
	显著性（双尾）	.000		.000	.000	.805	.000
合-分-合有效度	皮尔逊相关性	.587**	.422**	1	.264**	.292**	.500**
	显著性（双尾）	.000	.000		.008	.000	.000
专家指导满意度	皮尔逊相关性	−.036	.394**	.264**	1	.b	.381**
	显著性（双尾）	.724	.000	.008		.000	.000
会务组服务	皮尔逊相关性	.256**	−.020	.292**	.b	1	.169*
	显著性（双尾）	.001	.805	.000	.000		.035
引领推动作用	皮尔逊相关性	.438**	.560**	.500**	.381**	.169*	1
	显著性（双尾）	.000	.000	.000	.000	.035	

注：**. 在 0.01 级别（双尾），相关性显著。
*. 在 0.05 级别（双尾），相关性显著。
b. 由于至少有一个变量为常量，因此无法进行计算。

度”为自变量进行线性回归分析，其结果三项自变量可以解释因变量18.5%的变化，三项自变量对因变量没有产生显著影响。

那么，什么是影响“合—分—合有效度”的关键因素呢？对“您认为本次培训在哪些方面做得比较好”中的选项（如师资水平高、研修方式灵活、研修目标明确、课程设置合理、互动交流多和可迁移到学校研究）进行赋分处理（“选择”为1，“未选择”为0）；对“您认为本次年度项目大会在哪些方面还需进一步完善”中的选项（如大会定位、大会方案设计、大会时间长短、大会氛围、大会有效性、大会内容构成和大会流程）进行赋分处理（“选择”为0，“未选择”为1）；并以这些选项为自变量，以“合—分—合有效度”为因变量进行线性回归分析。其结果模型R方值为0.641，说明这些自变量可以解释“合—分—合有效度”64.1%的变化。具体为：“研修目标明确”的回归系数为0.134（$t=2.127$，$p=0.040<0.05$）；“大会内容构成”的回归系数为0.323（$t=4.494$，$p=0.000<0.01$）；“大会流程”的回归系数为0.137（$t=2.128$，$p=0.040<0.05$）；“互动交流多”的回归系数为−0.206（$t=-3.106$，$p=0.004<0.01$）。

总结分析可知:“大会内容构成”“大会流程会”“研修目标明确”对“合—分—合有效度”产生显著的正向影响;“互动交流多” 对 “合—分—合有效度”产生显著的负向影响。

上海校长课程领导研修,是推进课程领导力项目的新探索,是提升学校课程领导力的有效策略。课程领导研修“5P”模式,阐述了项目、目标、阶段、参与人员、样式等之间的关系,并在实践中检验了研修的有效性,验证了“合—分—合有效度”与主题、目标、内容、流程的正相关性。同时,也提出了进一步研究的课题,如“互动交流多”和“合—分—合有效度”的负相关问题。

参考文献

[1] 赵海涛.我国校长培训现状研究[J].沈阳教育学院学报,2008(1):97-99.

[2] 陆伯鸿.教研活动质量评估运作模型[J].上海课程教学研究,2020(5):3-10.

上海市教师教育学院(上海市教育委员会教学研究室) 金京泽

高中学校课程领导力评价探索

摘　要　为了精准评价高中学校课程领导力，综合利用文献研究法、调查研究法、行动研究法和德尔菲法等，结合课程领导理论和实践，研制学校课程领导力指标框架，研判课程领导力与评价载体方法的关联性，研发课程领导力评价工具和数据分析模型。以评价引领课程领导力项目的日常活动，并对高中学校课程领导力进行测评和反馈，旨在提升学校课程领导力，解决课改“理念好、落地难”的问题。

如何通过学校课程领导力评价，促进学校的健康发展、最终让学生受益，是教育发展中的一个重要课题。然而，从“中国知网”检索可知，到2021年1月11日为止，“篇名”与“学校课程领导力评价”相匹配的结果为零；“篇名”与“课程领导力评价”相匹配结果为3。

一、研究背景

课程领导研究的兴起、发展与课程改革有着密切的关系。21世纪初，我国课程改革实行国家、地方、学校三级课程管理制度，课程权力下放给学校。选择性大、变量多、基础不同，无意间加大了学校之间的差异，如何减小理想课程与学生经验课程之间的落差是学校普遍面临的问题。

（一）课程领导力项目启动

上海市教育委员会教学研究室（以下简称“市教研室”）从2007年开始关注课程领导力，2009年开展预研究。在上海市教委《上海市提升中小学（幼儿园）课程领导力三年行动计划（2010—2012年）》文件指导下，2010年市教研室正式启动了“上海市提升中小学（幼儿园）课程领导力行动研究项目”，其主要背景概括为三个需要：课改推进需要、学校发展需要、校长和教师成长需要。

该项目研究成果获得2014年国家级基础教育教学成果奖一等奖，明确了学校课程领导力的内涵，明晰了“可视化”行动路径，建立了“共同体”运行机制。研究认为，学校课程领导力是以校长为核心、教师为基础的课程领导共同体，以学校课程文化建设、课程的设计与开发、组织与实施、管理与评价等为载体，以提升学校的课程教学质量，促进学生、教师、校长、课程、学校文化的发展为目标，在学校的课程改革探索与实践行动中体现出来的教育思想、教育哲学以及课程理解、规划、执行、管理、评价等方面的能力。

（二）课程领导力评价研究的必要性

上述课程领导力内涵界定为课程领导力评价研究打下了坚实的基础，然而仅凭概念很难“正面”回答课程领导力“提升”的问题。课程领导力评价比起课程领导力内涵更加多元、复杂，既要符合学理，又要具有操作性。但对总项目组而言，评价是必须啃下的“硬骨头”，包括为什么评、评什么、怎么评，因为课程领导力评价研究的滞后会对课程领导力实践研究有影响。

二、解决问题的过程与方法

课程领导力评价研究历经10年，大致分为预研究、工具研发和测评三个阶段。

（一）课程领导力评价指标框架研制

课程领导力评价指标框架研究，自2009年的第一轮课程领导力项目至2014年的第二轮课程领导力项目预研究，主要采用以下三种研究方法。

1. 文献研究法

收集课程领导力及其评价方面的国内外文献，尤其是课程领导力概念、定义和内涵等方面的文献进行比较、分析，为课程领导力评价指标框架制订提供依据。

2. 调查研究法

用交流访谈、现场观察等调查研究方法，采集项目学校对课程领导力的观点，重点关注哪些指标对学校课程教学的变化起到决定性作用。

3. 德尔菲法

研制“学校课程领导力评价指标体系研究工作说明”和“学校课程领导力评价指标评定表”，经过三轮的“评定—汇总—反馈”等步骤，听取专家、校长对课程领导力评价框架独立研判意见，最终确定课程领导力评价指标框架。

（二）课程领导力评价工具研发

评价是第二轮课程领导力项目研究中需要重点攻关的课题，结合总项目组和项目学校研究并行的特殊背景，采取如下策略：①边研究，边收集；先收集，后评价。②双向互动：学校提前参与课程领导力评价研究，学校为课程领导力评价提供实践依据（实证）；项目组介入学校课程领导力评价，为学校课程领导力研究提供（专业）支持。③课程领导力评价贯穿在学校研究的全过程。

1. 学校课程领导系统建构

对学校课程领导，借鉴PISA研究，从“层次”和“范围”两个维度研制矩阵表，以解决学校课程领导的层次性、相关性。“层次”细分为“学校层面”和“人的主体（校长、教师、学生）”两个层次；“范围”细分为“产出和结果”“影响结果的因素”“前提和背景条件”三个范围。

2. 学校课程领导力评价载体、方法确定

学校课程领导力评价是间接评价，因此需要解决评什么、如何评的问题。借助学校课程领导系统，基于课程领导力与学校课程、教学等核心工作相关，课程领导力评价方法与评价效度相关等假设，用德尔菲法对学校课程领导力测评的关联度进行评定，确定适合课程领导力评价的载体和方法。

3. 学校课程领导力评价工具研发

基于课程领导力基础性测评和发展性测评需要，研发测评工具：①对学校课程领导力基础性测评检核表研制赋分标准，以提高学校课程领导力自评的精准性；②采用“借力发力”的策略，充分利用已有课程教学评价工具成果，将课程与教学调研工具进行“解构”与“重构”，以“代替”课程领导力评价工具，完成课程领导力与调研工具的关联表；③研制校长、教师课程领导力访谈工具和学生、教师的问卷。

（三）课程领导力测评

1. 项目学校自评

课程领导力项目学校，在项目开题、中期、结题等关键环节，依托课程领导力评价系统自觉开展课程领导力基础性测评，并基于数据分析存在问题，采取改进措施。

2. 项目组现场测评

课程领导力项目组组织专家团队，基于课程领导力项目学校的自评情况，进行学校

课程领导力现场测评。每位专家进行分工,分别完成测评任务,完成测评报告。评前有培训,评后有反思性研讨会。

3.借助课程与教学调研的测评

从2015年起,结合市教研室每年两次的区课程与教学调研,借助市教研室学科教研员和综合教研员的专业团队力量,用工具来采集丰富、有效的数据,用三角互证法提高信息的真实性,保证研究的效度,开展课程领导力评价的定量研究。

三、研究成果与成效

(一)问题导向:研制课程领导力指标框架

基于中外文献、项目实践、上海学校实际和专家论证,项目组提出了课程领导力指标框架(见图1)。

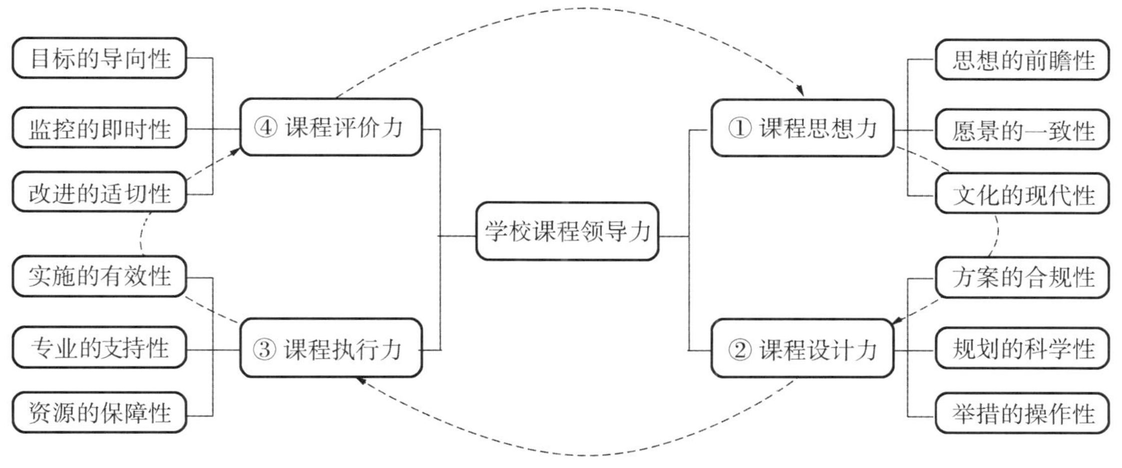

图1 课程领导力指标框架

这一指标框架既要满足稳定性,还要满足时代性,源于以下思考。

1.解决课改"理念好、落地难"的问题

"理念好、落地难"是所有课程改革面临的通病。因此,课程领导力指标必须强化"课程设计力"和"课程执行力"这一课改落地的中坚力量,尽量减少理念的"衰减"。"课程设计力"的简化模型为"▼","方案的合规性"和"规划的科学性"为设计的两个上位"依据",指引着下位的"举措的操作性"。"课程执行力"的简化模型为"▲","专业的支持性"和"资源的保障性"为下位支撑点,保障其上位"实施的有效性"。

2. 解决课程领导中的“两头难”问题

课程思想力和评价力是学校课程领导中普遍面临的难题，需要攻克。课程思想力是引领学校课程价值的重要抓手，它旨在通过专业影响将学校打造成为具有共同价值追求的课程共同体。课程思想力中的“思想的前瞻性”“愿景的一致性”“文化的现代性”三者之间为串联、递进关系。课程评价力是学校持续发展的引擎，“目标的导向性”“监控的即时性”和“改进的适切性”形成闭环系统。

（二）落地生根：确定课程领导力评价载体和方法

若要课程领导力落地生根，引领和改变学校课程行为，课程领导力必须与学校最常见的课程教学关联起来，通过学校课程相关理念、制度、文本、行为表现、环境创设等内容来体现。用德尔菲法汇总专家意见结果如表1、表2所示，可得出：①评价学校课程领导力的文本有效性依次为计划总结、规划、档案资料；现场测评方法的有效性依次为教师访谈、校领导访谈、教研备课和课堂教学。②课程领导力各项指标评价的难度有差异，实施

表1　学校课程领导力评价与文本测评关联度评定

指标		章程	规划	制度					计划总结				档案资料	
一级	二级	学校办学章程	学校发展规划	学校课程	学校德育	教研备课	作业	考试评价	学校课程实施	学科课程实施	教研备课	德育工作	综合素质评价	教研组备课组活动
课程思想力	思想的前瞻性	▲	●						●			●		
	愿景的一致性		●						●			▲		
	文化的现代性			▲	▲	▲								
课程设计力	方案的合规性								●	●				
	规划的科学性		●						●	●	▲	▲		
	举措的操作性		●						●	●	●	●		
课程执行力	实施的有效性						●		●		●			●
	专业的支持性		▲			●					●			●
	资源的保障性		●						●					

（续表）

指标		章程	规划	制度					计划总结				档案资料	
课程评价力	目标的导向性							●	●	●			●	
	监控的即时性												●	●
	改进的适切性								●	●	●	▲		

注：● 代表关联度强，▲ 代表关联度较强。

表2 学校课程领导力评价与现场关联度评定

指标		现场观摩				访谈座谈			问卷			观察		
一级	二级	课堂教学	教研备课	晨会午会	社团	校领导	教师	学生	校领导	教师	学生	图书馆	多媒体	专用教室
课程思想力	思想的前瞻性	●		▲	▲	●	●				▲			
	愿景的一致性					●	●		●	●				
	文化的现代性					●	▲		●	▲				
课程设计力	方案的合规性					▲	▲				▲			
	规划的科学性		▲											
	举措的操作性	▲	●				●							
课程执行力	实施的有效性	●	●				●	●		●	●			
	专业的支持性		●				●			●				
	资源的保障性					●	●				▲	●	●	▲
课程评价力	目标的导向性	●					●							
	监控的即时性	▲	▲			▲	●							
	改进的适切性		●			●	●							

注：● 代表关联度强，▲ 代表关联度较强。

的有效性、举措的操作性、思想的前瞻性等相对容易评价，而文化的现代性、方案的合规性、规划的科学性、监控的即时性等指标评价起来有难度。这一结论为课程领导力评价工具研发提供专业支持。

(三)测评系统:研发课程领导力评价数据采集、分析系统

学校课程领导力测评系统包括数据采集平台、测评工具、测评流程和数据模型及处理等。

1. 学校课程领导力自评系统

基于学校课程领导力基础性检核表的测评平台。这一评价的主体为学校所有教师(含校长),是课程领导力视域下的课程检核系统。课程领导力基础性检核表结构为“课程领导力一级指标—二级指标—评测点—赋分标准”,教师对每个评测点,基于赋分标准进行赋分。基于这些数据,可以得出学校课程领导力的二级指数和一级指数。

基于教师问卷的课程领导力评价平台。这一评价的主体为学校所有教师(含校长),是课程视域下的课程领导力检核系统。这一评价用李克特量表(Likert scale),从“学校课程文化”“学校课程计划”“备课”“课程实施/课堂教学”“作业”“考试测验”“教研/教师专业发展”等模块切入,从课程领导力视角设计题干,让教师判断“符合”程度。基于教师的判断和每个题目的课程领导力标签,可以测评学校课程领导力状况。

上述两个评价系统的优点在于,通过“问卷星”平台操作,省时省力,可自动生成调研报告。关键在于确保学校教师填写的信息是真实的,因此适合学校自评自改,不适合第三方对学校进行评价的工具使用。

2. 学校课程领导力他评系统

学校课程领导力“他评”系统,包括校外人员和学生,基于文本、现场、问卷等工具采集数据,并根据数据矩阵获得课程领导力指数。

学校课程领导力评价工具研发,不仅考虑评价的有效性,还考虑评价的操作性和引领性,采用逆向工程设计法。课程领导力评价工具有以下三个特征:①紧紧围绕课程教学整体设计和具体实施,有学校课程实施工具,包括学校课程计划、学校常规管理,有学科课程实施的工具,如学校教研备课、课堂教学、作业、考试测验等方面的工具;②评价方式有计划文本、现场活动、总结档案;③从文本对话、现场对话、档案对话、人员(校长、教师、学生)对话的过程中获取信息。以课程计划评价工具为例,围绕课程计划的背景分析、课程目标、课程设置、课程实施、课程评价、课程资源等板块,提供要素选择和程度判断标准。

在课程领导力工具研发过程中,如表3所示,考虑工具研发系统性、互补性。

表3 课程领导评价指标与工具评测点统计表

课程领导力二级指标	课程计划工具	备课作业考试评价工具	学生问卷	观课
思想的前瞻性	1		10	
愿景的一致性		1		
文化的现代性				3
方案的合规性	3			
规划的科学性	3	3		
举措的操作性	2	3		
实施的有效性	3	9	7	7
专业的支持性		2	2	
资源的保障性	2			1
目标的导向性	1	3	2	1
监控的计时性		3		1
改进的适切性		1		

多数课程领导力评价二级指标采用三角互证法。“实施的有效性”指标是最显性、最重要的指标，通过学校课程计划、教研备课、作业、考试测验、课堂教学、学生问卷等多个评测点来测评，详见表4。

表4 实施的有效性与工具评测点关系表

学校课程计划	教研备课	作业	考试测验	课堂教学	学生问卷
· 实施要求体现课程理念 · 实施要求反映学校现实需要 · 课程实施操作要点明确	· 过程：安排有序；突出重点；解决问题 · 主题：贴近教学实际；与计划匹配 · 研究课教案：与研究主题一致；符合学科规范	· 表述：题干表述准确；完成要求清晰 · 结构：单元内容覆盖面广；题型多样；难度分布合理 · 数量：估计作业用时适当 · 批改：符号规范，批阅准确、及时	· 试卷讲评方法得当：关注学生参与，兼顾学生差异 · 试卷讲评内容：基于数据分析，精选典型试题和典型作答	· 熟知学科内容 · 建立教学结构 · 维持学习动机 · 采用多元方式 · 善用发问技巧 · 恰当运用表达 · 掌控教学时间	· 教师课前准备 · 学习材料准备 · 课堂消化度 · 课堂满意度 · 实验落实情况 · 作业质量满意度 · 作业批改情况

（四）以终为始：基于评价的课程领导力提升

评价研究始终遵循为课程领导力提升服务的理念展开。

1. 以过程性评价提升学校课程领导力

课程领导力项目（第二轮）是延续四年的中长期项目，项目组用课程领导力指标、标准和工具来引领和指导项目例会、过程指导、案例征集、展示活动、年度大会等日常实践和研究。基本流程如图2所示。

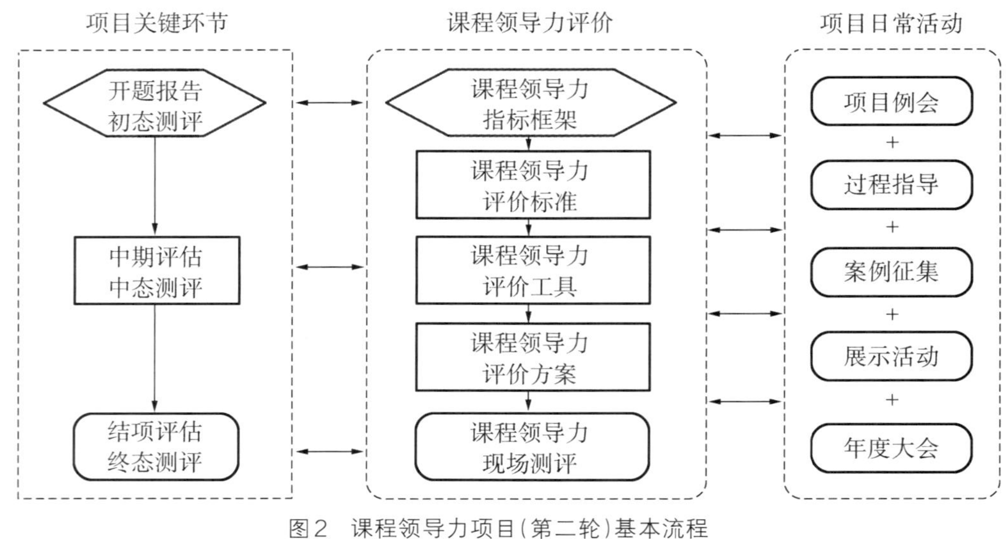

图2　课程领导力项目（第二轮）基本流程

在项目学校的立项、开题、中期评估、过程管理、结题评估过程中，不断获取课程领导力方面信息，基于实证调整完善课程领导力评价。

2. 以多元评价提升课程领导力

课程领导力测评方案，由课程领导力测评的背景意义、目的、内容和方法、工具表、流程、报告撰写等几个部分组成。学校课程领导力评价对学校课程领导力提升提供了较为完整的“行为路线”，具有价值引领和比对实践的作用，有思想性、操作性和导向性。其中，高中学校课程领导力一级指标指数变化和二级指标指数变化分别如图3和图4所示。

以2017年某区课程领导力调研为例，课程与教学调研专家，在一周期间采集了如表5所示的信息。

调研报告聚焦在学校课程领导力上，强调工具使用和实证；根据表3课程领导评价指标与工具评测点关系表，对12个课程领导力二级指标进行数据汇总和分析，最终得出如表6所示的某区高中学校课程思想力、课程设计力、课程执行力、课程评价力指数。

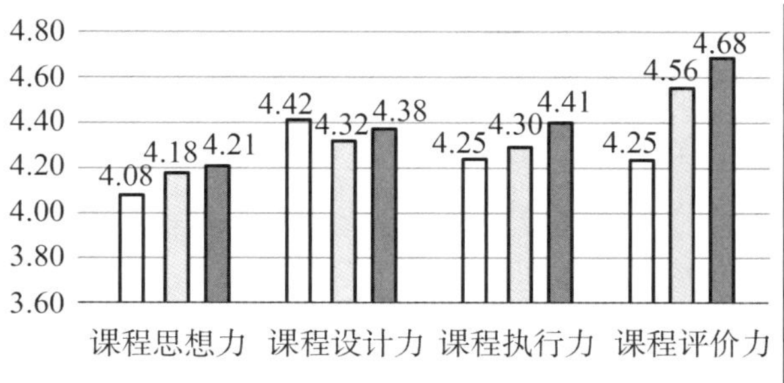

图3 高中学校课程领导力一级指标指数变化

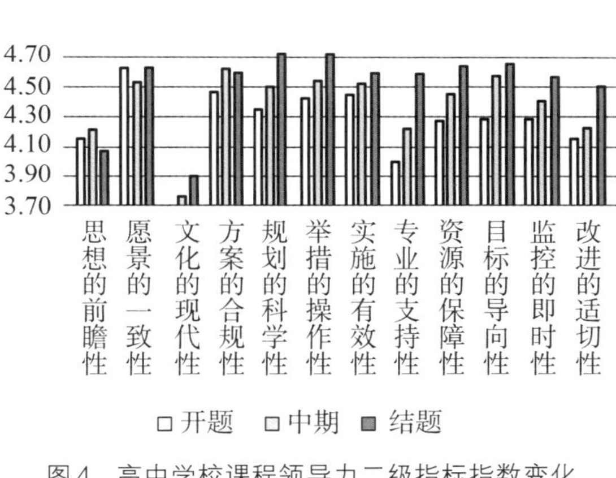

图4 高中学校课程领导力二级指标指数变化

表5 学校课程领导力的调研数据采集

类型	内容	数量
报告	区教育局自评报告	1个
	区教研室高中学段自评报告	1个
	校长自评报告	3个
座谈、访谈	校长座谈会	1场
	教导主任座谈会	1场
	学校分管教学领导访谈	3场
	德育领寻访谈	3场
	师代表座谈会	3场
	备课组或教研组活动	12场
	教师个别访谈	52次
问卷	网上学生问卷调查	730人
观课	观课	115节
工具	学校课程计划工具	4份
	教研备课工具	10份
	作业工具	7份
	考试测验工具	10份
查访	校园环境、硬件设施设备、特色场馆	

表6 某区高中学校课程领导力指数

二级指标	课程计划	备课作业考试评价	学生问卷	观课	二级指标指数	一级指标指数	一级指标
思想的前瞻性	4.67	4.32	3.14		4.04		课程思想力
愿景的一致性		4.10			4.10	4.07	
文化的现代性							
方案的合规性	4.89				4.89		课程设计力
规划的科学性	4.50	4.58			4.54	4.67	
举措的操作性		4.58			4.58		

（续表）

二级指标	课程计划	备课作业考试评价	学生问卷	观课	二级指标指数	一级指标指数	一级指标
实施的有效性	4.44	4.32	4.62	4.38	4.44		
专业的支持性			4.62		4.62	4.47	课程执行力
资源的保障性	4.33				4.33		
目标的导向性	4.33	4.04	4.61		4.33		
监控的计时性	4.33	4.08			4.21	4.10	课程评价力
改进的适切性		3.78			3.78		

某区高中学校课程领导力指数可概述为：①课程设计力、课程执行力相对高，课程思想力和课程评价力相对较低。②从课程领导力二级指标来看，方案的合规性、专业的支持性，这两个指标较高；思想的前瞻性、改进的适切性，这两个指标较低。③数据反映，如同思想前瞻性指标，不同渠道获取信息是有差异的。

四、研究反思与展望

通过高中学校课程领导力的评价探索，从课程领导力指标框架、评价载体和方法的关联度、工具研发、数据模型、测评流程、测评数据分析及反馈方面形成了闭环，为提升学校课程领导力起到了引领作用。

目前，课程领导力的定量评价处于初步探索阶段，后续还有进一步探索的空间：①研发学校课程领导力评价的专用工具；②组建课程领导力评价的专家团队；③课程领导力评价数据采集的均衡性和权重配置问题；④学校课程领导力与学校课程品质的关系；⑤学校课程领导力和学校发展状态的关系。

上海市教师教育学院（上海市教育委员会教学研究室） 金京泽

数据驱动的中小学教师课程领导力实践模型研究[1]

摘 要 通过10多个省市、100多所学校、6千多名教师、40多万条数据分析发现，上海教师课程领导力显著高于外省市，但样本差异不改变课程与领导力之间的关系；教师以“课程”为载体开展行动研究过程中提升课程领导力这一假设成立；领导力对多数课程模块起到正向作用，但对个别模块有负面影响；课程维度内各模块间呈现出层级性和组合性，各模块间作用力和反作用力未必相等；领导力实践模型呈现出以设计力为核心，与思想力、执行力、评价力相互作用的技术领导特征。

一、问题提出

中小学教师课程领导力是落实国家新课程新教材改革要求、提高学校教育教学质量的重要保障。为探索课程领导力测评方法，了解上海高中教师课程领导力状况，上海高中教师课程领导力调查研究[1]从课程和领导力维度设计问卷，并对教师答卷进行信度、效度、平均值、标准差、相关性、成分回归等分析，基于高信度和效度的数据和科学分析，得出：上海高中教师课程和领导力指数高而均衡，课程维度和领导力维度间相关性强，并初步探索出领导力指数和课程指数的关系模型，指明了上海教师课程领导力的优势和不足。该论文受到篇幅限制，样本局限在上海市课程领导力项目高中学校教师，方法论上局限于课程对领导力的影响，还需进一步验证成果及其使用范围。

[1]本文系上海市教育委员会基础教育处代编项目的阶段成果，项目名称为：提升中小学课程领导力实践研究（第三轮）。上海市教委教研室课题编号为：KC02JC06201901。

“教育数字化转型”是当前教育改革与实践中的热点，也是未来教育创新变革的发展趋势。[2]推进教育评估数字化，开展数据驱动的教育综合评价，是上海市教育数字化转型的主要任务之一。本论文坚持继承中发展的原则，沿用上述研究的问卷框架、题目和分析方法，但拓展样本的区域和学段，以检验和修正上述研究结论，同时深化研究领导力变量对课程变量的影响，以及领导力变量、课程变量的内部影响关系，构建实践模型。

二、研究过程与方法

学校课程领导力评价探索[3]，结合课程领导理论和实践，研制学校课程领导力指标框架，研发课程领导力评价工具和数据分析模型，为本研究提供了借鉴。

（一）调研问卷设计

1. 设计原则

设计问卷时充分吸取PISA、TALIS、教学领导力、绿色指标、课程与教学调研工具、课程领导测评等研究成果，并经过多轮专家咨询论证，形成课程领导力评价的定位、核心概念界定和评价框架。

问卷设计的假设为：教师的课程领导力体现在教师的日常工作中，其领导力与课程行为是有关联的。教师的课程领导力分解为课程思想力、课程设计力、课程执行力、课程评价力。教师日常课程相关工作领域主要包括学校课程文化（以下简称“课程文化”）、学校课程计划（以下简称“课程计划”）、备课、课堂教学/课程实施（以下简称“课堂教学”）、作业、考试测验、教研/教师专业发展（以下简称“教研”）等。

2. 问卷结构

问卷采用“概念界定—二维矩阵— 试题编写—教师访谈—专家审议”的模式进行研制。教师课程领导力问卷，由基本信息、量表型题和选择题组成。基本信息，包括学校类别、学校名称、性别、职务、教龄和学历。量表型题（如表1所示），由课程维度和领导力维度来设计，课程维度含课程文化、课程计划、备课、课堂教学、作业、考试测验、教研等7个模块，领导力维度含思想力、设计力、执行力、评价力等四个一级指标，每个题目都从课程和领导力方面唯一属性来设置标签，以“我了解并认同学校的办学理念”为例，属于“课程文化”模块、“思想力”指标，并采用李克特（Likert scale）5点量表，设“非常符合、比较符合、难说、比较不符、不符合”或“几乎总是、经常、有时、很少、几乎没有”等选项，每个选项被

表1 量表型题的结构

课程维度	领导力维度				合计
	思想力	设计力	执行力	评价力	
课程文化	9				9
课程计划	3	4		1	8
备课		4		2	6
课堂教学	2	2	7	4	15
作业		4	1	2	7
考试测验	1	1		5	7
教研	1	2	5		8
合计	16	17	13	14	60

赋予1—5分的不同分值,分数越高越好。选择题含课程领导主要困惑或挑战、学校重点研究工作等。[4]

(二)调研数据处理

1. 数据采集

数据来自两次调研:第一次调研为2019年10月,在上海第三轮课程领导力项目启动之际,面向课程领导力项目的小学、初中、高中学校进行了教师课程领导力前测;第二次调研为2021年1月,上海市教委教研室受教育部基础教育课程教材发展中心委托承担其实验区高中学校领军型校长成长工程培训之际完成。尽管两次调研间隔1年多,但其间未采取特殊措施,具有一定的可比性。

两次调研获得基础数据如下:第一次调研覆盖上海市16个区,获得22所小学1536份样本、41所初中(含九年一贯制)2494份样本、22所高中(含完中等)1915份样本;第二次调研覆盖内蒙古、山东、河南、安徽、江苏、四川、重庆、江西、广东、云南等10个省市(直辖市)的18所高中(含完中)的2612份样本。调研采用网上匿名制,并为了提高调研数据的信度和效度,对样本进行了多维度清洗,如,剔除回答所用时间过短或过长的样本、连续性回答样本、未通过陷阱题(反向题)样本,最终得到有效样本6249份,占总样本数(8557份)的73%,教师基本信息如表2所示。

表2　教师基本信息

基本信息		频率	百分比
区域	上海外	1753	28.1
	上海	4496	71.9
学校类型	上海外高中	1753	28.1
	上海小学	1229	19.7
	上海初中	1890	30.2
	上海高中	1377	22.0
性别	男	1704	27.3
	女	4545	72.7
职务	年级组长	247	4.0
	教研组(备课组)长	1132	18.1
	班主任	1287	20.6
	普通教师	3103	49.7
	其他行政领导	480	7.7
教龄	5年及以下	1319	21.1
	6至10年	861	13.8
	11至15年	818	13.1
	16年及以上	3251	52.0
学历	大专及以下	121	1.9
	大学本科	4795	76.8
	研究生(含教育硕士)	1333	21.3

2. 数据分析

将教师答卷数据全部导入SPSS25中进行整理和分析。如表3所示,课程维度总体的克隆巴赫α值为0.979,课程文化等7个模块克隆巴赫α值为0.88以上,说明课程维度及其各模块数据信度很好;课程维度总体的KMO为0.985,课程文化等7个模块的KMO为0.885至0.962不等,说明数据结构效度也很好。

表3 调研数据信度和效度

课程维度	题项个数	克隆巴赫α值	KMO	显著性
总体	60	.979	.985	.000
课程文化	9	.924	.928	.000
课程计划	8	.938	.926	.000
备课	6	.903	.885	.000
课堂教学	15	.945	.962	.000
作业	7	.936	.908	.000
考试测验	7	.881	.885	.000
教研	8	.927	.935	.000

本研究针对需要采用了多种切合实际的数据分析方法：标度(可靠性)、降维(因子)、描述统计(频率、描述)、比较平均值(独立样本检验、单样本ANOVA检验)、相关(双变量)、回归(线性)等。为了避免题目数量带来的干扰，计算各维度、模块指数时，均采用均值。

表4 样本间课程及领导力指数比较

课程/领导力	指数均值	
	全国中小学教师	上海高中教师
课程文化	4.56	4.65
课程计划	4.35	4.48
备课	4.58	4.65
课堂教学	4.35	4.45
作业	4.39	4.47
考试测验	4.34	4.49
教研	4.31	4.41
/思想力	4.49	4.58
/设计力	4.48	4.56
/执行力	4.27	4.40
/评价力	4.37	4.49

三、结果分析

(一)样本间差异分析

为了检验上海高中教师课程领导力调查研究成果的试用范围，本研究中把上海课程领导力项目学校教师和课程中心实验校教师组合成新的全国中小学独立样本，与上海高中教师样本进行比较，其课程及领导力指数均值如表4所示。

对全国中小学教师和上海高中教师的课程及领导力指数进行相关性分析结果，皮尔逊相关性系数为0.979，并且在0.01级别(双尾)相关性显著。为了进一步探索两个样本之间的关系，对课程及领导力指数进行线性回归分析，得出如下关系模型（本模型最适合区间为3.5至4.8）：

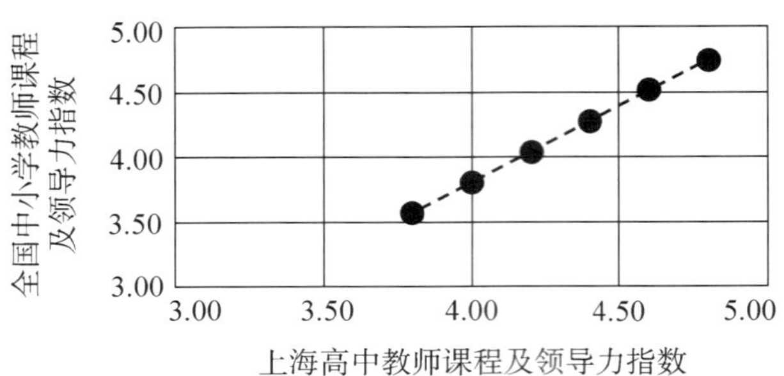

图1　样本间课程及领导力指数关系模型

全国中小学教师课程及领导力指数≈1.161*上海高中教师课程及领导力指数-0.830

为了探明产生样本间差异背后原因，从区域、学校类型角度进行独立样本T检验和单样本ANOVA检验。

把区域划分为“上海”和“上海外”进行独立样本T检验结果，如表5所示，领导力指数在上海和上海外地区有显著性差异，上海显著高于上海外地区。在课程文化、课程计划、备课、课堂教学、作业、考试测验、教研等7个模块方面，同样上海高于上海外区域，这里不再赘述。

表5　领导力指数区域比较

因变量	区域	个案数	平均值	标准偏差	Sig.(双尾)
思想力	上海外	1753	4.275	.620	.000
	上海	4496	4.579	.487	.000
设计力	上海外	1753	4.318	.544	.000
	上海	4496	4.546	.467	.000
执行力	上海外	1753	4.097	.668	.000
	上海	4496	4.340	.588	.000
评价力	上海外	1753	4.216	.595	.000
	上海	4496	4.427	.527	.000

以“上海小学”“上海初中”“上海高中”“上海外高中”等学校类型为因子，思想力、设计力、执行力、评价力为因变量进行均值的单因素ANOVA检验结果，四个因变量均对学校类型这一因子呈现出显著性。进一步进行独立样本T检验结果，四个因变量的均值在学校类型因子方面，上海外高中对上海小学、初中、高中都呈现显著性差异，上海小学对上海初中和高中呈现显著性差异，上海初中和高中没有显著性差异。以思想力为例，如表6所示。

表6　思想力在学校类型因子T检验

学校类型		个案数	平均值	标准偏差	显著性
第一组	*上海外高中*	*1753*	*4.275*	*.620*	
	上海小学	1229	4.721	.394	.000
	上海初中	1890	4.519	.513	.000
	上海高中	1377	4.533	.500	.000
第二组	*上海小学*	*1229*	*4.721*	*.394*	
	上海初中	1890	4.519	.513	.000
	上海高中	1377	4.533	.500	.000
第三组	*上海初中*	*1890*	*4.519*	*.513*	
	上海高中	1377	4.533	.500	.068

（二）课程对领导力关系模型的检验

上海高中教师课程领导力调查研究中已经构建了一系列课程对领导力的模型方程：思想力≈0.224+0.696*课程文化+0.251*课程计划；设计力≈0.239+0.384*备课+0.329*作业+0.239*课程计划；执行力≈0.675*课堂教学+0.381*教研−0.290；评价力≈0.121+0.464*考试测验+0.320*课堂教学+0.192*作业。[5]

本研究以全国中小学教师为样本，进行同样的相关性分析、多元线性回归分析等，完成表7。

从表7可知，就课程对领导力的多元线性回归分析结果而言，两个样本在因变量和预测变量方面总体关系一致，而回归系数看似有些差异。研究对全国中小学和上海高中两组的课程及领导力指数进行相关分析，其结果相关系数为0.997，相关性显著。下面，以

表7　领导力不同样本的多元回归分析结果对照

因变量	样本	模型摘要			预测变量(系数)						
		R	显著性	B	课程文化	课程计划	备课	课堂教学	作业	考试测验	教研
思想力	全国中小学	.981	.000	.307	.707	.221					
	上海高中	.966	.000	.224	.696	.251					
设计力	全国中小学	.976	.000	.281		.244	.352		.348		
	上海高中	.956	.000	.239		.239	.384		.329		
执行力	全国中小学	.967	.000	−.355				.690			.377
	上海高中	.956	.000	−.290				.675			.381
评价力	全国中小学	.969	.000	.078				.337	.201	.448	
	上海高中	.952	.000	.121				.320	.192	.464	

全国中小学教师思想力为例，以课程文化、课程计划为预测变量进行多元线性回归分析结果，调整后的R方为0.981，说明以课程文化指数和课程计划指数可以解释98.1%的思想力变化，其中课程文化指数可以解释约70%的变化。全国中小学教师课程及领导力模型方程式为：思想力≈0.307+0.707*课程文化+0.221*课程计划。

基于上述验证结果，考虑篇幅限制，下述研究中均以全国中小学教师为样本进行分析。

（三）领导力对课程多元线性回归分析

如表8所示，分别以课程文化、课程计划、备课、课堂教学、作业、考试测验、教研为因变量，以思想力、设计力、执行力、评价力为预测变量，多元线性回归分析得出R、B和系数(正数，代表正相关；负数，代表负相关)。

把表8数据，以课程文化为例，建立模型方程式如下：

课程文化≈0.283+1.136*思想力−0.088*执行力−0.103*评价力

上面公式意味着，随着执行力和评价力指数的提升，课程文化指数反而下降。备课、作业、考试测验指数，也与某些领导力指数负相关。这些结论，似乎与研究者的初始假设不太一致，是值得进一步研究的课题。

表8　领导力维度对课程维度的多元线性回归分析

因变量	模型摘要			预测变量(系数)			
	R	显著性	B	思想力	设计力	执行力	评价力
课程文化	.974	.000	.283	1.136		-.088	-.103
课程计划	.896	.000	-1.340	1.070	.198		
备课	.865	.000	.833	-.236	1.158	-.090	
课堂教学	.934	.000	.354		.127	.575	.221
作业	.910	.000	-.092	-.425	.927		.512
考试测验	.921	.000	.145		-.200	-.141	1.303
教研	.870	.000	-.202	.201		.741	.102
频次(-为负相关)				3+(-2)	4+(-1)	2+(-3)	4+(-1)

在此,把“思想的前瞻性”等12个领导力二级指标为预测变量进行多元线性回归分析(见表9),发现负相关变量数明显减少。除“举措的操作性”对“考试测验”负相关,其他主要预测变量均是正相关,说明预测变量之间作用相互抵消。

表9　领导力二级指标对课程的多元线性回归分析

因变量	模型摘要			预测变量(系数)											
	R	显著性	B	T11	T12	T13	P11	P12	P13	D11	D12	D13	A11	A12	A13
课程文化	.967	.000	.152	.366	.329	.285									
课程计划	.925	.000	-1.240		.311	.760	.191								
备课	.888	.000	.634					.397	.015					.473	
课堂教学	.983	.000	.010							.542		.127		.331	
作业	.911	.000	-.313					.561						.119	.420
考试测验	.937	.000	.302						-.012				.500		.445
教研	.982	.000	-.168		.053				.130		.860				
频次(-为负相关)				1	3	2	1	2	2+(-1)	1	1	1	1	3	2

注:T11(思想的前瞻性),T12(愿景的一致性),T13(文化的现代性);P11(方案的合规性),P12(规划的科学性),P13(举措的操作性);D11(实施的有效性),D12(专业的支持性),D13(资源的保障性);A11(目标的导向性),A12(监控的即时性),A13(改进的适切性)。

（四）课程模块间多元线性回归分析

课程维度的课程文化、课程计划、备课、课堂教学、作业、考试测验和教研各模块之间，理应存在着一定的相关性。分析结果各模块之间确实都存在着显著性相关，进一步进行多元线性回归结果，得出如表9的因变量、预测变量、R和B。总体而言，课程维度内各模块间R小于课程和领导力维度间R。从课程维度内因变量和预测变量系数中可以看出各模块相互影响的程度不一致，以课程文化和课程计划模块为例，课程文化为因变量时课程计划预测变量的系数为0.509，课程计划为因变量时课程文化预测变量的系数为0.858。

表10　课程模块间多元线性回归分析

因变量	模型摘要			预测变量（系数）						
	R	显著性	B	课程文化	课程计划	备课	课堂教学	作业	考试测验	教研
课程文化	.836	.000	1.383		.509	.128				.089
课程计划	.848	.000	−1.090	.858			.160			.194
备课	.788	.000	1.216	.129			.394	.181		.061
课堂教学	.851	.000	.178			.401		.316		.219
作业	.841	.000	−.006			.210	.352		.439	
考试测验	.822	.000	.449				.218	.468		.206
教研	.793	.000	.006		.305		.339		.346	
频次				2	2	3	5	3	2	5

表10数据给我们如下启发：拟提高因变量指数，除了改变因变量本身，还可以通过其他预测变量来实现，比如，课程文化指数的提升，可从课程计划入手，反之亦然；若要提高备课指数可关注课堂教学；若要提高课堂教学指数应关注备课和作业；若要提高作业指数需关注课堂教学和考试测验；若要提高考试测验指数应关注作业；若要提高教研指数可关注课堂教学、考试测验和课程计划。

（五）领导力指标间多元线性回归分析

领导力维度的思想力、设计力、执行力和评价力一级指标之间，同样存在着相关和作用的关系。四个一级指标之间存在着显著性相关。进一步进行2次线性回归结果，得出如下表11的因变量与预测变量系数、B和R。

表11 领导力一级指标间多元线性回归分析

因变量	模型摘要			预测变量(系数)			
	R	显著性	B	思想力	设计刀	执行力	评价力
思想力	.839	.000	.488		.865	.163	-.130
设计力	.943	.000	.537	.272		.138	.488
执行力	.888	.000	-.512	.151	.406		.523
评价力	.926	.000	.009	-.065	.771	.280	
频次(-为负相关)				2+(-1)	3	3	2+(-1)

总体而言,设计力对思想力、执行力和评价力的影响较为显著。思想力和评价力间互为负相关,值得我们关注。下面,对领导力二级指标进行多元线性回归分析,得到表12。

表12 领导力二级指标间多元线性回归分析

因变量	模型摘要			预测变量(系数)											
	R	显著性	B	T11	T12	T13	P11	P12	P13	D11	D12	D13	A11	A12	A13
T11	.823	.000	.259		.749	.079	.125								
T12	.916	.000	.227	.331		.336			.296						
T13	.896	.000	-.096		.563		.211						.230		
P11	.917	.000	-.077		.305			.452	.257						
P12	.924	.000	.154				.321		.257					.387	
P13	.933	.000	.316		.269			.360							.305
D11	.837	.000	-.138		-.090			.595						.487	
D12	.825	.000	-.892		.318		-.125		.947						
D13	.761	.000	-.679			.462				.267					.408
A11	.823	.000	-.243			.450								.089	.479
A12	.904	.000	.395					.459		.211					.237
A13	.899	.000	-.398						.514				.182	.392	
频次(-为负相关)				1	5+(-1)	4	3+(-1)	4	5	2	0	0	2	4	4

从表12可知,不同领导力二级指标对领导力其他二级指标的贡献不一样,愿景的一致性、举措的操作性等指标贡献度较大。

四、研究结论

本研究再次证实教师课程领导力问卷及答卷的信度和效度,为研究结论的科学性和现实性、形成创新性观点提供了保证。

(一) 样本间呈现异曲同工之妙

从课程和领导力数据来看,上海和上海外地区间有显著性差异,上海教师课程和领导力指数显著高于上海外地区,这可能与上海10多年来推进课程领导力项目有一定的关系。就学段而言,上海小学教师课程及领导力指数显著高于上海的初中和高中,这可能与学段特征有关系。小学段教师,总体而言升学等压力较小,参与学校课程行为更加积极主动,职业认同感相对较高,自我效能感更强。上海高中教师课程及领导力和全国中小学教师课程领导力间有显著的相关性,而且从课程对领导力的多元线性回归分析结果来看,呈现了高度的一致性,为应用前期研究成果提供了数据支持。

(二) 课程行为是提升领导力的有效手段

课程模块的预测变量对领导力因变量呈现正相关,说明通过改变课程模块可以提升领导力。上海市提升中小学课程领导力行动研究项目的内容领域,从课程维度和领导力维度架构双向矩阵表,到课程计划研制、关键领域课程体系建设、单元教学设计、课堂教学、评价等,其假设是成立的。当然,不同内容领域,对领导力指标的影响是不一样的,如,课程文化、课程计划对课程思想力的影响更加显著。

(三) 领导力对课程的影响未必都是正向

以领导力一级指标为预测变量对各课程模块因变量进行多元线性回归分析结果,一些预测变量与因变量间呈现负相关。课程领导力项目的基本假设是,通过课程行为提升课程领导力,通过课程领导力的提升来提高课程品质。但是,从数据分析结果来看,有些变量呈负相关,难以形成行动闭环。课程领导力是在多种课程行为中提炼出来的共性的能力,但是在不同课程问题情境中,其实际作用有些差异,比如,课程执行力对学校课程文化产生负面影响,但这不意味着课程执行力的所有二级指标都对课程文化产生负面影响。以领导力二级指标为预测变量对课程模块进行回归时,产生负相关的显著减少,说明，通过细化研究可以解决闭环问题，也就是通过课程领导力改善课程品质的课题。

（四）课程维度各模块呈现层组性

所有课程维度各模块之间都呈现出正相关，说明教师通过任何一项课程行为来促进另外一项工作。实际上教师所从事的课程模块本身有一定的层级性和组合性，课程文化和课程计划是较为顶层的引领模块，备课、课堂教学是质量相关的核心模块，作业和考试测验是检验和巩固课程品质的模块，教研是涉及课程各模块的方法层面的模块。相邻模块之间有着显著的相关性，比如，拟提高课堂教学质量，除了改进课堂教学本身外，还需要进行精心的备课，又要关注课后作业的设计、批阅，并提高日常教研品质。当下“双减”背景下，若要提高作业品质，需要将作业与考试测验、课堂教学与备课系统考虑，不能就作业论作业。对教师而言，通过主题教研、深度教研等方式提高教研品质，是提高课程、教学、评价质量的有力抓手。

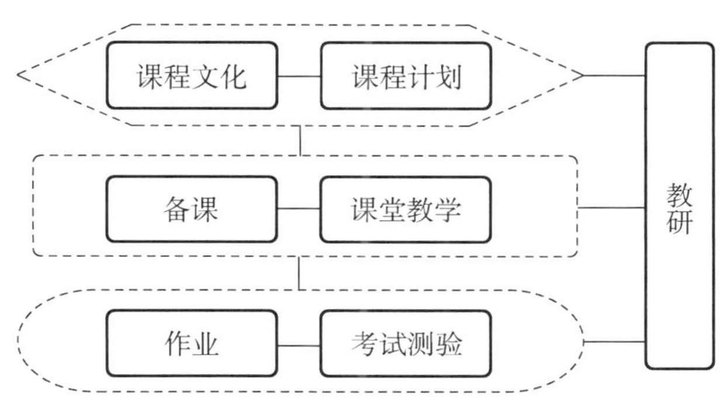

图2 课程各模块相互作用模型

（五）领导力中设计力起到中枢作用

研究当初以为，课程思想力、设计力、执行力、评价力是串联关系，思想力影响设计力、设计力影响执行力、执行力影响评价力、评价力又回过来影响思想力，四力之间是“丨”关系。但是研究结果发现，课程领导力四力之间的关系，可能是围绕着课程设计力更加合适，也就是通过课程设计来融合思想力、执行力和评价力。课程领导力项目中始终关注学校课程计划的研制，对学校课程设计力的提升有很大的价值，同时在学校课程计划研制中考虑学校课程思想、课程执行和课程评价，这样才能研制出符合国家政策和学校办学实际的、可以操作的、持续发展的、体现课程领导力的蓝图。

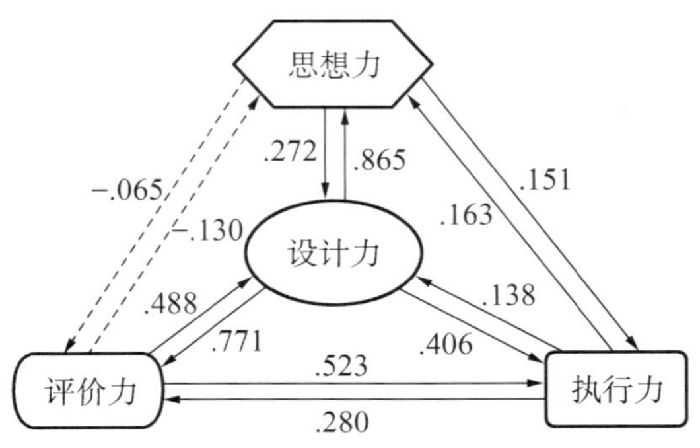

图3　课程领导力四力模型

参考文献

[1][4][5] 金京泽.上海高中教师课程领导力调查研究[J].上海课程教学研究,2021(Z1):6,7,13-14.

[2] 祝智庭,胡姣.教育数字化转型的实践逻辑与发展机遇[J].电化教育研究,2022,43(01):5-15.

[3] 金京泽.高中学校课程领导力评价探索[J].上海课程教学研究,2021(01):5-13.

上海市教师教育学院(上海市教育委员会教学研究室)　金京泽

三

课程领导力项目年度总结

上海市提升中小学(幼儿园)课程领导力行动研究工作专报

(2019年)

2019年是上海市提升中小学(幼儿园)课程领导力行动研究项目(以下简称“课程领导力项目”)的第二轮结项、第三轮启动的交接之年。按照上海市教委基教处、托幼工作处和教研室要求,课程领导力项目团队有序有效推进第二轮结项评估、第三轮项目实施方案研制、开题论证和年度项目大会,以及初中强校工程推进等。

一、完成第二轮项目结项、成果提炼与宣传

1. 完成了课程领导力项目(第二轮)结项报告及其论证。第二轮课程领导力项目进一步明晰课程领导力的内涵、构成与载体,形成评价指标与工具,形成基于证据的课程计划完善路径与技术,形成关键领域课程体系建设的规格与策略,形成学科单元教学设计的规格、路径与工具,构建与完善课程领导力提升的长效机制,形成一批凸显实践价值的物化研究成果,学校和教师得到快速成长。

2. 高中、初中、小学、学前四个学段项目组总结提炼成果,出版了《课程领导的上海高中行动》《学校课程计划的完善》《学校特色课程在行动》《幼儿园课程领导力在生长》等四本学段专著。

3. 分批完成了课程领导力项目(第二轮)四个学段成果的报刊宣传。高中、初中、小学和学前的报道主题分别为“提升课程领导力:为立德树人、走班教学、综合评价提供课程平台”“提升课程领导力:为加强初中建设提供课程支撑”“提升课程领导力:为小学教育优质均衡夯实课程基础”“提升课程领导力:为祖国的花朵茁壮成长筑基培土”。

二、研制第三轮项目实施方案,遴选产生120所项目学校(幼儿园)

经多次课程领导力项目专家、校长等的咨询论证,研制了“上海市提升中小学(幼儿

园）课程领导力行动研究（第三轮）——提高学校课程与教学质量"项目实施方案。课程领导力行动研究项目实施方案内容包括项目简介、项目校申报与遴选等两个方面。

1.“项目简介”含项目基础、项目背景与意义、项目目标、项目基本假设、研究内容、研究方法、路径与策略、项目实施进程、项目团队、过程管理、预计成果、保障措施等，帮助学校了解项目概貌。

2.“项目校申报与遴选”含项目类别、项目学校确定程序、市区遴选推荐项目学校工作、市审核程序、项目学校公示等，指导学校有序申报项目。

经市教委教研室、区教育局推荐、统筹等程序，确定了120所项目学校，其中高中25所，初中44所，小学25所，学前26所。120所课程领导力项目学校数覆盖16个区和2个市教委直属单位，确保各学段项目学校在各区全覆盖。

三、完成第三轮项目开题论证

1. 举行了课程领导力项目启动大会、开题报告培训等，开展了课程领导力项目学校基础调研，完成了120所项目学校开题报告及其论证。每个学校都选2个项目，“项目1”从“课程方案”“课程设计”中选择，“项目2”从“课程实施”“课程评价”“技术应用”“机制建设”中选择。

2. 对课程领导力项目学校进行了调研指导，开展了跨学段研讨和专题研讨。所有项目学校在经历开题的过程中提高了课程领导力；研究凸显时代特征，呈现学段特点；项目针对实践问题，反映现实需求；完成研究路径图和任务分解表，促进项目真正落地。

四、组织开展年度项目大会暨研修活动

为有序、有效推进课程领导力行动研究，2019年12月13日至14日，第三轮课程领导力项目年度大会在上海市奉贤中学举行。本次活动围绕“新项目·新行动·新成长”这一主题展开，来自120所课程领导力项目学校校（园）长和骨干教师、项目核心专家代表、16个区教研室主任、上海市教委教研室领导和教研员等近230位全程参加了2天、5个单元的活动。

活动采用“合—分—合”的方式，第一个“合”为跨学段项目大会，呈现项目的“宽度”；中间的“分”为分学段、分主题研讨，体现出“共研”的“深度”；第二个“合”意味着深度研修基础上的经验分享“高度”。

上海市教委教研室主任徐淀芳以“指向提升质量的课程领导力项目(第三轮)回顾与建议”为题,强调了关于课程领导力项目的四点认识:① 项目指向的是提升学校的质量;② 项目强调行动研究,反对坐而论道;③ 项目的任务是推动学校课程改革;④ 希望在改革中把每一个学校的经验进行提炼、分享,形成团队智慧。

上海市教委副主任贾炜指出:课程领导力项目是推动上海教育发展的重要抓手,是上海基础教育的龙头项目。课程领导力的研修方式,越来越接近一线的需求,我们要让教育改革同盟者越来越多,旁观者越来越少。

2019年度项目大会后,高中、初中、小学、学前四个学段分别完成了学段课程领导力项目研修活动。

五、落实初中学科课程领导力项目启动和日常活动

初中学科课程领导力项目团队落实项目启动,明确项目目标、任务分工;落实各学校、学科项目方案;落实三级管理例会,召开市级管理例会6次;落实各学科日常活动,语文、数学、英语、道德与法治、历史、物理、化学、作业项目与绿色指标项目共开展日常教研活动31次,并开展微信宣传;落实对14所学校的需求调研。

项目组举办“新时代教研的创新——初中学科课程领导力项目跨学科教研的实践探索”展示与研讨活动。启动初三专题复习网络研训课程的开发,语文、数学、英语、历史、物理、化学等学科共开发专题复习案例12个。

上海市提升中小学(幼儿园)课程领导力行动研究工作专报

(2020年)

2020年是上海市提升中小学(幼儿园)课程领导力行动研究项目(以下简称“课程领导力项目”)的关键实施年。结合2020年的宏观社会环境背景,适度调整年度计划,完成了跨校专题深度研修、成果物化、展示交流、项目年度大会等。

一、推进跨校专题深度研修

第三轮项目学校数量多、发展不平衡等特点,在2020年所采取的应对举措,如线上线下多渠道交流、组建专题合作研究共同体、做好项目风险管理和预案准备等。按照项目推进要求和学校的项目研究需要,围绕各学段关键、重点问题,全年各学段已经持续开展跨校专题深度研修共100余次。

在项目推进方式上四个学段均采用了深度研修的模式,但根据不同学段实际情况采用了不同的研修策略,如幼儿园学段专家深度卷入、小学学段以训促研、初中学段项目团队“公转”带动学校个体“自转”、高中学段学校“自转”推动项目“公转”等,为项目学校间建立信任关系、组建团队、攻坚克难、成果分享奠定了基础。

(一)幼儿园学段

在总项目的要求下 ,将26所幼儿园、52个项目重新组合为4个专题研修组,其专题如下:A组为“幼儿园课程实施方案编制及基于证据完善”;B组为“提升课程领导视角下教师课程实施”;C组为“以园为本课程特色创新实践”;D组为“优化和创新幼儿园课程制度,培育幼儿园课程领导者”。另外,市教研员亲自抓两项研究:E组为“以深度研修推进课程领导力项目,对项目运行中幼、小、初、高各学段开展的各种研修活动”;F组为“幼儿园课程领导力评价工具优化”。

（二）小学学段

围绕第三轮研究成果的“产品化”，专家和专题研修组进行成果预设、打磨，目前初步形成了各具特点的成果框架和形式。聚焦主题，共同形成立德树人实践循环圈。以现场观摩与案例分析为主要抓手，针对问题总结提炼经验。专家引领，资源共享。

（三）初中学段

为激发每一所项目学校研究的主动性、积极性和参与性，根据第三轮课程领导力项目“进一步完善学校课程领导力提升的三个长效机制”“进一步提炼、检验、优化两轮课程领导力项目经验”等要求，初中学段采用项目学校“自转”和项目团队“公转”相结合的方式推进。

项目团队“公转”主要有两个抓手：一是“让经验增值——初中学校课程领导创意提炼与分享”，二是“分主题小组深度合作研修”。

一年来，在总项目组和静教院附校、格致初中、风华初中、莘松中学、虹桥中学、鞍山实验中学六所组长学校的积极组织、引领下，共组织开展集体研修50余次，初步建设形成“共同目标、相互依赖、共同经历、自我超越”的研修共同体。

（四）高中学段

在“双新”课程实施背景下，如何将上海课程与国家课程融合统一，重视学生创新精神、实践能力和社会责任感的培育，攻坚新课程形态、新教学方式、新学习时空等难题，强化教学质量监测与课程更新机制探索，高中学段形成了“五育课程设计、素养课程设计、课程实施、技术应用、机制建设”五组，针对相同的问题与困难进行深度研习，寻求突破。

二、成果物化

总项目组出版项目成果《学校特色课程在行动》《学校课程计划完善实践指南》《课程领导的上海探索》等，重印《幼儿园，课程领导力在生长》；发表学校提升课程领导力的“上海经验”等论文。

梳理确定课程领导力项目推进、学校课程计划编制与完善、学校特色课程建设、深度研修等培训课程主题，编制培训课程纲要；启动培训课程讲稿撰写，各门课程形成一个微报告的课程讲稿；结合各学段项目研修活动，采集课程素材；通过分组专题研修和年度研修，基本形成问题链、属性表、流程图等成果经验，初步形成指导手册所需的路径方法和实践案例。

三、举行线上线下融合式展示交流

市教委托幼工作处、市教研室于2020年12月7日下午，以专题研修组团队合作方式，呈现幼儿园学段D组研修阶段经验，在徐汇区乌南幼儿园举行以“制度，课程运转的秘密”为主题的幼儿园学段展示活动。活动采取现场和线上同时开展的方式，向全市、全国直播，辐射项目经验，扩大项目积极影响。全国10多个省网上观看展示活动约50000次。

在前期分组深度研修基础上，项目组于2020年9月22日至30日，采用“1+6”线上和线下相结合的方式，举行了“让经验增值——初中学校课程领导创意提炼与分享”项目学校展示研讨交流活动，43所项目学校全体参与展示，逾1500名校长和教师参与研讨分享。

10月22日，在莘松中学举办“培养自主学习能力，提升学业质量的实证研究”展示研讨活动；11月18日，在大同初级中学召开“新中考 新探索 新发展——素养导向下跨学科教学研讨展示会”，230多名教师参加会议。

通过上海教研微信和上海课程改革和教学研究专报，进行了项目的宣传和辐射。

四、组织开展年度项目大会暨研修活动

2020年为承“上”（开题论证）启“下”（中期验收）的关键实施年。为凝练共识、聚焦问题、合作探索、寻求突破，上海市教委教研室于2020年12月11日至12日举行了2020年度大会暨项目主题研修活动。

本次活动由上海市教委基教处、托幼工作处、市教研室主办，金山区教育局、教育学院承办，中国教师研修网协办。大会围绕“融合·聚力·行动”这一主题展开，来自120所课程领导力项目学校的校（园）长、项目专家代表、上海市教委教研室领导和教研员等约180人全程参加了为期2天共5个单元的活动。

本次年度大会呈现“合—分—合”大结构，既兼顾了学段特点和学段内各小组的具体主题，体现了研修“深度”，又融合了跨小组、跨学段的智慧，呼应了“聚力”的主题，呈现出研修的“宽度”。

市教研室原主任徐淀芳强调，项目要对标外部政策环境变化进行动态调整，设立引领性主题和挑战性任务，发挥集体智慧，关注经验产品化提炼。市教研室主任王洋指出，项目要关注校本课程方案和课程图谱研制，形成教考评一致的作业系统，开发学科单元

学程包和跨学科课程，强化可推广的课程产品开发。

市教委托幼处处长颜慧芬强调，项目应与政策文件和学前教育理念相融合，凝聚高校专家、园长、教师乃至幼儿等多主体的力量，开展课程创生，实现上海市每一所幼儿园的均衡优质发展。最后，市教委副主任贾炜指出，课程领导力项目作为推进上海教育教学改革的龙头项目，应呼应国家的课程改革导向，引领学校在课程图谱建设、跨学科课程开发指南研制优化育人方式、多种评价方式探索、教师赋能与专业发展等方面做好课程规划和实施。

上海市提升中小学(幼儿园)课程领导力行动研究工作专报

(2021年)

2021年,上海市提升中小学(幼儿园)课程领导力行动研究项目(以下简称"课程领导力项目")依据项目指南总体安排,结合教育部和市教委新要求,完成了项目中期评估、成果提炼和辐射、跨校专题深度研修和展示、双减双新要求落实等。

一、完成了项目中期评估

根据《上海市提升中小学(幼儿园)课程领导力行动研究(第三轮)项目指南》的总体安排和项目推进的实际需要,为了解项目进展及所取得的阶段性成果、经验、存在的问题,进一步深化项目后续研究,对119所项目学校(其中高中25所,初中43所、小学25所,幼儿园26所),开展项目中期评估。

中期评估现场论证共组织三周22场(天)评估活动,每场邀请3位评估专家。400多位项目学校校长、教师,60多位项目专家参加评估活动。市教委教研室幼儿园、小学、初中、高中学段综合教研员,全程策划、组织本学段评估活动。

中期评估前,总项目组形成评估方案、评估表、评估报告模板和资料清单等,标准引领、工具支撑、流程跟进。评估采取项目负责人介绍、专家提问互动指导、研究团队答辩的方式开展,过程交流充分,学校和专家都深切感受效果明显。

通过中期评估,项目组整体了解了项目进展情况与质量,梳理与提炼了取得的成绩、经验与问题,提供了充足的答疑解惑、专家指导机会,调整与完善后续研究流程方法策略,更好地布局了项目研究成果。

本次中期评估实现了几个突破:一是在前期准备中要求学校/幼儿园对本校的两个项目做结构性的摘要,引导学校围绕研究目标整体性聚焦提炼,加强对项目的运作节奏的控制;二是在评估指标中提出要求学校产出"观点",这是在学校的课程领导实践上的推进。

二、开展了成果提炼和辐射

（一）开展了阶段成果提炼

组织学校深化“学校课程计划编制”实践，开展工作坊研修，完成“旨在落实国家课程政策落实的学校课程计划编制与实施”教学成果奖申报。该成果在“双新”和“双减”背景下，为进一步发挥课程计划在学校课程建设和发展中的实践引领作用，让学校课程计划从“编好”走向“用好”，针对学校实践存在的困惑和问题，采用“调研分析→聚焦问题→案例研究→提炼经验→形成规格→验证优化→辐射推广”循环递进研究路径，组织课程领导力项目学校围绕“学校课程计划编制和实施”开展实践深化研究。基于实践，提炼成果，形成“编制—转化—行动—反思”计划实施闭环；立足基本要素和环节，研发以标准引领、证据支持为特征的问题链、流程图、评价表等支持性工具；推广辐射成果，筹划组织市级展示研讨活动。

上海高中教师课程领导力调查研究这一成果，为探索课程领导力测评方法，了解高中双新背景下教师课程领导力状况，从课程和领导力维度设计问卷，并对1971份教师答卷进行信度、效度、平均值、标准差、相关性、回归性等分析，构建了领导力指数和课程指数的方程式，指明上海教师课程领导力的优势和不足，基于实证对提升教师课程领导力提出建议。

组织项目幼儿园开发、编写、录制线上音频资源“和幼儿园教师聊课程领导力”共16讲，拟在上海教研微信公众号陆续推出，让更多一线幼儿园园长和教师更为便利地学习前期研究成果。

完成《选择对话审思幼儿提升课程领导力实践》和《学校教学管理工具箱》的成果出版稿。

（二）完成了培训课程开发与实施

受教育部基础教育课程教材发展中心、课程教材研究所委托，市教研室承办实验区“领军型校长成长工程”项目第一期高中、初中、小学校长研修班。市教研室研制了详细的研修计划，并组织了第一期研修活动。在第一次为期四天半的研修中，校长们参与了多场专家讲座、分组交流、学校考察与工作坊研修，通过“学习+研究+实践”的方式，以期达到学以致用，研以促思和行以促变的效果，最终助力校长提升了课程领导力。市教研室领导、总项目组、专家团队和校长代表，梳理总结十多年的实践经验和一整套提升课程领导力的方法来研发和实施课程，引领和带动实验区教育发展，助力高质量教育体系建设。

完成了国家级优秀教学成果奖推广工作。研制课程领导力成果推广方案；召开上海、威海、三亚的教学成果奖推广工作视频会议；邀请威海和三亚的校长、教研员参加课程领导力项目中期评估及领军型校长成长工程；到威海、三亚，举行课程领导力项目成果启动会，进行了成果解读、学校课程计划编制、关键领域误程体系建设、数学单元教学设计、语文单元教学设计等8场报告。

在中国学前教育研究会组织的“高质量发展背景下幼儿园课程建设的经验和挑战”，专题介绍上海市提升幼儿园课程领导力的故事和启示的报告。

（三）组织了跨校研修及展示活动

分别召开了幼儿园、小学、初中、高中各学段课程领导力项目学校校园长工作例会8次，开展了100多场跨校专题深度研修或展示交流活动，梳理、提炼出项目深度研修的规格、要素和特征，探索破解学校关键问题的路径和方法，促进经验提炼与成果产出。如：幼教举办以“师幼在心 相伴同行——课程领导力实现教师和幼儿园课程的互为滋养”为主题的展示活动；小学，举办以“洞察儿童需求，再续课程迭代”“探索劳动世界 创造美好生活”为主题的展示活动；初中，举办以“丰富经历 促进融合 提升素养——中考改革背景下基于单元的教学实践研讨活动”为主题的展示活动；高中，举办以“从教走向学——让教育回归自然之美”为主题的课程实施组年度大会。

三、结合双减、双新要求推进项目研究

（一）义教学段关注“双减”背景下课程行动改进

小学学段聚焦“双减”政策有效落地，以“少而精”为导向优化作业设计、批阅与管理，以“三段式”活动丰富课后服务，立足教与学方式变革探索提升课堂教学质效，促进减负不减效、减负又增效。

初中学段项目研究旨在落实“双减”要求，保障中考改革，助力初中强校工程，围绕“学校课程计划编制与实施”“初中跨学科主题学习”“中考改革背景下的初中教学研究”等主题，建立合作研究共同体，采用问题解决研修模式，加强宣传、指导和服务，促进校际交流与经验共享，促进每一所学校在课程行动中获得进步。

（二）高中学段结合双新推进项目

高中学段开展了课程实施规划推优活动：①方案研制：领会市教委领导对新时代高中双新背景下校长要求，研制以学校课程实施规划研制为载体的推优方案；②先行研究：以杨浦区为试点开展先行研究，借助暑期校长培训初步形成共识，明确推优要求；③发动区校：发动、指导区校开展课程实施规划编制与评选；④平台建设：研制评选标准，架构市级评选平台，采取文本资料隐掉单位信息，专家回避本区校等措施，体现公平，操作便捷；⑤区教研室主任卷入：组织各区教研室主任、高校专家和教育学院院长开展线上文本评比活动，体现推优即学习、研究；⑥文本和答辩兼顾：组织高校专家和教育学院院长担任评委，由正职校长进行陈述答辩，并完成独立评分，文本和答辩合计形成总分；⑦行政确认：组织专家组组长、基教处领导、教研室领导商议确定推优结果。

高中学段推进了新课程新教材实施研究与实践：①研制普通高中新课程新教材市级项目区、项目校建设方案；②研制高中新课程新教材实施研究与实践项目指南；③召开推进普通高中新课程新教材实施研究与实践项目启动会；④完成高中新课程新教材实施研究与实践项目开题论证方案和相关文本；⑤组织专家完成高中新课程新教材实施研究与实践项目开题论证；⑥完成高中新课程新教材实施研究与实践项目开题报告定稿和论证纪要。

下篇

课程领导力项目学校实践成果

一

新课程建设

普通高中课程由必修、选择性必修、选修三类课程构成。其中，必修、选择性必修为国家课程，选修为校本课程。普通高中要合理开发校本课程，促进学生全面而有个性的发展。

一、全面落实综合实践活动、劳动等综合课程

普通高中综合实践活动、劳动等为国家课程。学校不仅需要开齐开足综合实践活动、劳动等课程，还要结合学校实际科学安排综合实践活动、劳动等课程，发挥其在促进学生发展中的独特作用。同济大学第一附属中学、上海市奉贤中学等学校率先开展了劳动、综合实践活动等国家课程校本化实施的探索。

同济大学第一附属中学以培养新时代人才为目标，根据《普通高中课程方案》和《中小学综合实践活动课程指导纲要》相关要求，基于学校“劳动立校”理念，探索劳动教育的目标、内容、实施、评价、保障等方面校本化，研制了“三创四慧”劳动教育课程校本文件，开发了满足学生个性发展需求的“创造+”劳动课程，创设了劳动所需物理空间，丰富了劳动教育新样态，加强了过程性评价，提供了可借鉴、可辐射的劳动教育范式。

上海市奉贤中学认真研究《中小学综合实践活动课程指导纲要》要求，秉承学校“奉文育贤”传统，借鉴学校德育课程体系建设经验，充分挖掘学校特色自然资源和活动资源，开发“明贤”“立贤”“践贤”主题系列课程，促进学生实现价值体认、树立理想信念、提升问题解决能力。

总之，劳动、综合实践活动等国家课程校本化实施，要关注以下几点：认真学习研究

上位课程文件，明确课程的性质、定位、目标、内容、实施、评价等；结合学校办学的理念、传统、文化、特色以及课程资源等开发实施课程；根据综合课程育人目标，系统设计活动的目标、内容、实施、评价等，使之课程化；课程开发上要遵循五育并举，课程实施上要关注五育融合。

二、校本课程特色化

校本课程彰显学校特色。学校要立足办学传统和目标，充分挖掘课程资源，发挥特色教育教学资源优势，开发、开设丰富多彩的选修课程，以多种课程形态服务学生个性化学习需求。

上海市实验学校、上海市嘉定区第一中学、上海市宜川中学、上海市曹杨中学等学校，立足自身办学传统、师生特点以及办学资源等因素，充分利用各类场馆资源、大学、科研院所、企事业单位等各方力量，研发促进学生发展的校本特色课程。

1. 彰显学校办学理念的特色课程群建设

上海市实验学校针对国家、学校、课程三大背景变化，重新审视"三类"课程的理论基础及理念，厘清"学养课程"的横向融合及纵向衔接问题，攻关"特需课程"的课程选拔、课程体系及课程评价问题，有效促进了学校课程的发展，为一贯制学校的课程架构提供了一条可借鉴的操作路径。

上海市嘉定区第一中学以培育"合作—创新型"人才为育人目标，系统梳理嘉懿育人课程体系与"合作—创新"素养培育之间的逻辑关系，论证课程的开放性与选择性对"合作—创新"素养培育的作用，促进了学校育人课程体系的进一步完善。

上海市崇明中学聚焦远郊高中课程建设特点，重建了以"生趣"为导向的自主发展课程群，凝练了"生趣"课程实施五大策略，践行了以"生趣"为导向的课程评价，提供了校本课程迭代升级的范本。

上海市宜川中学针对当前高中生对中华优秀传统文化的疏远现象，构建了以"实践任务群"为核心的"中华书院"课程，设定高一至高三的阶梯式目标，促使任务活动结构化、实施方式情境化、评价过程可视化。

2. 特色普通高中课程建设

彰显学校特色的课程体系建设既是落实国家政策的需要，也是学校校本化落实立德树人根本任务、深化特色发展的关键要素。上海市曹杨中学、上海戏剧学院附属高级中学、北京外国语大学附属闵行田园高级中学等特色高中或特色高中项目学校，在有限的空间里开展了兼顾国家要求和学校特色发展的实践探索。

上海市曹杨中学作为上海第一所特色高中，面对“双新”全面实施的要求，学校聚焦课程体系和运行系统的再设计与优化实施，重新梳理了育人目标，架构了由课程目标、课程内容、课程实施、课程管理、课程资源、课程评价六个子系统组成的、指向学生环境素养培育的学校课程运行系统。

上海戏剧学院附属高级中学立足学校戏剧艺术教育特色，将戏剧方法与戏剧元素应用在基础型学科的单元教学设计中，探究特色高中戏剧艺术教育的规格与机制，拓宽特色高中戏剧艺术教育的课程空间，旨在突破艺术特长学生的专业培养和普通学生美育素养普及的难点。

北京外国语大学附属闵行田园高级中学在特色课程构建中，通过“课程要素优化·特色经验转化·课程图谱显化”，开发了“文创”特色课程教学资源、实施路径、课程评价工具，逐步构建了“文创通识课程、进阶课程、专业实践课程”的三层特色文创课程体系，实现了特色课程的“金字塔”型培养模式。

3. 彰显时代印记的课程建设

工程素养、人工智能、财经素养等领域是新时代高中需要关注的领域。上海市上海中学、上海市金山中学、上海市松江二中、上海市卢湾高级中学、上海财经大学附属北郊高级中学等学校，在上述领域进行了探索，积累了经验。

STEAM 课程关注科学、技术、工程、艺术、数学教育的整合，是培养学生基于科学和工程的创造力的重要载体。上海市上海中学明确了高中STEM课程的定位，并形成具体的STEM课程的开发、实施和评价方案，从而实现高中STEM课程的体系化，以及适合高中资优生的STEM课程建构方案。上海市金山中学充分利用现有的学校课程资源，形成了基于问题解决，致力于培养学生跨学科综合知识应用能力、创造力和创新能力的STEAM校本课程。

上海市松江二中对E-SA-S跨学科课程进行了再设计，使课程要素更加完备、课程逻辑更加合理、课程学理更加坚实。学校修订了E-SA-S跨学科课程学生学习手册和教师指导手册，完善了学生创新素养和社会责任感的测评工具，积累了E-SA-S跨学科课程实践案例，形成了“一地一策”的基地合作机制。

人工智能的迅猛发展，对学生的知识结构、能力层级和心智模式都提出了新的挑战。

基于未来人才的培养需求和学校科学教育的办学传统，上海市卢湾高级中学以培养学生H·AI（H为Holistic首字母，代表全人发展；AI即人工智能）素养为指向，围绕“人工智能”主题开发并实施了一系列课程——面向全体学生开设普适性AI基础课程，面向学有兴趣和学有余力的学生开设专修类AI项目实践课程和精修类AI高阶研究课程。

在全球经济高速发展的背景下，为提高青少年财经素养、培育具有国际都市公民财经素养的高素质人才，上海财经大学附属北郊高级中学深化教育管理体制改革，积极探索校本财经融合课程体系，进一步完善“财经融合课程体系”架构，在加强财经创新实验室等软硬件建设基础上，最终构建了“高中—高校”贯通的财经融合课程体系，探索了服务师生的课程过程性评价与财经素养诊断系统，并通过“立体课程”“多元途径”“实践体验”，使本校学生普遍比同学段其他学生更具财经素养“必备品格”，部分学生更具财经素养“关键能力”。

总之，课程领导力项目学校不断加强普通高中课程体系建设，通过丰富学校选修课程、培育学校优势学科，努力打造学校办学特色，推动学校由分层发展转向分类发展，更好地满足学生多元化学习需求。

指向核心素养的高中生劳动教育课程开发与实施研究

同济大学第一附属中学[1]

摘　要　劳动教育对于培育时代新人有着不可替代的作用。本研究聚焦劳动教育课程体系化、实施多样化、评价多元化和保障持续化,通过落实七大策略,即研制"三创四慧"劳动教育课程方案,丰富适应学生个性化需求的"创造+"劳动课程学习方式,建设校内外多场景的开放性劳动空间,创建包含科创引领的跨学科劳动教育的多种劳动样态,开发线上线下融合的劳动评价工具,形成多维一体的劳动育人共同体和持续稳定的课程运行机制,推动高中生劳动教育持续深化。

一、问题的提出

"教育与生产劳动相结合"是党始终坚持的教育方针,但在实践中,片面追求学业成绩的育人导向,导致劳动教育弱化,不少学生缺乏劳动观念,缺少基本的劳动技能、知识、习惯与品质,缺失劳动情怀,这与立德树人、发展学生核心素养的要求不相适应。

2018年9月,习近平总书记在全国教育大会上提出,"要努力构建德智体美劳全面培养的教育体系,形成更高水平的人才培养体系",这是对新时代"培养什么人"的具体阐释。《关于全面加强新时代大中小学劳动教育的意见》《大中小学劳动教育指导纲要(试行)》等重要文件的出台,把劳动教育纳入人才培养的全过程、全学段、全方面,强调与德育、智育、体育、美育相融合,将劳动素养纳入学生综合素质评价体系,拉开了在全国大中小学实施劳动教育的帷幕。新时代加强劳动教育,具有塑造健全人格、磨炼顽强意志、锤炼高尚品质的重要作用,有利于深厚人文底蕴和科学精神,促进学生学会学习、健康生

[1]项目负责人:刘育蓓。项目核心成员:王康茜、李蓉芳、汤瑾、钱悦文、薛晓琳。执笔:王康茜。

活，强化责任担当和实践创新，对于培育担当民族复兴重任的时代新人有着不可替代的作用。

建校六十余年来，学校始终秉承“劳动立校”的传统，营造“劳动光荣”的氛围，但在推进普通高中新课程新教材实施国家级示范校建设的过程中发现，学校劳动教育课程还存在缺少符合时代特征、学段特征的系统设计，劳动教育空间、学习与评价方式比较单一，难以激励学生开展创造性劳动，课程实施保障还不够充分等问题。

为此，学校以劳动教育课程的系统开发与整体实施作为重要抓手，融合信息技术，开展实践研究，促进五育融合和育人方式转变。

二、主要研究成果

学校重点围绕劳动教育课程体系化、实施多样化、评价多元化、保障持续化四个方面深入落实七大策略（见图1）。

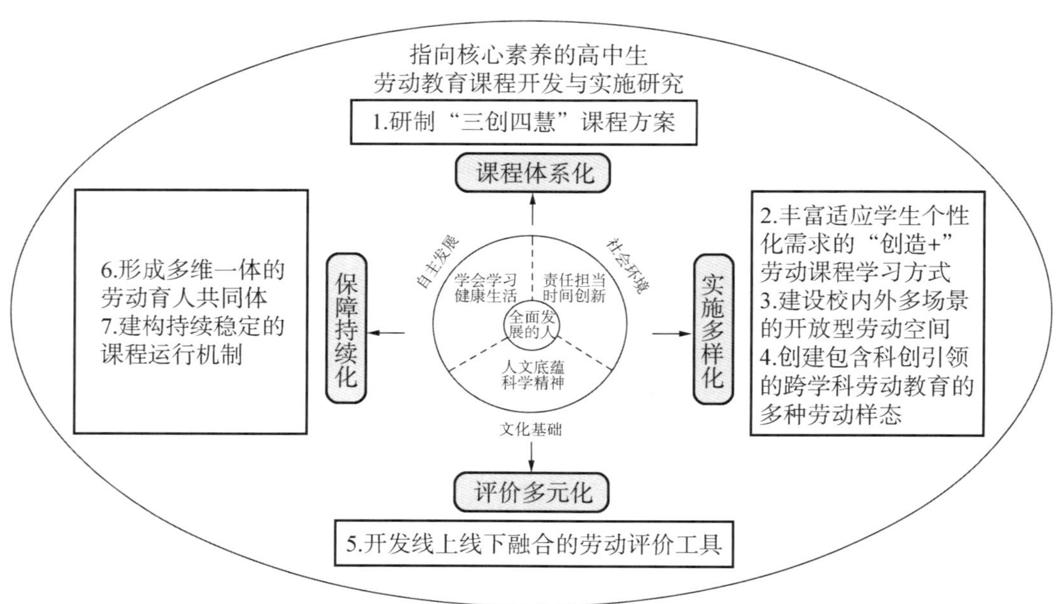

图1　学校劳动教育课程实施“四化七策”示意图

（一）研制了“三创四慧”劳动教育课程方案

21世纪是全球化、信息化和知识经济的时代，创造性劳动的价值愈加彰显。学校针对未来社会发展要求，结合“明德、笃学、敦行”的育人目标及高中生特点，制定了劳动教育课程目标：以“劳动创新、劳动创智、劳动创造”培养“慧生活、慧实践、慧学习、慧创新”、具备核心素养、有未来科学家和工程师潜质的时代新人。课程方案明确了劳动教育课程设置、教学内容与评价方式；体现了时代特征，强化手脑并用，着力提升劳动的思维含量、科技含量，提高学生的创造性劳动能力；注重围绕丰富职业体验，开展服务性劳动和生产劳动，增强生涯规划的意识和能力，拓展信息化时代背景下新型劳动实践类型，切实发挥劳动教育的“树德、增智、强体、育美”综合育人作用。

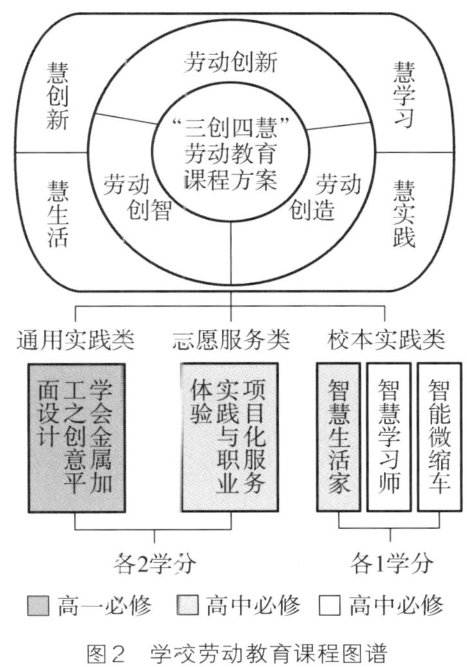

图2　学校劳动教育课程图谱

学校劳动教育课程（见图2）包含通用实践、志愿服务和校本实践三大类别五大课程群，涵盖日常生活劳动教育、生产劳动教育和服务性劳动教育三个方面，有明确的课程素养指向、修习要求、课时和学分等。

（二）丰富了适应学生个性化需求的“创造+”劳动课程学习方式

学校通过专门课程、学科渗透、课外校外活动、校园文化建设等途径落实劳动教育，引导学生主动探索、合作学习，形成了集理论学习、实践活动、实验操作等于一体的“创造+”学习方式。

1. “工匠创造+”互动式实践学习

学校依托通用技术必修课程，传播劳动光荣、技能宝贵、创造伟大的时代风尚，培养工匠精神，提升劳动能力、实践能力和创新能力。

通用技术课程中的金属加工技能离学生的学习和生活较远，学生容易对大量的重复性实操缺乏耐心，因此强化学生对工匠精神的理解和认同非常重要，要让学生知晓学习金属加工操作技能的意义并不仅仅在于某个实操技能的“经历式”学习，更在于在劳动中增强技术意识、提升技术素养、养成规范的操作习惯，形成认真、负责、精益求精的劳动品质。例如，在锉削技能学习过程中，教师设计了从粗到精的两次迭代锉削活动，学生先观看教师的操作演示视频、同伴的操作视频、自己的操作视频，再进行多次对比。教师引导学生对锉削操作的过程和结果进行思考、总结、归纳和交流，让经历转化为经验，使学生从无意识的重复性劳动逐渐转变为有意识地自查、纠正自己的姿势和动作。教学中，教师有意引导学生以工匠精神为标准要求自己，通过标准的步骤、姿势和动作，养成规范的操作习惯，同时让学生感悟工匠精神是创新的基石，通过孜孜不倦的创新来提升产品的品质就是最好的体现。

2. “发明创造+”翻转式实验学习

学校将劳动课程的实施与研究性学习相结合，引导学生从生活中发现问题，在翻转式的劳动课堂中运用学科和跨学科知识解决问题，努力使自己成为具有发明家潜质的未来工程师。

以“智慧学习师”校本选修课为例，在“随心改造单车”的STEM主题活动中围绕四个问题展开探究，即认识自行车与电单车、自行车或电单车体现的科学原理、人们对于自行车和电单车的态度、安全使用自行车或电单车。让学生通过探究，首先从动力、速度、重量、外观等角度辨析两者的区别，为实验奠定基础，然后在“自行车的机械传动”板块中通过“实物探究+原理呈现+动手制作”的方式，在体验和探索中深刻理解核心概念“传动比”，在“自行车变速器”板块中通过实验，增强对圆周运动基本概念的理解和掌握，通过“小组讨论+社会调查”的形式，发现自行车和电单车使用的场景，梳理现存问题与改进的初步思路，最后提出解决方案。

3. “体验创造+”志愿服务学习

学校充分挖掘校内外劳动实践资源，激励学生在多样化的自主劳动体验中感悟劳动的伟大与光荣，形成劳动创造财富、创造美的情感价值观。

学校联合各部门制订了包含会务礼仪、设备控制干事、实验室助理、图书管理助理和飞行检查员等十余个岗位的校园劳动实践岗位清单，明确劳动内容和标准、实践地点和时间，组织教职工对学生进行上岗及安全培训；开发了“梦想农场”等原创劳动课程，在校园食堂、操场等场所为学生创造可供自主选择的开放性劳动空间和内容；鼓励学生在家种植。学生不仅体验到种植与收获的艰辛与快乐，还可以在开放的农场中展示个性化的劳动成果。通过多岗位的实训，学生丰富了劳动体验，提升了核心素养，锻炼了劳动技能，找到了个人兴趣和服务他人的快乐。

（三）建设了校内外多场景的开放性劳动空间

学校不断拓展劳动教育学习空间，鼓励学生爱上劳动、学会劳动，增强核心素养，助力未来职业生涯的规划与实现。除了校内劳动实践岗，家庭、高校、医院、展览馆、敬老院等地都成为学生日常劳动、志愿服务、公益劳动与职业体验的劳动场所。学生可以向家长学习烹饪和收纳等技能，提高动手实践能力及创新素养；与大学师生一起探索“劳动农场”的种植经验，培养科学精神和实践创新能力；在医院担任“导医”，体验“白衣天使”的不易；到街道参加护绿行动和低碳宣传；在区团史陈列馆中担任讲解员……学会健康生活，提高责任担当意识，培养人文底蕴，锻炼交际沟通能力。

学校每年开展“同济院士进校园”“劳模工匠进校园”活动，结合各类主题日和线上线下“劳动展示区”，组织劳动学习成果交流，举办劳动技能竞赛、能手评比、发明比赛、微作品创作等活动，让学生能设计、会动手、爱劳动。

（四）创建了包含科创引领的跨学科劳动教育的多种劳动样态

学校利用创新实验室开发科创引领的跨学科劳动课程，引导学生进行体脑结合、知行合一、身心和谐的创造性劳动。

“智能微缩车”校本选修课在跨学科融合和创新劳动两个维度的交叉中寻找生长点，将数学、物理、电子工程技术和人工智能等多学科知识融合，充分发挥人工智能创新实验室的资源支持作用，由教师指导学生进行“智能微缩车”项目作品设计、规划实施和功能优化。通过项目化学习，学生不仅掌握了项目设计的基本流程，深入理解了人工智能的理论知识，提高了基于真实问题情境解决问题的能力，还成为未来智能交通的积极宣传者、科学创新理念的传播者。

（五）开发了线上线下融合的劳动评价工具

学校持续深化劳动素养科学评价，发挥评价的育人导向。基于自主开发的“晓德助手”软件建立“学生劳动档案”，将过程性评价与增值性评价相结合，动态评价学生劳动表现；设计学生劳动评价综合量表，开展结果性评价，提高劳动成效。

1. 运用“晓德助手”软件开展劳动教育过程性评价

学校为每位学生建立个性化劳动档案，学生在档案中自定义劳动内容，通过图文、视频等形式动态记录劳动过程与感悟，并按周和月自评劳动表现，上传劳动成果，导师在此基础上进行评价。除了基础劳动积分，校级“劳动标兵”赋分1分，区级“优秀志愿者”赋分2分。以劳动积分实施增值性评价并给予相关奖励，学生增强了劳动的满足感，提高了劳动的积极性与自觉性。

2. 通过学生劳动评价综合量表开展结果性评价

每学年末，导师团队统筹考虑学生在劳动课程及其他劳动活动、竞赛中的表现，主要依据“三创”与“四慧”的劳动素养指标进行细化考核（见表1），对学生一学年来的劳动成效与成果进行综合评价。考核结果作为“劳动标兵”“三好学生”等荣誉称号的重要参考依据。

表1　学生劳动素养评价综合量表

评价指标与权重	评价内容	评价分值			
		100	80	60	50
慧生活（10%）	具有正确的劳动价值观；形成良好的劳动习惯；具备一定生活技能；能够有品位、有价值地生活				
慧实践（15%）	能够完成校园劳动、家庭劳动、生产劳动和服务性公益劳动的实践任务；能够有规划、高质量地完成项目式志愿服务与职业体验，实践报告格式规范、内容翔实				
慧学习（15%）	能够有计划地完成学习目标并不断进步；能够举一反三，开展研究型学习				
慧创新（30%）	具备创新素养与科学家潜质；能够以创新思维开展探究性学习活动，能够独立完成1个以上的创新课题研究				
“三创”综合素养（15%）	日常学习生活中在劳动创新、劳动创智、劳动创造方面表现出来的综合素养				
劳动学习成效（15%）	能完成“六个一劳动经历”；劳动作品能够在科创类比赛中获奖				
综合得分					

（六）形成了多维一体的劳动育人共同体

学校贯通家校社资源，打通了劳动教育的时空壁垒，构建了包含教师、家长、高校、企业、机构等多方力量的育人共同体，以及涵盖志愿服务、职业体验和科研探索三大类别的劳动实践基地群；聘请各行各业的能工巧匠和专家开展劳动教育系统培训，增强学生劳育意识和劳育能力。学校还成立劳动教育兼职导师团队，协同参与学校劳动教育课程的开发、实施与评价，形成协同育人机制。学生可以到同济大学等高校创新实验室和智勇教育有限公司参与课题研究等创造性劳动，还可以到一些企业开展职业实训锻炼，这些活动让劳动教育走出了单纯“体力劳动”的困境，更符合高中生学涯和生涯发展的需求。

（七）形成了持续稳定的课程运行机制

一是形成课程开发机制。制订了具有鲜明特色的劳动教育课程方案，明确劳动教育课程总体架构、学分设定、每学年的教学内容与评价方式。在课程方案统领下，组织团队撰写劳动教育课程单元教学设计，确保课程实施有文本依据。

二是形成评价反馈机制。一方面，将学生劳动教育的表现纳入学生综合素质评价，形成学生个性化、数字化劳动档案；定期展示学生劳动成果，评选“劳动标兵”，营造“劳动光荣”的校园氛围。另一方面，每学期对劳动教育课程进行问卷调查、学生访谈、同行评议和专家评议，指导教师不断迭代、提升课程品质。

三是形成资源保障机制。学校成立了项目攻关团队与课程研发团队，配备兼职导师团，为劳动教育提供专业、稳定且持续的人员支持。学校贯通校内外资源，结合校园劳动实践、创新实验室与校外社会实践基地群，构建了涵盖创新研究、操作训练、项目实践、创新创业、职业体验的劳动实践场所图谱，为学生的服务性劳动和创造性劳动提供体验与孵化平台。学校还有专项经费保障劳动教育的开展。

三、实施效果与反思

（一）实施效果

1. 学生层面

丰富了劳动课程学习体验。学习空间方面，学生从入校起便参与到劳动课程学习，劳动场域的拓展让学生得以走出校园，利用课后时间提高劳动素养。学习内容方面，涵盖创造劳动、职业体验、公益劳动等不同类别的课程适应了学生的个性化学习需求，每位学生在毕业时都学会了六个“1”，即烹饪1套菜品、制作1件工艺品、提供1次志愿服务、完成1个研究项目、进行1次劳动专访、开展1次劳动宣讲。学习方式方面，从线上劳动微课程到线下劳动实践课程、研究性学习课程，学生可以突破时间与空间的限制，进行劳动的泛在学习。

提高了劳动自觉性。通过三年的劳动课程学习，学生间形成了“我劳动，我自豪”的氛围，“晓德助手”软件对劳动的动态积分记录和榜样示范功能更是充分激发了学生主动参与劳动的积极性。近三年间，共有800多名学生参与学校组织的校内外公益劳动活动，50名学生成立校内劳动实践服务团队，70名学生被评为校“劳动标兵”，2名学生获评“区优秀志愿者”，近20名学生的创意劳动成果获评市区青少年创新大赛一、二等奖。

2. 教师层面

教师不仅更新了教育理念，强化了课程理念、劳动教育理念，有效转变了劳动育人方式，提升了劳动育人能力，更依托项目的实施，在专业发展领域取得累累硕果。

三年来，共有35名教师加入劳动教育导师团，其中8名教师被聘为“劳动梦想农场”顾问，20余名教师担任校内外志愿服务课程指导教师。教师还将劳动教育的理念融入学科教学，如“古诗词中的劳动之美”“大国工匠精神”“低碳与创新”等，促进了五育融合。多篇劳动教育典型案例、研究论文在区中小学德育工作典型案例、区班主任基本功大赛、区德育论文评选等比赛中斩获佳绩，近30名教师开设了劳动主题教育公开课。

3. 学校层面

文本编制方面：制订了劳动教育课程方案，形成劳动教育单元教学经典案例、综合实践活动案例10余篇，劳动教育教学设计20余篇，劳动教育研究论文5篇。

课程建设方面：开发了5门类别多元、线上线下融合的劳动课程，形成了可参考、可借鉴的同济一附中劳动教育范式。

平台建设方面：开发了劳动评价工具“晓德助手”软件，已有800余名学生、教师、家长运用该平台。

宣传辐射方面：学校2021年被评为“上海市中小学劳动教育特色校”，举办劳动教育中期展示1次，获评“区优秀志愿者服务基地”2次。劳育成果在上海教育公众号“上海市中小学劳动教育特色校巡礼”、杨浦教育公众号“杨浦区首届‘校园劳动节’云端巡礼”等线上平台展示。

（二）反思

一是劳动教育课程体系及劳动教育评价需要持续优化并彰显学校信息化特色。

二要强化五育融合，推进学科及跨学科课程的劳动育人价值与路径研究，提高劳动教育的综合育人成效。

三要进一步整合劳动教育的课程资源，加快建设校内劳动教育场所，加强学校劳动教育设施标准化建设。

基于新时期劳动教育的目标、内容及要求，在传承学校“劳动立校”的历史文脉的同时，本项目聚焦劳动教育是什么、教什么和如何教三个基本命题，开展了系统的逻辑架构和坚实的实践探索，项目研究可圈可点，研究成果丰硕。具体表现如下：一是踩准了发力点，通过建构“三创四慧”劳动课程图谱、凝练“四化七策”课程实施策略，奠定了新时期劳动教育从应然走向实然的基础。二是找准了融合点，通过创建育人共同体、打造宽维度多场域劳动样态，彰显了劳动教育集思想性、社会性、实践性于一体的时代特征。三是瞄准了突破点，通过优化劳动素养评价、拟定常态化运行机制，构建了“教—学—评”的逻辑通道和运行闭环，确保了新时期学校劳动教育的行稳致远。

上海市金山区教育学院原副院长　陆丁龙

“奉文育贤”综合实践课程的研发与实施

上海市奉贤中学[1]

摘　要　“奉文育贤”综合实践活动课程是在学校传统德育课程基础上，结合《中小学综合实践活动课程指导纲要》的基本理念，充分挖掘学校特色资源，形成的校本课程。明贤课程，通过自我认识、文化认同，引领学生形成高尚人格、优雅品格，实现为人价值体认；立贤课程，通过生涯规划、思想引领、美育通识，帮助学生树立正确的理想信念；践贤课程，通过四季探究、劳动服务、岗位锻炼、职业体验，丰富学生的实践经历，提升成为贤慧之人的能力。

一、问题的提出与项目的设计

2017年9月，教育部印发《中小学综合实践活动课程指导纲要》，文件指出综合实践活动课程是从学生的真实生活和发展需要出发，从生活情境中发现问题，转化为活动主题，通过探究、服务、制作、体验等方式，培养学生综合素质的跨学科实践性课程。

结合这一理念，针对学生存在的美育素养缺少、动手能力不足、独立意识薄弱、社会正向关注度不高、责任担当意识不强等问题，我校从“我是谁”“我将成为谁”“我能做什么”三个方面重新整合建构德育课程体系，设计形成“奉文育贤”综合实践活动课程。明贤课程，通过自我认识、文化认同，引导学生思考“我是谁”，帮助学生清晰认知自我，实现价值体认。立贤课程，通过生涯规划、思想引领、美育通识，帮助学生明确“我将去哪里”，结合学生自我规划，树立清晰的人生奋斗目标。践贤课程，通过四季探究、志愿服务、岗位锻炼、职业体验，落实“我能做的事”，尊重学生个性化需求，从个体生活、社会生活及与

[1]项目负责人：凤蓓。项目核心成员：李丹、曹冰清、林英、沈艳、王晓芸。执笔：李丹、曹冰清、凤蓓。

周边真实世界的接触中获得丰富的实践经验和成为贤慧之人的能力，实践做好贤人。

在具体实施过程中，由学生发展中心牵头组建项目小组，精心设计活动内容，边实践边反思，不断优化活动过程和成效，过程评价贯穿始终。此外，依托学校团学联、级部自管会、学生社团，形成学生“自主设计—自组团队—自动推进—自我成长”的活动开展架构，让学生在全过程、全方位的参与中，综合运用不同学科知识、技能，以及组织力、思考力、行动力等多种能力。

在课程设计和推进过程中，按照“问题发现—需求了解—活动设计—组织实施—反馈总结—调整优化”的行动路径，不断丰富课程体系（见图1）。

二、项目的主要内容

经过近三年的系统研究和实施，学校已经形成了一套具有校本特色的综合实践活动课程（见图2）。课程包括九个方面的内容：自我认识是学生明贤的基础，当学生把“我是谁”这个问题梳理清楚，悦纳自己，才能对自己有要求、有想法，产生自我期望。文化认同是学生明贤的环境与背景，学生只有在与周边世界、周围人物的相处相交中，才能明确好与不好，形成对完美品格的追求。生涯规划是要引导学生从兴趣到志趣，在自我设计、自我实现方面变被动为主动，积极思考自己的人生方向和生活方式。思想引领帮助学生认同社会主义核心价值观，形成时代的责任心和使命感，树立人生理想。美育通识为学生树立了真善美的最高标准，培育学生感知美、欣赏美、表现美、创造美的素养。四季探究包括“春美樱花”“夏实枇杷”“秋日丹桂”“冬暖剧场”四个活动项目，学生从具体活动设计到主体参与，结合课题探究，提升活动的质效。劳动服务包括勤工俭学活动、家务劳动体系、社区服务等项目，学生在活动中提升独立能力，提高社会服务能力。岗位锻炼通过领导力大赛、模拟政协、红色之旅等，增强国家认同、文化自信。职业体验引导学生在各类专业量表测试的基础上清晰认识自我，明确自我兴趣专长，初步形成生涯规划和职业选择的意识。

（一）自我认识，了解悦纳自己

学校参考相关理论，通过调查、试测、分析和对比，与专家团队共同研发出一套适合奉贤中学学生的生涯测评系统。该系统以心理测量学为依据，由霍兰德职业兴趣测评量表、MBTI职业性格测评量表和多元智能测评量表组成。每年10月，学校组织高一学生登录生涯规划平台进行集中测评。测评完成后，平台自动生成“标准化测评报告”。报告主

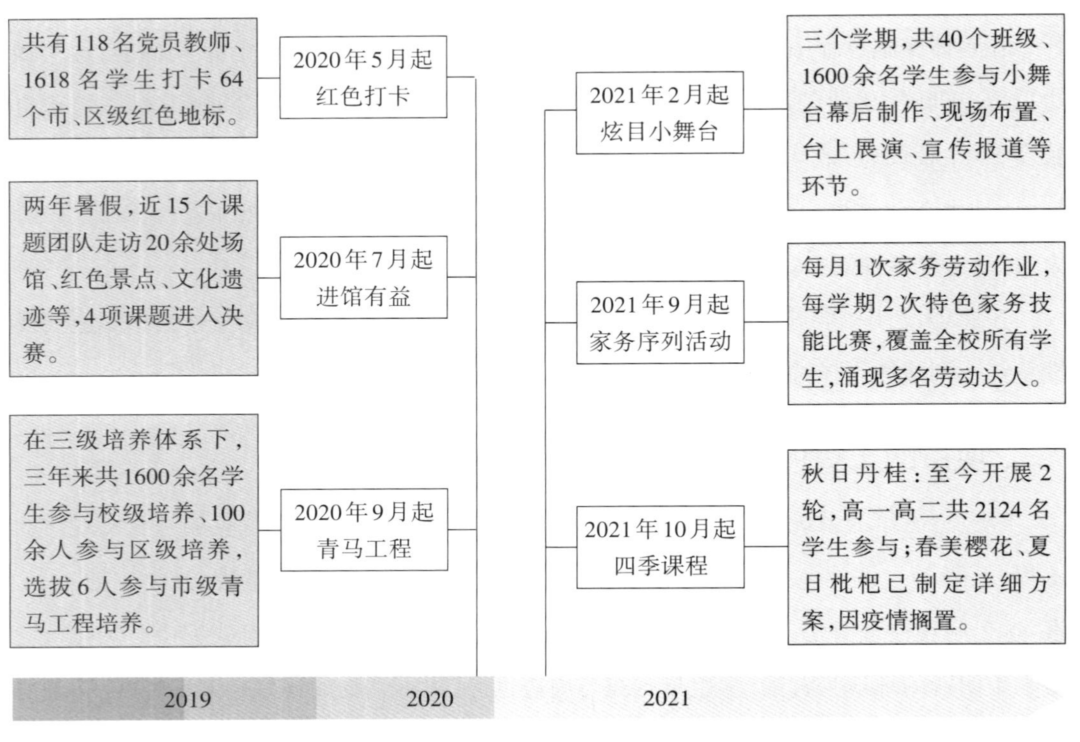

岗位锻炼

全国中学生模拟政协大赛：共选拔18名学生参加大赛；学生以项目学习方式开展综合实践活动共3个项目。全国中学生领导力大赛：共选拔25名学生参加全国领导力大赛；学生以项目学习方式开展综合实践活动共5个项目。

生涯规划

性格测试、生涯测评覆盖全体高一学生；学生、家长共同参加生涯专家的一对一测评报告解读。

职业体验

职业体验：每学期开展不少于3场名人、家长、学长如是说活动；每学期推进1次职业体验活动。学生公司：2013年创立大巴扎公司，后续雅然广告公司、阿凡提银行相继成立；每个公司参照相应真实的公司组织构建，完全由学生自主管理，在学校内部开展一定规模的经营活动，每年换届一次；迄今有300余名新疆部学生有学生公司活动经历，占新疆部学生总数的15%左右。

经典剧场

2009年至今，共开展13场，创作剧本150余个，6000余学生参与。

仪式教育

每周1次升旗仪式，每学年1次成人仪式，共计120次；主持人来自不同班级约120人，登上舞台展示的学生约3000人，积极参与的学生更是不在少数。

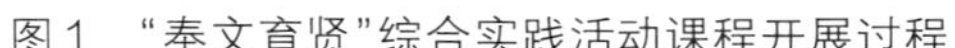

图1 “奉文育贤”综合实践活动课程开展过程

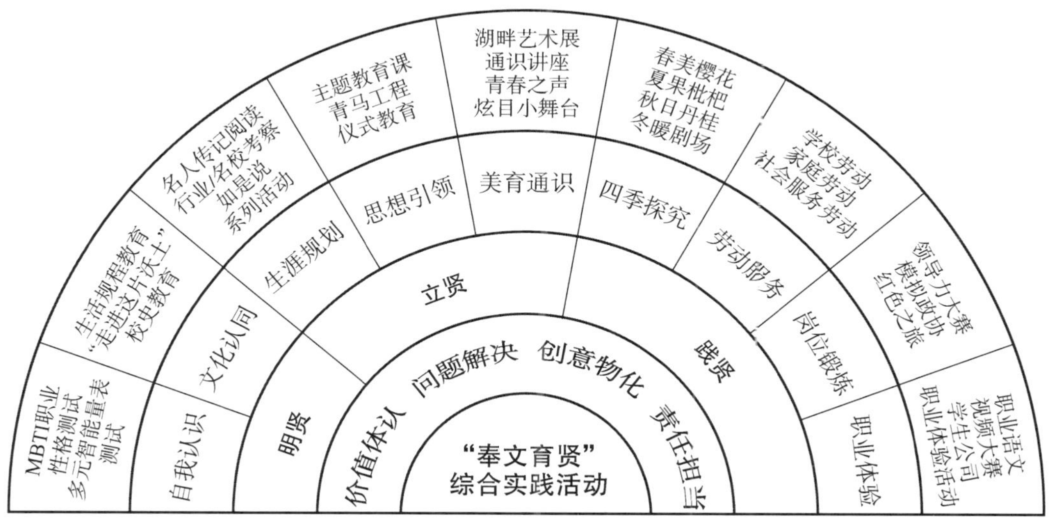

图2 "奉文育贤"综合实践活动课程图谱

要分为学校和个人两大类。基于报告,学校组织高一学生及家长共同参加"生涯规划动员会"讲座,并组织家长、教师、专家进行面对面交流。通过交流,专业机构会建立学生生涯成长档案,帮助学校及时跟进和预测学生的发展变化,为学生个人潜能的自我发现提供科学指引。

(二)文化认同,知晓贤人精神

学校精心编制《走进这片沃土》校本文化教材,依托"胜芳楼""春晖路""觉浅湖"等路名、楼名、湖名的文化内涵解读,一方面帮助学生内化学校办学思想和育人理念,另一方面形成全场域育人的文化氛围。学校依托《i奉贤·贤文化》读本,提升学生对区域文化的理解和认识,孕育贤人精神。此外,学校将行规教育作为德育教育的重中之重,结合校情制定《奉贤中学学生生活规程》,在高一入学教育时进行解读宣传,细节行规要求让学生行有所依,重大活动管理制度让学生行有分寸,公民素养评价和各项评优方案让学生行有所获。依托制度教育,引导学生形成集体生活意识和能力,形成良好公民素养。

(三)生涯规划,明晰前行方向

首先,通过带领高一学生浸润式体验名校的学术氛围和文化积淀,帮助其树立人生追求目标。其次,制定"三步职业考察"方案,通过真实职业场景体验、与特定领域职场人士进行交流等方式,形成"感知—建构—立志"三个目标阶段。同时,学校将"人生导航课"纳入正式课表,高一至高三覆盖式开设,满足学生不同阶段的发展需求,在各关键时间节点予以指导。必修课以《高中生心理健康自助手册》为基础，融入校本教材《梦想从这里起航》，帮助学生自我调整、自我规划、自我成长。

（四）思想引领，增强文化认同

基于“为谁培养人”“培养什么人”的整体思考，学校着力推进包括主题教育课、青马工程、仪式教育在内的思想引领课程。青马工程分为面向全体学生的班级团支部政治学习和面向团员的校级党章学习小组，构建并优化“‘菁’年说”“‘菁’年行”团课课程和“‘菁’年力量”青马课程。理论学习层面，各年级有序开展“青年大学习”，激励先进；“声入人心”学生党史宣讲团每月录制优质团课，于自主发展时间全校放送，确保党史学习时空。实践层面，鼓励学生积极参与“承时代使命·显‘菁’年力量”系列主题升旗仪式，发挥仪式教育育人功能；师生共同创作沉浸式红色情景剧，共绎时代强音，呈现艺术思政大课；选拔优秀学生参加区级青马工程、学生领导力比赛等，引导学生关注民生，提升解决真实问题的能力。此外，主题教育课紧扣时代脉搏与学生需求，构架序列化主题。120余场仪式教育辐射全校师生，另有生动多样的团辅活动和丰富深入的实践探究，让学生在活动中获得真实体验，逐步认识个人成长与国家发展的关系，增强国家认同及民族自信。

（五）美育通识，提升人文素养

美育通识课程包括湖畔艺术展、美育通识讲座、青春之声、炫目小舞台等。至今，湖畔艺术馆已先后组织十余场专题画展，其中包括两场学生作品汇展，如“跬步艺术展”主要展示的是青匠画社学生的课堂作品，该展切实体现了新生代独有的特质，展示了学生的自我价值观念。炫目小舞台历时三个学期，所有班级均围绕不同主题，如舞蹈、唱歌、魔术、脱口秀、乐器等进行舞台表演，活动从组织、现场布置、幕后制作、台上展演到宣传推送都由学生负责，一方面培养了学生的审美能力和情趣，推动了校园文化多元发展，丰富了全体学生的校园生活；另一方面鼓励了更多学生站上舞台展现自我，营造和谐、活泼、健康、向上的校园氛围。在综合艺术活动参与的过程中，学生的审美意识、审美能力得到了明显提升。

（六）四季探究，实现创意物化

以促进学生的综合素质发展为核心，依托学校的生态资源，促进学生与自然、学生与他人、学生与社会、学生与自我的关系，学校开发了融自然浸润、人文关怀、跨学科体验为一体的“四季”特色综合实践活动课程，包括“春美樱花”“夏实枇杷”“秋日丹桂”“冬暖剧场”四个活动项目。课程结合课题研究提升活动质效，形成从文创产品到舞台表演的系列物化产品和研究报告。以“秋日丹桂”为例，依托校内的桂花树群，学生体验了从采摘、晒制到文创的全过程：基于“桂之味”和“桂之香”，亲手制作美食、书签、香囊、滴胶制品等，提升动手力和创造力；设计、展示汉服，感受中华传统礼仪之美。“冬暖剧场”传承和优化了从2009年开始的学校特色品牌活动——国学经典剧场，至今已积累《虎门销烟》《满江红》《铁人王进喜》等优秀剧本80多个，并在市级比赛中多次获得大奖，学校也被评为“上海市戏剧特色学校”。

（七）劳动服务，助力问题解决

课程具体包括勤工俭学活动、家务劳动体系、爱心送教、社区服务四个项目，学生在活动组织和参与中提升独立能力，培养感恩之心，形成主动服务他人、服务社会的情怀和能力。学校探索形成了校本家务劳动体系，制订家务“八个一”，培养学生的独立能力和感恩意识。与此同时，学校还结合学生实际需求，开展各类特色活动。例如，针对寄宿生收纳能力较差、独立性不足，开展了“王牌收纳师”活动；针对学生审美意识不足，开展了“阳台一角”“红红火火中国年家居设计比赛”等，并形成了《王牌收纳师——让新时代劳动教育落地生根的案例研究》《生涯教育视域下的劳动教育的思考》等论文，市级德育课题已经顺利结题。通过活动，不仅学生的整体劳动能力有了提升，学生的家庭参与感也得到了提升。

（八）岗位锻炼，明确责任担当

为提升学生思考、解决现实问题的积极性，学校将学生领导力大赛、模拟政协活动作为课程体验，进一步完善融红色教育、课题研究、领导力培养为一体的素质拓展实践课程，促进学生领导力素养的提高。

借助领导力大赛，学生自主组建团队、开展项目调查研究、安排项目实施时间、确定内容进度，提升了组织策划力、共同协作力、实践探究力。每个项目的实施过程中，都融入新一代青年学生对社会民生问题、社会时事热点、国家发展方向的极大热情与使命。

依托模拟政协等平台，学生针对热点问题、法律条文进行分析，在校内学习政协提案的基本知识、社会调查的基本方法，探索自己感兴趣的民生问题；通过调查研究、实地走访、思考社会、解决问题，真正感受时代发展的气息，增强社会责任感。“行于心，创于意”

“人间烟火(地摊经济)”等5个全国领导力项目获全国一等奖、2个获全国二等奖,未来杯“社会实践大赛”“科技创新大赛”等屡获市一、二、三等奖,模拟政协获“最佳团队”“最佳提案”“杰出调研报告”等奖项。

(九)职业体验,促进价值体认

学生进入高一后,在学校组织下参与各类职业倾向和性格量表测试,初步形成生涯规划和职业选择的意识;基于个人倾向和需求,参加各类职业体验活动,参与学生公司运行等,形成规则意识;过程中借助“家长如是说”“学长如是说”“行业名人如是说”等,明确各类职业对于人才的需求,形成自我发展的内驱力。目前,学校已经形成系列“职业微视频”资源库、生涯聊天室、“行业如是说”资源库等。其中,“学生公司”项目以新成长教育的“以人为本,知行合一”理念为指导,选择以商贸、金融、广告设计等的经营为载体,为学生搭建职业体验的实践平台,形成三大学生公司——“亚克西”大巴扎公司、“雅然”广告公司、“阿凡提”银行。

(十)“奉文育贤”综合实践活动课程的管理及保障

确保时空护航,细化评价机制,加强“奉文育贤”综合实践活动课程的管理及保障措施。

1. 开辟专项课和自主发展时段,确保实施时间与空间

学校利用每周的综合实践活动课,确保各类课程的实施有固定的时间和空间。首先,由德研室负责,将各项课程内容有序安排到每周的综合实践活动课中,由级部和班主任组织实施。其次,课表中明确规定将周一到周四每天下午5:40—6:20确定为学生自主活动时间,依托此段时间保障综合实践活动课程相关内容的实施。此外,寒暑假中还有教师专门负责协助学生参与活动。

2. 以评促建,利用公民素养体系评价课程学习情况

依托必修课、拓展课、班会课、节庆活动等平台进行学习,并赋予每门课程学分;将综合实践活动课程的学习纳入公民素养评价体系之中,通过学分绩点评价学生;评价方式结合自评与他评,体现学生主体性。学校以此帮助学生明确做现代贤生的品质要求,进而培养学生爱班、爱校、爱国之心,不断提升其思想道德修养。

三、效果与反思

（一）研究成效

1. 丰富学生成长经历，提升学生综合素质

在参与四类活动的过程中，学生通过不断尝试和体验，一方面进行了思想内化，另一方面促进了行为养成。近三年，在学生行为品德方面，我校获“上海市十佳美德少年”“上海市百名美德少年”“区美德少年”“最美学生”等荣誉的学生达20余名，市、区级“三好学生”“优秀学生干部”及区“世贤学子”100多名；在领导力大赛、模拟政协等活动中屡获佳绩，共有百余名学生获个人奖项，团队获多项国家级奖项。

2. 更新教师教育观念，提升教师研究能力

从思想引领到社会实践，从生涯规划到职业体验，从活动参与到总结启发，教师在参与综合实践活动课程的过程中不断凸显自我专业特色，相关论文、案例发表在市、区级刊物上，区卓越教师有50多位上榜，多名班主任获得星级班主任称号，多个班级获得市、区先进班集体和“新成长班集体”称号。

3. 学校育人成效显著，形成品牌活动辐射

职业体验课程、校园四季课程、思想引领课程、劳动服务课程已经成为学校品牌活动，贯穿学生高中三年，序列化推进于一年四季，“基于项目化学习的高中劳动教育课程的开放与实施的行动研究”作为市级德育课题已经顺利结题，“五育融合视域下高中共青团课程思政教育的时间路径研究”等课题正在进行中，相关活动方案总结在奉贤中学教育集团联盟进行交流辐射。

（二）后续思考

1. 加强师资建设，提升教师课程建设能力

综合实践活动课程强调学生综合运用各学科知识，认识、分析和解决现实问题，因此，与课程匹配的教师也应当具备课程整合性、活动连续性的意识和能力，故而要加强教师跨学科课程设计能力培训，让教师主动开发课程。

2. 完善课程体系，丰富劳动课程

由于疫情影响，原来的社区服务和社会志愿实践难以推进。学校将进一步丰富校内劳动岗位，构建创意劳动活动体系，探索能够持续开展的社会实践岗位。

3. 推进实践研究，增强反思总结能力

设计能够激发学生发现问题、解决问题的活动内容，使学生在参与过程中不断审视反思，最终形成比较规范的研究报告或其他形式的研究成果。

该课题是《中小学综合实践活动课程指导纲要》在一线学校中的一次比较全面、完整、深入的实践和总结。课题立足于学校学生实际发展需求，在挖掘学校已有活动资源和校本特色教育资源的基础上设计形成；依托于丰富多样的、学生自组织主体性活动，从明贤、立贤、践贤三大领域，从自我认识到文化认同，从思想引领到社会实践，从人生规划到职业体验，为学生搭建了情景体验、综合实践、能力提升的平台。此外，该课题还将综合实践活动课程的实施和学校学生的公民素养评价平台相结合，丰富了学生德育评价的内涵，及时将学生活动参与情况与期末评价反馈相结合，提升了学生素质综合评价的广度与效度。建议学校在后续的活动完善和实施中，能够更加贴合高中生的个性发展实际和高校对于高中生素质的要求，形成更具有培养完整性与可行性的示范辐射品牌活动。

上海市浦东新区教育发展研究院原院长　顾志跃

基于关键能力培养的高中STEM课程体系建构与实践研究

上海市上海中学[1]

摘　要　上海市上海中学基于学校已有的高选择性课程体系基础，结合学生未来发展需求，形成了基于关键能力培养的高中STEM课程体系。该课程体系将中学中的物理学科和大学中的工程类课程进行衔接、融合，分为机械工程、软件技术、硬件技术、科学仪器、电工技术、数学、生活技术7个模块，并在实践中不断调整，形成了较为完整的STEM课程内容体系和实施系统。

一、问题的提出与解决方法

（一）问题的提出

2017年，中共中央办公厅、国务院办公厅印发的《关于深化教育体制机制改革的意见》中指出“在培养学生基础知识和基本技能的过程中，强化学生关键能力培养”，并对培养认知能力、合作能力、创新能力、职业能力提出了明确目标。就目前的高中教育现状看，在实际教学过程中还普遍存在偏重书面解题能力、轻视实践操作技能的问题，而STEM课程的开展则有助于弥补传统课程的这种不足。对于即将升入大学进行分专业培养的学生而言，情感价值观的培育不可或缺，科学精神、实干精神、创新素养是早期培养的重要一环。科学精神的本质是质疑精神，实干精神的核心是劳动精神，这些核心价值观是比知识、技能本身更高层次的东西，但必须以知识、技能作为载体来加以传承。这些价值层面的教育以及创新思维的养成，可以在高中STEM课程中加以体现。如何通过高中STEM课程的整体设计与具体实施，从人才发展全过程的角度使学生对各类学科专业

---

[1]项目负责人：冯志刚。核心成员：朱臻、樊新强、树骅、李锋云、程林、赵奇玮。执笔：程林、赵奇玮。

的特征和自身的潜力、兴趣的匹配获得更为理性的认识，以促进学生学术志趣的聚焦，是对高水平人才培养非常有意义的研究课题。

（二）解决问题的方法

普通高中教育的任务是促进学生全面而有个性的发展，为学生适应社会生活、高等教育和职业发展做准备，为学生的终身发展奠定基础。这种要求反映到高中的教学中，主要有两个重要的环节：一是要求学生在高中的学习过程中发现自己的兴趣和潜能；二是要求学生为将来想学习的大学专业或从事的职业奠定一定的知识、能力基础。高中需要在课程设置上对这种需求给予应对。

STEM课程涉及多个学科，同时强调综合运用各学科知识的能力，可以面向不同基础的学生开展。此外，STEM课程以课题探究作为课程线索，注重学生活动和过程评价而非结果考核，这在很大程度上可以调动学生的积极性，提高教学效果。本研究以STEM课程为基本框架，将中学中的物理学科和大学中的一些工程类学科的课程进行衔接、融合，形成了一种特殊形式的高中STEM课程。

学校通过文献分析、调查研究，结合已有课程体系及学生发展需求，明确了STEM课程的目标，逐步形成了体系化的STEM课程，并且在厘清课程间逻辑结构的基础上，最终构建了较为完整并不断更新的STEM课程体系。

二、项目的主要内容

（一）STEM课程的目标设定和整体架构

基于认知能力、合作能力、创新能力、职业能力四个关键能力的培养目标，以及学校已经建立的高选择性课程体系，课题组将STEM课程的目标定位为：通过本课程的学习，学生经历STEM项目研究过程，了解如何综合运用科学、技术、工程、数学的知识解决技术和工程的真实问题，进而提升认知能力、合作能力、创新能力、职业能力。STEM课程包括必修性基础课程（了解基本的工程知识，培养工程思维）、选择性基础课程（根据自己的兴趣和潜能选择学习，进一步提升工程素养）、课题研究类STEM课程（即“STEM主题课程”）。主题课程中的项目虽然包含了多学科内容，但是每门STEM主题课程以1—2个核心学科为主导，其他学科则作为辅助思考的工具。这三类课程与学校整体课程体系具有相同的结构，不仅使整个课程体系具有科学和艺术结合的美，更使其形成了一种生长的力量。具体课程类型和安排如表1所示。

表1 上海中学STEM课程类型和设置

课程类别	课程设置	课程模块	已开设课程
必修性基础课程（高一上）	开设3门课程，每门5—6课时；每名学生在一学期中修3门	机械工程	机械设计与制造基础
		电工基础	电子技术
		硬件技术	开源硬件及传感器基础
选修性基础课程（高一下和高二上）	提供若干门课程，每门6—8课时；每名学生在每学期中选修2门	机械工程	基于AutoCAD的二维建模与制图
			三维建模与3D打印
		软件技术	视频与音频剪辑
			网页设计与动画制作
		硬件技术	乐高机器人基础
		科学仪器	化学光谱分析法入门
			生命科学基础探究实验
		数学模块	基于matlab的数值计算
		生活技术	汽车原理与驾驶技术
课题研究类课程（高二下）	提供若干门课程，每门12—16课时；每名学生在一学期中选修1门	机械工程	建筑结构设计
			无人机
			智能产品设计与制作
		软件技术	VR虚拟现实
		硬件技术	开源硬件与机器人设计
		科学仪器	化学、生命科学类课题探究
		电工技术	电机控制
		数学模块	数学类课题探究
		生活技术	EP节能汽车的制作

（二）STEM课程的模块结构与课程开发

STEM课程分为机械工程、软件技术、硬件技术、科学仪器、电工技术、数学、生活技术7个模块，每个模块都有两个层级结构（即通用类、课题研究类），学生必须具备一定的通用类课程基础之后才能选择相应的课题研究类课程。图1显示的是机械工程基础模块的结构关系。

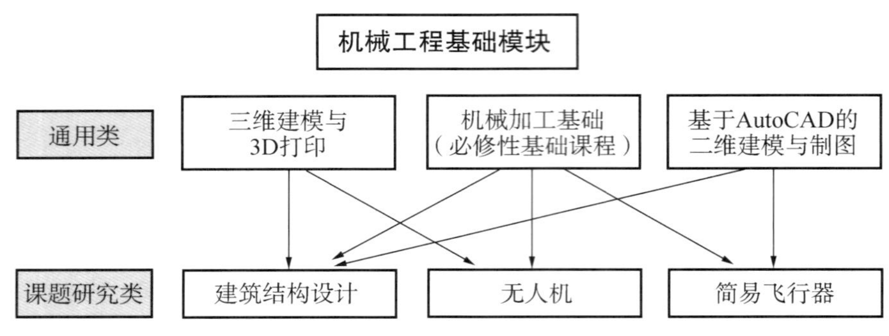

图1　机械工程基础模块的结构关系

（三）STEM课程的管理与评价

1. 授课教师准备

STEM课程不是简单的各学科内容的叠加，而是需要教师达成对STEM素养与跨学科概念的认识和理解，了解STEM教育要达成的教育价值有哪些，并从课程的高度理解课程或主题的结构、功能、性质、理念、内容、活动方式、评价以及课程设计与课程实施等方方面面。[1] 因此学校成立了跨多个学科的STEM教研组，主要成员包括数学、工程、物理、计算机、通用技术、化学、生物学科共11名教师。在课程开发过程中，教研组教师集中学习了STEM课程的相关理论，还到其他学校参观学习，并分析了多个国外优秀教学案例。随后，每位教师立足所在学科提出1—2个STEM主题，讨论后将相近的主题内容进行整合，形成综合主题，每个主题由2—3名不同学科教师（该主题的核心学科）组成课程开发小组，负责之后的课程实施。每门STEM课程的授课由1—2名教师进行。

2. 学生选课模式

高一上学期必修性基础课程要求每名学生在一学期中修完3门；高一下学期和高二

---

[1] 叶兆宁，杨元魁. 构建STEM教育的课程观：STEM教师专业发展的必由之路[J]. 人民教育，2018(8)：63-67.

上学期选修性基础课程提供若干门课程,要求每名学生在每学期选修其中2门;高二下学期提供若干门课题研究类课程,要求每名学生在一学期中选修1门。学期初在每个班级发放课程介绍(包括课程的目标、内容和评价方式等),学生集中网上选课,走班学习。

3. 场地与设备材料准备

STEM课程由于其探究的本质,与数字化创新实验室具有天然的适切性,因此STEM课程的开展大都依托学校的数字化创新实验室,包括无人机实验室、VR实验室、土木工程实验室、3D打印实验室、现代仪器分析实验室等。部分课题研究类STEM课程的具体场地、设备及材料需求如表2所示。

表2　上海中学部分STEM课程的场地、设备及材料需求

课程名称	场地和设备需求	材料需求
简易飞行器	实验台、开阔的试飞场地、激光校准仪	白纸(A4纸80g)若干、橡筋动力飞机组装套件、剪刀、砂纸、轻木条、502胶水、棉线等
3D打印化学分子模型	3D打印机、笔记本或台式机均可(2人一台,安装3D建模软件)	3D打印耗材
建筑结构设计	土木工程实验室(包括振动测试台、分析软件等)	桐木条、502胶水、砂纸等
虚拟现实基础	VR实验室(含安装VR软件的台式机若干、VR眼镜等辅助设备)	
无人机基础	无人机实验室(包括任务飞行设备、模拟飞行舱、充放电设备等)	教学用无人机套件、基本工具

4. 学习评价

STEM课程采用过程性评价,包括学生在过程中绘制的图纸、数据、计算过程、作品性能以及在管理平台上的资料学习与讨论参与情况,根据课程特点,按照不同比例核算成绩。以“建筑结构设计”课程为例。该课程包括两次结构模型设计制作,评价内容包括结构模型设计理念介绍、模型制作工艺和外形创意、模型加载表现、加载测试报告等,其中模型测试后的分析报告占主要比重。

三、效果与反思

（一）STEM课程需要关注激发兴趣和提升能力的双重目标

实践研究表明，适合普通高中学生的STEM课程应该具备以下基本特征。首先，在内容层面上需要强调课程的广度而不是深度，要能够体现该工程领域的全貌，以拓宽学生视野。其次，要适应高中学生的学习水平，注重本科内容和高中内容的衔接，而不是和后续本科课程的衔接。最后，在实施上要强调动手实践，与高中阶段其他学科的教育形成互补，从而达到激发兴趣和提升能力的双重目标。

从教学内容和教学方法上看，需要把偏重实际应用的内容和基于课题探究的教学方法作为课程的核心。动手实践和课题探究可以分阶段层层推进。第一阶段是浅层次。这一阶段的课题探究应能帮助学生复习巩固所学知识、掌握简单应用的方法，使学生可以有步骤地按图索骥。在这一层次的探究中，被动接受要重于主动探索，因其本质是作业的延伸。第二阶段是深层次。这一阶段可适度加大动手实践的复杂程度，加强对学生主动判断、主动反思、主动质疑的要求。

（二）STEM课程需要良好的衔接性和社会支持度

作为STEM课程的铺垫，宜在高一年级常规分科课程之外，设置相应的STEM基础课程，奠定工程和技术知识基础，在高年级通过开展项目研究，逐步聚焦到不同领域。STEM课程的延伸一般为基于课题研究的专门课程，让学生能够独立完成课题研究，体验更为完整的科学探究过程。一所学校的资源有限，STEM课程的跨学科特性要求更大范围内的资源整合和共享，现有的社会资源统筹有待加强，要善于引进“外脑”，借助“外力”，通过全社会的共同呵护，打通职业生涯规划的全路径。

（三）STEM课程应有充分的开放性并匹配丰富的资源库

STEM课程内容整合的本质在于汇聚不止一个学科，应运用同一主题将不同学科观点串联起来，以支持学生实践活动。基于实践的整合本身就是多视角的，需要教师打开视野，回归到真实世界，还原问题解决的工程路径。STEM课程的场地是开放性的，不应仅局限在一个教室、一个实验室，它可以跨越学校和国界，整合线上和线下，让学生在更广阔的空间体验、思考。

（四）STEM课程应具备生长性和专业的师资队伍

STEM课程的实施重点是要留给师生充足的创造空间，鼓励学生勇于探索、大胆尝试，不断萌发出新的解决方案。STEM课程实施效果的重要决定因素是师资。长期以来，以分科教学为主的课程结构可能会给学校建立适合自身特点的STEM课程体系带来阻力，已经适应分科教学的教师一时难以适应STEM教育跨学科的要求，需要统一思想、培养骨干、由点及面去展开。

附件

工程应用类课程融入高中STEM课程的课程设计案例

学校根据学生的具体情况，结合一些大学工科引论课程的具体教学内容，设计了这类新的STEM课程，并付诸教学实践。“航空航天工程设计入门”是美国麻省理工学院航空航天工程系针对低年级本科生开设的引论性课程，其主要章节的基本内容如表3所示。

表3 “航空航天工程设计入门”主要章节内容

章节	题目	部分主要内容
1	工程学入门	什么是工程学；航空航天工程的历史
2	工程设计	工程设计的概念
3	空气动力学	基本的空气动力学
4	飞行器	如何衡量飞行器性能
5	结构设计与图纸绘制	实验：设计火箭的外形结构
6	动力与无动力飞行器简介	纸飞机的飞行
7	推进装置	推进装置和电子设备
8	稳定性和控制	稳定性和控制的概念
9	关于工程设计的道德准则	工程与社会的关系
10	航天工程基础	空间环境简介
11	轨道动力学	卫星轨道的力学
12	卫星的设计	人造卫星的设计
13	大型遥控飞艇的制作	大作业，课题设计

该课程内容涉猎广泛、深入浅出，从工程学的基本思想到基础物理和工程理论（空气动力学、控制论），再到设计和社会的关系，可谓包罗万象，最后一个延续几周的课题“大型遥控飞艇的制作”将整个课程推向高潮。

为了适应高中教学实际，学校对该课程进行了适当删减和改动。首先，考虑删去航天工程的内容（章节10—12），只保留航空工程设计的部分（章节1—8）。其次，仅保留基本的空气动力学内容和比较基础的结构设计内容（章节3—6），对高层次和与后续课程衔接的部分也进行大幅修改（章节8—9）。再次，出于课时考虑和高中注重通识教育的实际情况，对引入部分（章节1—2）和一些设计细节部分（章节4、7）也进行相应的弱化。最后的大作业部分需要降低一些难度，以适应高中生动手实践的客观水平。鉴于上述考虑，我校设计了基于以下教学内容的高中STEM课程“简易飞行器”（见表4）。

表4 “简易飞行器”章节内容及课时安排

章节	题目	主要内容	课时数
1	固定翼飞机的基本结构和原理	飞机的种类，固定翼飞机的原理	2
2	无动力飞行器实验	实验：纸飞机的制作和飞行	2
3	简明的空气动力学	基本的空气动力学	2
4	橡筋动力模型飞机Ⅰ（仿制和调整）	实验：按图纸制作橡筋动力固定翼飞行器	4
5	橡筋动力模型飞机的飞行	实验：试飞、调整制作的固定翼飞行器	2
6	模型飞机的空气动力学简介	模型飞机机体和机翼的设计	2
7	橡筋动力固定翼飞机Ⅱ（改造和设计）	实验：针对试飞的结果对飞机进行改造和重新设计	4

该课程共18课时，其中章节1对应大学课程中的章节1和章节2，以避免过于专业的工程学引论（这一内容可以在其他通识性质的高中课程中覆盖），章节3和章节6由大学课程中的章节3和章节4转化而来。这里借鉴STEM课程的设计思想，在理论讲授中穿插了动手实践的内容（章节2、4和5），达到边动手边动脑的效果。同时，将大学课程中较为复杂的大作业改为相对简单的橡筋动力模型飞机制作，并保留大学课程中相对基础的纸飞机的制作和飞行。橡筋动力模型飞机的制作是本课程中至关重要的动手实践环节，是整个课程的核心。大学课程中的大作业“遥控飞艇制作”涵盖了图纸设计、电机控制、结构装配等多个环节，并不完全适合高中生的学习能力和课余时间，而本课程中的“橡筋动

力固定翼飞机”大部分是木质结构，除少数关键部件（如螺旋桨、橡皮筋）外，都可以要求学生从最原始的材料做起，经过切割、打磨、黏接、调整，一步一步完成。这一制作分两个阶段完成：第一步是“仿制”，即根据图纸完成；第二步是“研制”，即通过前面的经验和知识对关键部件（如机翼）重新设计结构和制作工艺。每个学生都要自己动手，将没有任何制作标记的普通木材变成飞行器。

“无人机”课程依托学校无人机创新实验室开设，旨在让学生体验“操作自己制作的飞机完成竞赛飞行”的整个过程。课程之初即明确具体任务——无人机组装和飞行竞赛，知识点由教师在学生遇到具体问题时穿插讲解，并在阶段任务完成后介绍无人机发展现状和我国航空航天领域发展现状。课程的期中和期末安排两次总结和评价，学生以两人小组形式完成。期中时，要求学生对飞行原理和控制原理的关键知识点进行整理、回顾，教师对书面报告进行评价；期末时，飞行环节以计时竞赛方式评价。

STEM课程关注科学、技术、工程、艺术、数学教育的整合，是培养学生基于科学和工程的创造力的一种重要载体。上海市上海中学在高水平创新人才的早期培育实践，尤其是学校课程体系建设方面有扎实的基础。从课题实施的过程来看，学校始终围绕学生的“学术志趣”聚焦，并基于认知能力、合作能力、创新能力、职业能力进行课程设计，逐步形成了适合高中资优生的STEM课程建构与实施方案。STEM课程的体系充分体现出系统性、高选择性和探究性的特点，课程的设计与实施充分凸显出普通高中新课程新教材的理念。本研究在STEM课程的逻辑结构设计、基于真实问题的教学设计、跨学科的STEM教研组建设、课程与过程性评价等方面亮点突出，其研究经验与结论具有很高的推广价值。

上海师范大学教授　博士生导师　惠中

普通高中人工智能特色课程群的开发与实施研究

上海市卢湾高级中学[1]

摘　要　人工智能的迅猛发展，对学生的知识结构、能力层级和心智模式都提出了新的挑战。基于未来人才的培养需求和我校科学教育的办学传统，学校以培养学生“H·AI”素养为指向，围绕“体验、实践、创新”三个层次、“基础、学科、城市、审美、情感、创意”六大领域，全面创设普通高中人工智能特色课程群。该课程群不仅要让学生了解人工智能，学会与人工智能协作共存，还要让学生具备不被人工智能替代，并且能在未来生活得更好的关键能力和必备品格。

一、问题的提出

（一）全球化竞争背景下普通高中开展人工智能教育是大势所趋

国家先后出台一系列政策，人工智能教育已成为建设创新型国家的战略途径。人工智能教育作为连接未来的重要桥梁，必须面向大众进行普及，这不仅是知识的学习，更是逻辑思维能力的提升和思维方式的改变。把握机遇，迎接挑战，在普通高中开展人工智能教育，事关上海乃至中国在未来全球化时代中的竞争力。

（二）人工智能教育迫切需要以育人为本的课程群设计

人工智能课程的开发是普通高中开展人工智能教育的路径之一，但绝非全部。具备优秀的社交能力、协商能力和人情练达的艺术、同情心，以及对他人真心实意的扶助和关切、创意和审美是未来职业发展中不会被人工智能取代的核心素养，而这些能力的最佳

[1] 项目负责人：何莉。项目核心成员：周雯婕、吴建华、王莎莎、张燕静、梁阅、童嘉文、张晓骏、孙庆华。执笔：何莉。

发展期是在基础教育阶段。因此,学校打造人工智能特色课程群,旨在培养学生在未来能够具备必需的人工智能素养,且拥有不被人工智能替代的关键能力和情意品格。

(三)人工智能特色课程群开发是未来普通高中的重要组成部分

鉴于人工智能聚合了最前沿的科技资源,人工智能特色课程群的开发将成为普通高中实现转型、创建“未来学校”的重要路径。学校长期以来以“培养高度科学素养的高中学生,营造浓厚人文精神的学校文化”为目标,深入开展科学教育的办学实验项目,已构建了具有科学教育特色系列课程框架,形成了科学教育特色品牌课程。学校还成立了人工智能课改团队,进一步推动课程体系多元化、教师技能专业化、学生成长个性化。在普通高中人工智能教育教学全方位探索中提炼实施路径与方法,既具有延续性,又具有开创性。

目前,我国各中小学校人工智能课程开设较少,涉及层面比较简单,也并未形成系统性总结。本研究主要解决如下问题:一是设计开发“AI+”特色课程群,推动人工智能与教育教学深度融合,促进学校科学教育迭代创新,培养学生立足于胜任人工智能时代的必备品格与关键能力。二是培养教师队伍的“AI”意识,使其具备更优秀的科学素养、更丰富的知识储备、更多样的教学思路、更有效的授课能力,能够更加胜任未来教学。三是优化学校科学教育的课程理念、科学教育的课程目标、科学教育的课程实施和课程评价,使人工智能课程成为学校科学教育课程的新亮点,加快学校科学教育课程的迭代与更新,丰富学校科学教育的办学内涵。四是探索课程实施的评价机制和保障机制,为教师开展人工智能课堂教学提供必需的硬件配备和培训资源,为教师课程实施过程中的科学化、规范化、常态化推进提供有力的制度保障。

二、项目的主要内容

(一)理论基础

1. 学习者中心理论

课程应以学生的兴趣、爱好、需要为导向,强调学校与社会相联系,使学生获得关于现实世界的直接经验和真切体验。

2. 元课程理论

该理论强调通过课程整合和知识迁移来促进学生思维的发展,让学生具备将知识与社会、职业等情境联系起来的能力，以及应用知识解决不确定问题的能力。

3. 分布式认知理论

该理论认为认知现象不仅包括个体心理中的认知活动，还包括在人与人、人与工具、人与技术的互动中实现某一活动的过程，这些分布的要素必须相互作用、相互依赖才能实现认知任务。

（二）主要观点

1. 人工智能特色课程群的内涵诠释

人工智能特色课程群的内涵：人工智能特色课程群从课程生态的视角，帮助普通高中生形成在人工智能时代为了“不被替代，活得更好”所必需的能力和品格。它以多维联结与互动、富有逻辑和统整感的课程体系为标志，将课程、教学、评价、管理以及师生发展融为一体。一是引入，把人工智能课程引入学生的学习中；二是应用，将人工智能技术应用到学生的学习中；三是融合，从人工智能角度更好地审视学校原有科学教育课程的价值，对原有课程进行再造和提升；四是创造，开展人工智能研究，利用人工智能技术进行创意设计和创造发明，让生活变得更美好。

2. 人工智能特色课程群的目标定位

人工智能特色课程群以培养学生“H·AI”素养为指向（H为Holistic首字母，代表全人发展，AI即人工智能）为目标，它包括：掌握人工智能的基础知识、核心概念和发展趋势；具备主动应用人工智能技术于学习的意识和能力；具备创造性应用人工智能技术改造周边世界的能力；具备更强的审美意识和能力；具备更强的同理心与情感能力；具备更强的创造性能力。根据学生不同层次的发展需求，设计、完善人工智能特色课程群各个领域的课程，增进关联与统整，让学生掌握人工智能基础知识，深化人工智能场景应用，实现人机共生价值追求。

3. 人工智能特色课程群的结构模块

基于学校科学教育的办学特色和基础，学校将人工智能技术与学校课程深度融合，形成“AI基础课程域、AI+学科课程域、AI+城市课程域、AI+情感课程域、AI+审美课程域、AI+创意课程域”六大领域的“AI+”课程群（见图1），体现了综合化、协作化、项目化趋向。课程群由内容上相互关联、相互渗透、具有互补性的系列课程组合而成，每一个课程域都有特定的“大概念”；每一个课程域都有学生关键能力与必备品格的培养侧重点；每一个

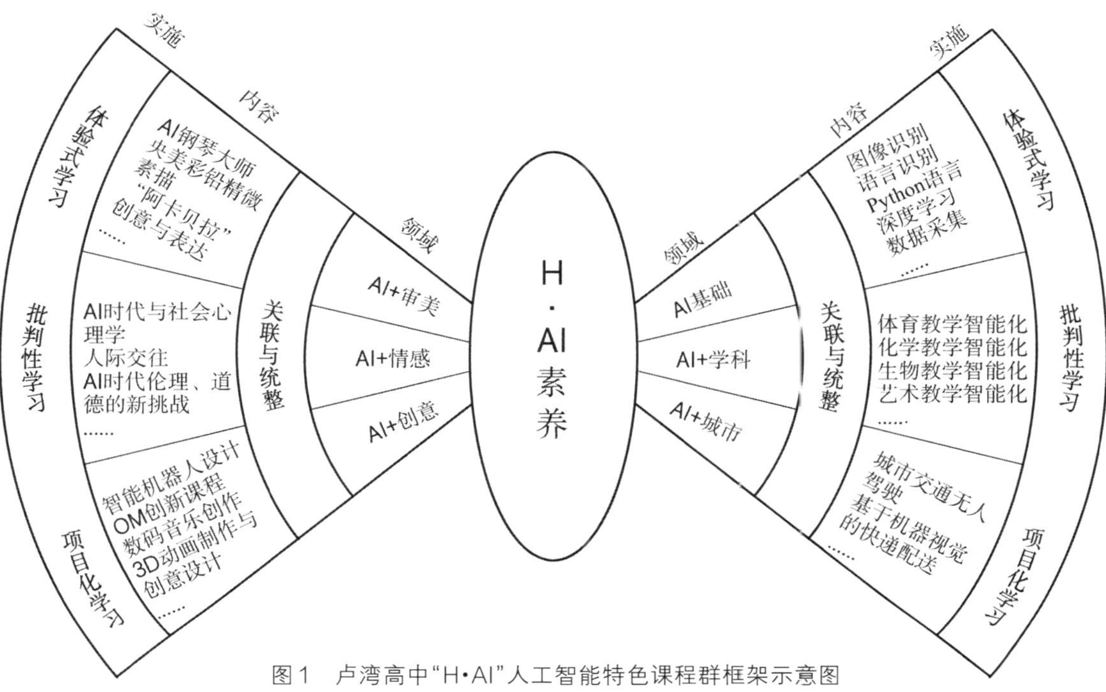

图1 卢湾高中“H·AI”人工智能特色课程群框架示意图

课程域内的具体课程之间都有内在关联性,或内容相联系、可平面迁移,或内容有梯度、可垂直关联,或内容可综合、可由部分组合成整体,彼此相连,又互为补充,统一协调。

(1)AI基础课程的开发与实践

本课程以校本教材为依托,针对不同层次学生设置了入门类基础型课程、项目化学习的选修课程以及面向精英的研究型课程,在内容上分为图形化编程、Python语言和面向硬件驱动的C语言,旨在引导学生通过学习信息技术的基础知识与技能,适应未来的智能化社会生态,形成技术安全和责任意识。

(2)“AI+学科”课程域的开发与实践

学校将学科分为科学类课程、人文类课程、身心健康类课程以及艺术类课程;在技术运用方面,针对学科知识的不同特征,进行了扩展现实技术下的课程开发、5G+全息技术支持下的情境式教学设计以及利用大数据的精准化教学和个性化反馈的探索。通过对人工智能与学科教学的深度融合,提升教师的信息技术素养,培养学生终身学习的素养,建立用AI技术辅助学习的方法思维,探索智能学习模式,树立正确的科学伦理观念。例如,化学课借助5G实景课堂,通过现场连线化工厂工程师答疑解惑,帮助学生沉浸式走访化工厂,搭建起理论和实践的桥梁;在与贵州省遵义学校共上《在历史的紧要关头——

信仰与使命》红色党史思政课时，以5G技术为基础，与全息技术相融合，立体展现一大会址、遵义会址等场景，将中国共产党的百年征程变得更加生动、鲜活。

(3) “AI+城市”课程域的开发与实践

人工智能在学科场景的应用和在生活场景的应用截然不同，但又相互关联。通过人工智能解决社会发展问题的课程设计目标为：提高学生关注社会发展趋势及问题的敏锐性，能从人工智能的角度探究问题解决的方法；引导学生围绕社会热点进行项目式设计和研究；指导学生对设计项目进行创新实践和完善。以城市治理为例，学生在教师指导下就如何将人工智能技术应用于城市治理进行了项目设计和操作实践。在这一过程中，学生对如何认知并运用人工智能解决生活实际问题的能力得到进一步提升。

(4) “AI+情感”课程域的开发与实践

人工智能的迅速发展对人类的情感造成冲击。通过情感教育来凸显人性庄严、强化人的主观能动性及主体地位，有利于提升学生在人工智能时代的适应力和竞争力。本课程以提高学生的情绪力、沟通力和共情力为主要内容，通过案例分析、小组讨论、情境模拟等方式，旨在让学生的情绪状态不被机器所束缚和牵引，而是由自己主导调控，用积极乐观的态度去创造丰富有趣的内心世界。

(5) “AI+审美”课程域的开发与实践

通过对该课程域的开发，让学生基于人工智能技术对传统审美进行新的解读和创造。目前，人工智能的创作只是对某种艺术门类的风格化和技术化处理，没有涉及艺术本质中的情感、想象等重要范畴。因此，人类在审美意识层面的不断创新是人工智能时代超脱机器范式、保持审美优势并不断向更高层次拓展的重要因素。

(6) “AI+创意”课程域的开发与实践

对于高中生来说，并不是要去创造新的人工智能算法，而是要在人工智能应用层面开展创意设计。我们的高中教育目标不仅要满足适应人工智能社会生活的需要，更应该培养引领时代的人工智能创新人才。基于此，本课程依托研究型课程和科技社团，提升学生的动手操作能力，发掘学生的创造力，以帮助学生完成创意设计为目标，培养学生乐于钻研、乐于实践、乐于创造的科学素养。

4. 人工智能特色课程群的实施及保障

全面实现人工智能课程的目标追求，在目标层、行动层、保障层等方面进行系统构建，努力形成全面的课程教学新样态。目标层：在学校科学教育传统和人工智能时代的双重背景下，确定项目的主要目标，具体包括情感、审美、创新、人工智能素养、深度学习五个方面。行动层：建立课程开发和研修机制，有针对性地开展课程经验交流活动；不断优化课堂教学，使课程目标落到实处；根据课程要求，设计相应的学习载体，采取实践、沉浸、互动等方式，引领学生有效开展课程学习。保障层：从学科建设、空间打造和校外资源等方面为课程开发与实施提供保障，激活课程改革技术资源和社会资源；重塑教育外部结构，让来自社会的教育资源多元、丰富、数字化，随时为学生提供个性化的学习资源。

根据学生需求开设难度不同、内容不同的课程：一是面向全体高一学生的人工智能普适性课程；二是面向学有兴趣的学生的人工智能高阶型拓展课程；三是鼓励学有余力的学生进行跨学科、跨领域的人工智能课题研究。根据课程的教学目标以及高中生的认知特点，运用"情景化教学模式""基于问题的教学模式""基于案例的教学模式"等教学模式，开展"AI+"课程群的教学。

注重建立协同支持的教育生态，开展与人工智能课程创新相配套的基础环境建设。一是空间环境：主要针对人工智能课程群实施研究过程中的硬件设备、软件，与各个课程域的实施内容紧密相关的环境。二是师资环境：成立"人工智能核心团队"，打造课程建设攻坚团队，定期开展"头脑风暴"和课题研究活动。三是管理环境：开展课程群建设的相关管理制度、审核评价制度，推进智慧校园项目建设。四是育人环境：通过整合卢湾学区集团资源、高校研究机构高新企业资源，为师生成长搭建更多更好平台。五是文化环境：组织师生积极参加国内外大型展会，传承"勇于质疑，敢于探究"的办学精神，在实践探索中持续赋予学校科学教育新的生长点。

5. 人工智能特色课程群的评价设计

学校以课程计划、课程实施过程、对教师的评价、对学生的评价、课程实施效果评价作为依据，通过建立质量跟踪考核机制、以学生为中心的课程体系内容及目标评价表、第三方参评等方式和手段，建立起客观、全面的评价体系。评价内容包括课程目标是否科学、合理、可行，教学内容组织是否恰当、有效，教学方法是否灵活、适当，师生互动是否充分，课程实施效果是否达到预期目标等。此外，学校还在评价维度、评价主体上由单一化转变为多元化，同时注重对学生的过程性评价、增值性评价、及时性评价、表现性评价、结果性评价、综合性评价等。

三、项目成效与反思

（一）项目成效

该项目从课程目标、课程体系、课程内容、课程实施、课程保障等方面，将人工智能技术与学校课程深度融合，取得以下成效。

1. 人机和谐共生探索取得突破

该项目充分激发了师生学习和应用人工智能的热情，不仅在应用人工智能技术解决现实问题方面做了可贵的尝试，而且提炼出一些高质量的教学案例。

2. 学生的“H·AI”素养得到显著提升

学校鼓励学有所长的学生进行跨学科、跨领域的人工智能课题研究。在科学教育的浸润下，学生在各级各类科技活动中取得了优秀的成绩，迄今为止，荣获世界级奖项22项、国家级奖项74项、上海市级奖项572项。其中，两个学生的名字被国际小行星组织用来命名小行星；全国创新大赛中荣获9个奖项，上海市创新大赛一等奖145个、上海市明日科技之星16个。

3. 推动学校科学教育迭代更新

学校以人工智能课程建设作为新时代科学教育的重要突破口，培养能够迎接人工智能时代挑战的未来人才，弘扬了学校办学传统，丰富了学校科学教育内涵，凸显了学校科学教育的品牌效应。人工智能课程成为学校科学教育课程的新亮点，加快了学校科学教育课程的迭代与更新。学校被中国科学技术协会评为“全国青少年人工智能活动特色单位”，成为上海市教育信息化应用标杆培育校、上海市科技教育特色示范学校，机器人社团荣获“上海市学生科技创新社团”称号。

（二）项目反思

1. 如何超越知识技能，指向胜任“AI+5G时代”的素养？

当前，普通高中人工智能教育主要局限于知识技能普及与训练类课程。因此，学校应从系统层面将人工智能与学校育人目标体系进一步融合，指向未来时代下普通高中生应具备的核心素养。

2. 如何实现教师赋能，创设“学用一致”的情境？

让人工智能同时成为学习的对象和工具，在“学用一致”的情境下创设沉浸式体验，更利于育人目标的达成。因此,增强全体教师的人工智能意识和技能,应成为人工智能与教育深度融合的重要着力点。所以,人工智能课程要走向课程群的设计并开展师资培训,帮助教师成为学生认识人工智能的领路人、人工智能教学专家。

3. 如何触发链式反应,推动学校的系统转型?

人工智能的兴起势必成为驱动未来学校形态演化的重要原动力。因此,在人工智能课程化的进程中,应该将人工智能课程化作为学校形态演化链式反应的关键点,推动学校持续的、系统的变革,实现普通高中育人模式的转型。

该成果为未来教育样态的重塑提出了极具价值的思考方向,这既是卢湾高级中学多年来实践经验的总结,也是卢湾高级中学未来教育进一步转型的先声。第一,多维度场景构建,拓展学习边界。通过虚拟技术延伸教学场景,推动学科知识的立体化建构,并从“AI+城市”的角度,构建不同类型的应用场景,进一步拓展学生的学习边界。第二,多学科跨界融合,提升综合素养。人工智能课程本就具有学科交叉的特点,卢湾高级中学的“AI+X”课程群设计更是推动自然科学、人文社科等与人工智能跨学科融合应用的典范,在深化学科跨界融合的同时,也推动了学生综合素养的全面提升。第三,多层次人机协作,实现共创共生。在人机协同中回归到人本身,凸显人工智能时代背景下人的主体地位。

华东师范大学终身教授　祝智庭

基于学校特色发展的“文化创意”课程的设计与实施

北京外国语大学附属上海闵行田园高级中学[1]

摘　要　在高中育人方式变革、办学多样化背景下，本研究通过“课程要素优化、特色经验转化、课程图谱显化”，通过开发文创特色课程教学资源、实施路径、课程评价工具，逐步构建了“通识课程、进阶课程、专业实践课程”三层特色文创课程体系，实现了特色课程的“金字塔”型培养模式；通过文创特色课程与“双新”课程实施的融合、调整，完善了学校的课程构架。文创特色课程的实施激发了学生的创意潜能，使学生的创新素养得到了提升，满足了学生个性化发展的需求。

一、问题的提出

（一）研究背景

新时代的高中办学，应当坚持以习近平新时代中国特色社会主义思想为指导，全面贯彻党的教育方针，以推进新时代普通高中育人方式改革为抓手，领悟新课程改革精神，适应新课程改革要求。

2004年，学校提出了“美育引领，和谐发展”的特色办学理念，开始创建区实验性示范性优质高中，开创出“各美其美，美人之美，和而不同，美美与共”的育人格局，体现了《上海市中长期教育改革和发展纲要》中“为每个学生提供适合的教育”的基本思想。2015年，学校挂牌“综合艺术教育教学研究基地”，与上海戏剧学院合作，共同探索、研究综合艺术教育，制订了以“美育引领，创意发展”为理念的文创特色建设发展规划。2016年，学校成为上海市特色普通高中创建学校，自此提出基于本校“美育”特色课程到文创特色学

---

[1]项目负责人：陆振权。项目核心成员：杨俊、屠文娟、周芹、朱虹、李卫华。执笔：杨俊。

校转化的课程构建目标,聚焦从点到面的突破,完成课程要素优化、课程图谱构建,推进特色高中创建。

(二)拟解决的主要问题

1. 如何运用课程设计技术,建立适应学生多元发展、彰显学校特色文化的文化创意课程?

2. 建构怎样的文化创意课程体系图谱,为学生个性化选择与人文底蕴、实践创新的持续发展提供语言文学类、艺术表演类、影视传媒类文化创意课程内容?

3. 在文化创意特色课程建设之中,怎样引领教师有效利用社会优质课程资源,在课堂中落实学生文创特色素养,落实学校特色办学思想,持续提升教师的课程设计能力、课程执行与评价能力?

(三)研究的价值意义

不同于部分学校创新实验班、创新课程的开发实践,本研究成果在坚持面向全体学生、保障国家课程落实的基础上,开展新课程的校本化实施,开发满足学生多元化发展的文创特色课程,创造性地开发和构建了分领域、分层级且渗透必修、选修、选择性必修的三个课型,贯穿高中三个年级的文化创意校本特色课程体系。

学校的特色课程建设经历了“特色学科—特色课程—学校特色—特色学校”的迭代过程,为普通高中多样化发展、满足学生个性化发展提供了参考与依据,具有重要参考价值。

二、研究过程

(一)文创素养的现状调查

学校在学生接受文创课程、基础课程文创素养培育前,对学生进行了文创素养测评,为后续课题研究提供实施依据,为课题解决问题提供建议。

文化创意产业属于新兴产业,关于文化创意人才维度的研究并不多,所以学校借鉴了创新人才、文化创意人才中计算机人才以及其他相关人才的维度,整理后制成了《文化创意人才胜任力特征重要程度调查问卷》,在全体学生中开展调查。基于问卷数据分析,我们发现在文创素养培育过程中应注意以下问题。

1. 创意素养的被动发展

学生在文创素养上的“被动”主要体现在审辨想象维度。学生从质疑、提出问题到多角度分析问题,以及举一反三地应用,都受到个体认知水平和周围环境的影响。调查数据直接反映出,有些学生在课堂学习中尝试提出问题,但遇到问题时仍然向他人求助。

2. 创意素养的有限发展

在审辨想象方面,学生在学习过程中更注重结果,没有反思和审视问题。在创意表达方面,学生作品的表达一方面受制于作业要求,题材结合不了热点;一方面受制于自身见识,角度和内容陈旧。教师在日常教学活动中可以适当放宽作业要求,引导学生关注时下热点,并给出创造性指导。

(二) 创意特色课程体系构建

1. 构建培育学生“文创DNA”的特色课程群

学校文创素养特色课程群着力培育学生文创素养的“DNA”(D-Design;N-Novel;A-Aesthetic),把“文创”作为基因植根于学生生涯发展体内,培育学生具有审美的、新颖的、创意的文化底蕴。

学校课程建设的指导思想是必修课程校本化、校本课程多元化、研究性学习自主化。学校将现有的国家课程、地方课程和校本课程进行校本化的整体设计,使必修、选择性必修和选修课程互为一体,构成更为优化的立体课程体系(见图1)。

(1) 必修校本课程

为文化创意人才培养提供高水平、少学时、高效率的国家课程,夯实基础。除各学科教学中渗透美育“以美益智”以外,还有美育必修课程,如:高一至高三每周一节的“音乐美术欣赏”课程;全校学生自2005年以来坚持每天中午歌唱十分钟的“每周一歌”课程;每周上下课铃声设立为“中外名曲欣赏”课程;“课本剧表演”课程;“陶行知和蔡元培思想”课程;“新年音乐会欣赏”和“中华艺术宫、上海博物馆、电影博物馆的艺术场馆参观”课程;百篇美文阅读的“田园高中人文读本”课程;“百幅中外名画赏析”课程;全校24个班级的“田园高中主题园地建设”课程等。

(2) 选修校本课程

为文化创意人才个性化发展提供丰富多彩的、具有发展潜质的自主选择课程,如:音乐乐理和视唱、美术、话剧表演、英语戏剧、主持与演讲、影视编导、广告摄影、体育健身、

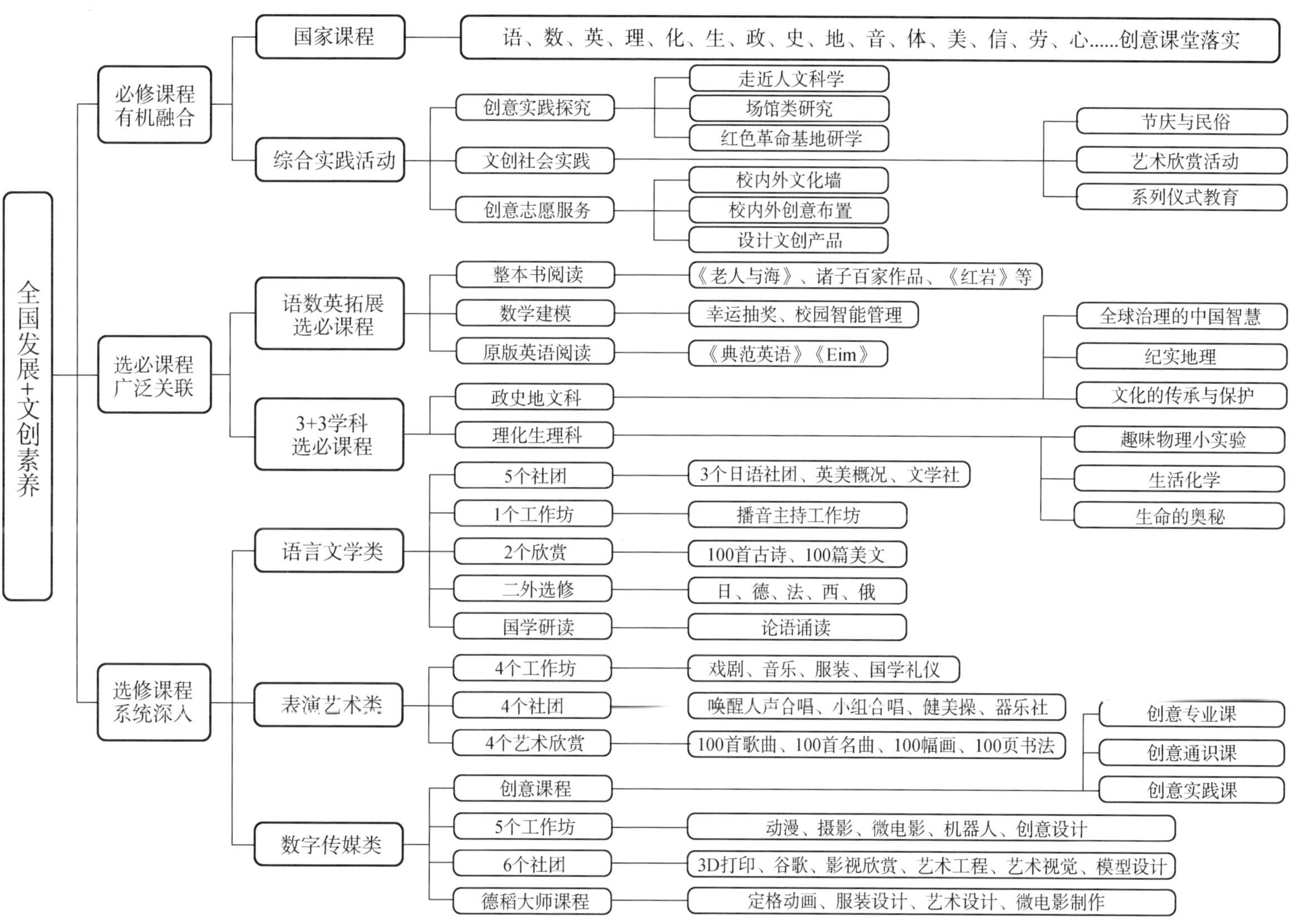

图1　北外田园高中课程架构落实“双新”和文创特色图谱

古诗文赏析、欧洲经典油画欣赏、视觉传达设计、形体塑造、计算机图像编程、影视欣赏和影评、中外文化交流课程等。

2. 文化创意特色校本课程的迭代优化

(1) 创意工作坊课程的构建与优化

① 特色课程科目纲要的修订编制

在前期打磨课程设计与科目纲要的基础上，组织特色课程教师开展校本课程科目纲要的撰写，聘请区、市两类课程教研员对科目纲要进行修改，完善特色课程设计。

② 工作坊课程教学资源编制

2019年8—11月，组织教师根据修改后的科目纲要，针对所任教的课程梳理课程资源，完成工作坊教师教学资源包与学生学习资源包的编制(见图2)。

(2) 文创通识类课程的设计与实施

针对我校设计的三个层次分类(通识—提升—专业)教学特点，在百幅名画、百首名曲、百篇美文、百首歌曲、两场音乐会、两次博物馆美术馆学习、每学期一场话剧欣赏等通识教育类课程的基础上，自2019年至今，在每年高一学生中实施“创意通识”课程教学，并完成了“创意通识”校本教学资源的编制。

(3) 文创实验班的设置与文创专业课的实施

2019年9月，根据我校文创分层培养目标，学校开设了文创实验班，通过学生与家长自主选择的方式，完成整班编制。2019年以来，文创班每周五下午开设文创专业课程，内容涵盖美术、设计、音乐、表演、品牌创意策划等多个项目，并在寒暑假组织学生参加文创专业课的项目学习。从课程实施效果看，这部分学生在各类学校活动、学校环境建设中充分发挥了文创骨干作用。

(4) 研究性学习中“文创”主题单元的设计

结合我校文创特色课程中的摄影、话剧、微电影、动漫等媒体艺术的特征，在研究性学习中的“场馆教育”主题单元，选择“电影博物馆”作为场馆资源，开发具有文创特色的场馆学习主题，并在设计、实施“电影博物馆作业单”的基础上完成了“走进电影博物馆”的校本教学资源的编制。

3. 以“德美一体”为德育课程，形成教育特色机制

构建了以四大德育板块(节庆活动板块、仪式教育板块、社会实践板块、社团活动板块)、四大德育系列(基础道德系列、政治素养系列、心理健康系列、审美教育系列)、四大

文创专业特色课程
戏剧表演工作坊
（欣赏与实践）
戏剧艺术探究
戏剧表演基础
戏剧排演实践
微电影创意工作坊
（虚与实的影画）
网络时代的微电影
微电影的表现类型
微电影的前期拍摄
微电影的后期制作
动漫创意工作坊
（静与动的漫说）
数字时代的动漫
数字动漫的表现手法
数字动漫设计
数字定格动画
二维数字动画制作
三维数字动画制作
服装设计工作坊
（装与饰的浪漫）
服装创意灵感来源
服装创意设计画
万千不同的面料
服装创意立体裁剪
创意时装秀
音乐创意工作坊
（音与乐的涟漪）
黄钟大吕历史之音
西方音乐的BCR
音乐剪辑与制作
认识乐队
创意设计工作坊
（思与想的创意）
广告画设计
创意广告设计
主题LOGO设计
色彩在海报中的运用
融合图形创意
的海报设计
国学·礼仪工作坊
（手可摘星辰）
感悟与吟诵
诵读与学习
诗书礼艺
探究与整理
主持辩论
工作坊
（言术）
世上无难事，只要肯登攀
把酒酹涛涛，心潮逐浪高
红雨随心翻作浪，青山着意化为桥
指点江山，激扬文字
到中流击水，浪遏飞舟
赤橙黄绿青蓝紫，谁持彩练当空舞
待到山花烂漫时，她在丛中笑
创意摄影工作坊
（决定瞬间）
光
人
景
物
机器人创意
设计工作坊
（行走的创意）
机器人程序设计
机器人的传感器
机器人技术进阶
行走的创意
创意策划工作坊
（想与梦的故事）
想的天空
梦的世界
灵感与现实的整合
方案追效
万紫千红
WEB创意工作坊
（灵魂驱动）
玩动编程
灵魂驱动
WL编程和营销

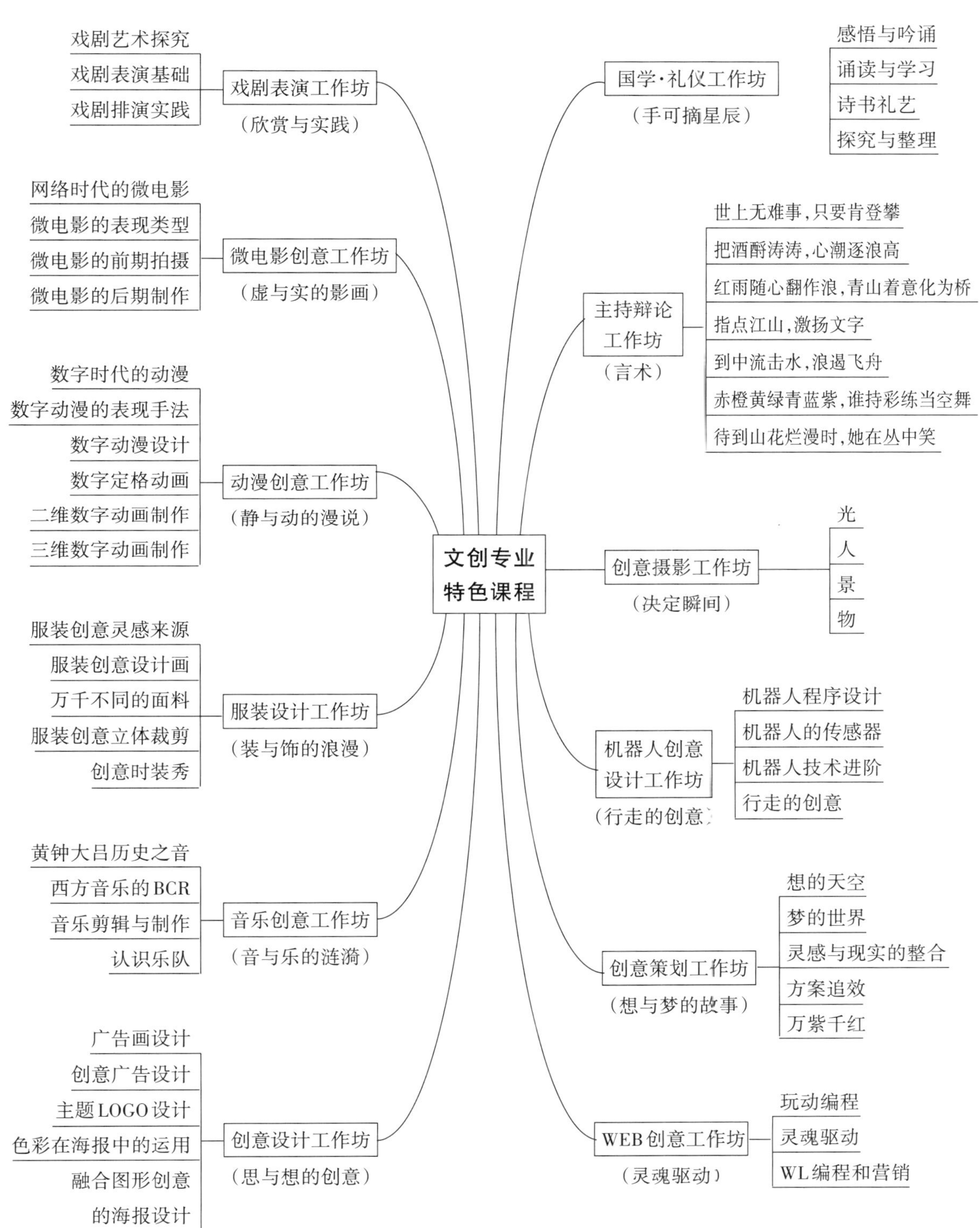

图2　工作坊课程示意图

德育主题活动(人文之美、自然之美、艺术之美、校园之美)为主要内容的“德美一体”的德育课程,将行规教育有机融入日常课程教学,践行到日常生活中,并取得了一定成效。

(三)文化创意课程教师队伍建设

针对我校在前期文创特色课程开发中存在骨干教师数量不多的问题,同时为了进一步培养文创课程开发与实施的后备教师、建立文创教师培养梯队,也鼓励更多的普通社团与校本课程向“精品化”、向特色课程迭代升级,学校设计了教师文创素养提升系列课程。例如:在课程实施期间,开展全员文化素养培训——《唐宋八大家的艺术与认识》;开展教师选修课程,如茶艺、插花、皮艺制作、尤克里里制作等文创实践。在项目实施中,设计、启动全体教师系列培训,如“创新艺趣”系列培训、“匠心匠艺”传感移情手作培训等。针对文创骨干教师,在其教学内容中增加相关创意主题单元内容,如创意设计——手绘和水拓技法的应用、音乐创意——可乐钢琴+纸板吉他、国学礼仪——中国刺绣与欧式美学、生物组培——智能阳台种植、STEAM——当马赛克艺术遇上智能等。

在项目实施中,学校还开展主题讲座培训、主题征文等活动,力求提升教师的课程领导力。例如:2020年寒假开展了“我的课程领导力”主题征文活动,2020年、2021年连续两年暑假开展学科落实文创素养的征文活动等,并于2021年10月完成《闵行教育研究》专刊的汇编。

(四)文创特色课程管理评价制度的优化

学校修订了《特色课程教师的评定和奖励条例》《特色课程教师评价指标》《学校特色课程认定方案》《校本课程管理手册》《特色课程专用教室使用管理制度》,进一步加强了对课程的开发奖励与课程的管理制度建设,完善了学校的课程管理与评价机制。

三、效果与反思

(一)研究效果

1. 文化创意课程成就学生健康成长、和谐发展

学校文创特色课程的构建,极大激发了学生的潜能,培养了学生的自信,满足了学生的个性化需求,取得了显著成效。根据高校招生改革对人才的培养和选拔要求,学校已经开发美育创意校本教材20多种。近五年来,学生获区级以上文学类奖366项、音乐类奖28项、美术类奖108项、戏剧表演朗诵等奖58项、体育类奖216项,印制、出版了38本书

籍。每届有20%—30%的学生通过特色项目专长学习,进入理想的高校继续深造。

2. 文化创意课程促进教师专业成长

学校加强了与高校、科研院所、社会专业团体以及职业学校的合作,一支能满足学生个性发展和学校特色发展需要、专兼职相结合的特色师资队伍基本形成。全体教师参与学校文创特色建设,许多教师承担的相关特色教育科研成果显著。例如,《北京外国语大学附属上海闵行田园高级中学课程实施规划》被评为2021年上海市教研室特色规划项目,三位教师分别担任新教材《艺术》分册和《影视数字艺术》分册的主编和编委,专著《守望学校艺术教育》已正式出版。

3. 文化创意课程成就学校跨越发展

2019年12月,我校举行了市级特色高中展示活动,参与活动的嘉宾和兄弟学校领导都给予高度评价。2020年11月,我校顺利通过了上海市特色高中的初评。

我校不仅是闵行区美育联盟"戏剧项目"盟主校、"高中生辩论项目"项目引领校,同时还是颛桥镇学区化办学核心引领校,引领区、镇中小幼学校均衡、优质、特色发展。

4. 文化创意特色课程成果辐射

在我校承办的上海"十校"夏令营活动中,文创工作坊向全市示范性高中的学生共开放九门课程。作为颛桥学区的引领校,我校于2020年和2021年连续主办了两届闵行区颛桥学区"艺趣"文创夏令营,惠及学区内小学、初中、高中十几所学校,共计800多人次。2021年1月,我校成为闵行区第二批少年宫学校,每学期提供特色课程供全区学生选择学习。

(二)反思

1. 突破校园场地时空限制,开拓线上课程实施

校园环境虽然得到大幅改善,但由于校园内仍存在公用校舍问题,致使文创特色课程的设施设备和场地空间仍有不足,同时时间上也会有冲突。针对此问题,我校将在课程开发过程中进一步利用网络资源,增加慕课、微课的制作与开发,拓展学生的学习时间与空间。

2. 特色课程师资队伍亟须建设

由于我校近年来新入职教师较多,在教师培训中对学科教学培训有一定侧重,较多的培训任务以及学科教学任务限制了教师开发特色课程的时间与精力,致使特色教师的后备梯队培养问题亟待解决。针对这一问题，我校一方面积极与高校、校外机构等专业机构合作，一方面在教师培养中为必修课任课教师开设文创教师文创素养提升系列课程，建设特色课程的教师梯队。

3. 新课程实施中校本课程开展时间受限

学校为满足不同学生多元潜能的发掘和发展，已开设可供学生自主选择的特色课程有音乐、美术、话剧表演、编导、摄影、主持与演讲、文学创作等，但针对新课程实施中校本课程的时空压缩问题，必修课程中渗透文创特色还有很大空间可以挖掘，必修课教师的落实以及后续特色课程的实施也有很大上升空间。

北京外国语大学附属田园高级中学文化创意课程设计与实施项目的实践主要体现了以下特点：

项目选择与学校发展密切关联。学校文化创意课程与之前学校“美育引领，和谐发展”的定位一脉相承，文化创意课程的实践又是学校新时期特色发展的重点和支撑点，从而使该项目成为学校继往开来、跨越发展的纽带和抓手，学校工作有序推进。

特色课程与国家课程渗透融合。学校围绕文化创意建立起了由语言文学类、表演艺术类和数字传媒类三个方面组成的特色课程体系，与此同时积极寻求在国家必修课程中的有机渗透，以及从国家选择性必修课程的灵活拓展，从而使文化创意的教学成为学校的常态。

师资自培与外援指导相得益彰。文化创意课程的设计与实施对学校特色课程教师和通识课程教师而言都是一种挑战，学校以研究共同体的形式积极促进相关教师进行研究与实践，同时以项目为载体积极吸纳校外专业人员的加盟，从而构成了一支专兼群的文化创意教育的专业队伍。

师生成长与学校辐射表现不凡。在文化创意课程设计与实施的探索过程中，学校教师在实践历练中成长，课程和教学在区域以及全市产生了积极影响，同时学生在丰富生动的特色课程和学习活动中经历了创新创意的学习体验，实现了健康快乐的成长。学校积极承办了多次区级、市级展示交流活动，充分展示出了区实验性示范性高中和上海市特色普通高中项目校的风采。

学校选择了适切的发展项目，项目的持续深耕在激发了自身办学活力的同时，也引领了同类学校的协同发展。

上海市教育科学研究院普通教育研究所研究员　胡庆芳

促进学校特色发展的高中生环境素养评价体系构建与实施

上海市曹杨中学[1]

摘　要　学校以“环境素养培育”为特色育人载体，培养学生与“大环境”（自然环境、社会人文环境以及自身心理环境）和谐共生、协同发展等可持续发展的核心素养。为了有效评估和促进“环境育人”成效，学校在市级课程领导力课题引领下，构建了高中生环境素养评价体系，采用自评、学生互评、教师评价等多元评价方式，辅以情境化、跨学科的评价工具和线上测评平台，长期收集、动态分析学生的环境素养培育和发展情况，开展增值性评价，为教育教学改进提供更客观和科学的依据，有效助推了学校育人方式的变革和特色发展。

一、问题的提出

曹杨中学是上海市特色普通高中，在70年的办学历程中坚持教育与生活相结合，在实际生活环境中培育学生的责任、自主意识和能力，结合学生和时代发展需求，逐渐形成“环境素养培育”的教育特色。

学校开展的环境素养培育立足于广义的“大环境”概念，具有两方面内涵：一是整合各方教育资源，打造育人“大环境”（自然环境、社会人文环境以及自身心理环境），进行“三全”育人；二是培育学生与“大环境”和谐共生、协同发展的责任担当意识和自主力行能力。

环境素养培育旨在通过将环境教育与实际生活紧密相连，于真实生活情景中培养学生解决实际问题的必备品质和关键能力。环境素养培育有助于夯实学生的知识和能力

[1]项目负责人：杨琳。项目核心成员：徐玮、叶玲、张明晓、沈崇浩、费莹、郑琦峰。执笔：课题组。

基础，促进学生良好思维方式、学习方式和生活方式的养成，为学生的终身发展奠定基础，是学校特色化达成育人目标、校本化落实立德树人根本任务的重要途径。

随着环境素养培育实践的深入，如何对环境素养培育的育人成效进行评价成为必须解决的问题。主要面临三方面困难：一是国内尚未形成可以借鉴的针对高中生环境素养的评价体系；二是现有的“新生态范式”(NEP)、美国中学生环境素养测评等量表在测评内容上偏重人与自然环境的相关素养，缺少对“大环境”概念所包括的人与社会环境、人与心理环境相关素养的测评指标；三是测评工具获取数据的方式比较单一，无法全面、客观地反映出学生的环境素养水平等。

上述问题促使学校开展高中生环境素养评价指标体系的设计研究，以期设计出有效评价环境素养培育成效的评价体系，这也是本轮课程领导力项目的重点研究任务之一。

二、研究思路与方法

基于学校多年来的课程建设经验和相对成熟的课程全程评价(CIPP)，学校主要采用行动研究法，以如下思路开展研究(见图1)。

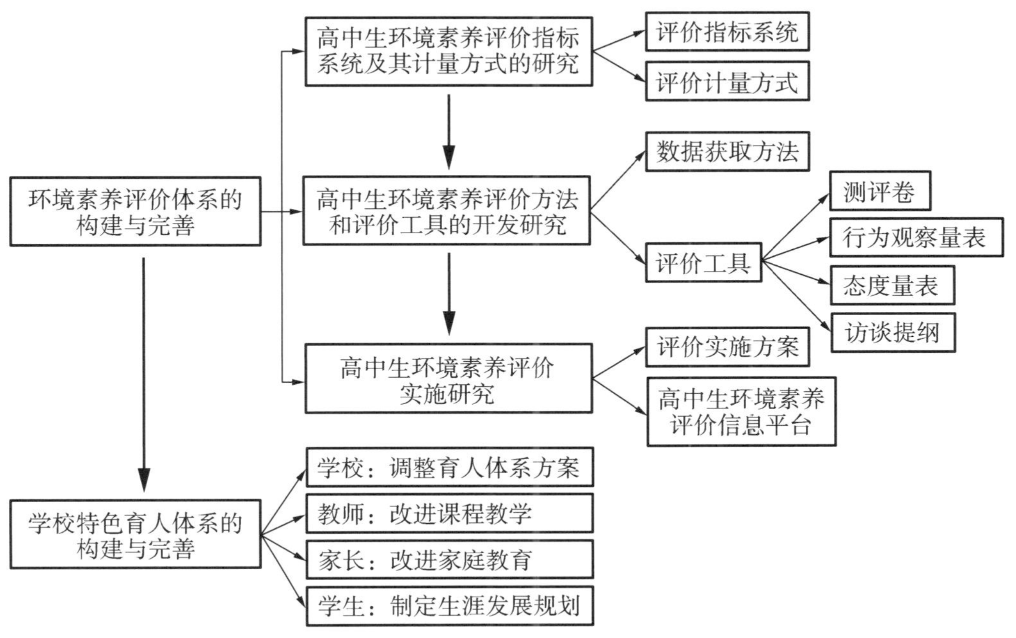

图1　高中生环境素养评价体系设计的研究思路

三、研究的主要内容

（一）基于育人目标，设计高中生环境素养评价指标系统及其计量方式

聚焦育人目标，学校构建了由指标系统及其计量方式、信息获取方法构成的高中生环境素养评价体系，以期科学、真实地评价育人成效。

1. 学校育人目标的阐述

学校育人目标是从“知、情、意、行”四个维度和“大环境”育人的三个视角进行设计构建的，这为评价指标的设计和育人目标达成度的检测提供了有利条件。

“知”（大视野）：掌握适应时代发展需要的基础知识和基本技能，能将不同领域的知识链接整合、融会贯通，兼具文化自信、国家认同和跨文化的国际理解能力。

“情”（敢担当）：悦纳自己、乐观坚强，尊重他人、诚信宽容，忠诚祖国、尽责担当，敬畏自然、善待共生。

“意”（善思辨）：善于运用辩证思维、实证方法以及跨学科知识等创造性解决生活中的问题，形成良好的独立思考、探索解决问题的习惯和方法，具备信息化时代的学习与实践能力。

“行”（能力行）：慎独自立、知行合一，有持续学习的能力和绿色健康生活的态度；敬业乐群、守正创新，能积极承担社会责任。

2. 环境素养评价体系的构建

基于育人目标，学校围绕人与自然环境、人与社会环境、人与心理环境三个视角和“知、情、意、行”四个维度建立了涵盖12个价值要素的一级指标，涉及对自然、社会、心理环境方面的认知与观念、态度与情感、行为与实践等；再将12个价值要素分解为两个具体的表现形式，由此形成24个二级指标，进一步细化了对于自然、社会、心理环境的认知、感受和实践（见表1）。在指标描述上，本研究将若干具体可观察、可测定的观测要点作为本评价体系的测评量规，采用期望评估标准，即用评语式的描述语言提出对评价指标的期望要求。

3. 环境素养评价计量方式的设计

为了科学地对学生的环境素养作出综合评价，学校在确定评价指标及其评价标准后，将定性与定量结合起来，构建了评价计量方式，主要由加权、计分、误差调整等构成。

表1　环境素养评价维度和评价指标

评价维度	一级指标（价值要素）		二级指标（价值要素表现）	
Ⅰ 人与自然环境方面的素养	Ⅰ-1	具备自然环境方面的认知与观念	Ⅰ-1.1	掌握自然环境方面的基础知识
			Ⅰ-1.2	具有与自然环境相关的基本观念
	Ⅰ-2	对待自然环境的态度与情感	Ⅰ-2.1	对自然环境保护的态度
			Ⅰ-2.2	对自然环境的情感
	Ⅰ-3	分析和处理自然环境问题的方法与能力	Ⅰ-3.1	掌握处理自然环境问题的基本方法
			Ⅰ-3.2	具有分析自然环境问题的能力
	Ⅰ-4	保护自然环境的行为与实践	Ⅰ-4.1	关心、爱护自然环境的行为
			Ⅰ-4.2	保护自然环境的实践
Ⅱ 人与社会人文环境方面的素养	Ⅱ-1	具备社会环境方面的认知与观念	Ⅱ-1.1	掌握社会人文环境的基础知识
			Ⅱ-1.2	理解人类命运共同体的观念
	Ⅱ-2	对待社会环境的态度与情感	Ⅱ-2.1	对人与社会关系所持的态度
			Ⅱ-2.2	对人类命运共同体的赞同程度
	Ⅱ-3	分析、处理人与社会环境关系的方法与能力	Ⅱ-3.1	掌握正确处理人与社会关系的基本方法
			Ⅱ-3.2	具有以人类命运共同体理念分析社会事件的能力
	Ⅱ-4	践行人与社会环境和谐关系的行为与实践	Ⅱ-4.1	主动承担社会责任的行为
			Ⅱ-4.2	实践人类命运共同体理念
Ⅲ 人自身心理环境方面的素养	Ⅲ-1	具备心理环境健康方面的认知与观念	Ⅲ-1.1	了解心理健康的基本知识
			Ⅲ-1.2	了解生涯规划的内容
	Ⅲ-2	对待心理环境的态度与情感	Ⅲ-2.1	对自身内心环境保护积极态度
			Ⅲ-2.2	对自我和他人的珍爱与悦纳
	Ⅲ-3	分析和处理心理环境的思维与方法	Ⅲ-3.1	掌握处理心理环境问题的方法
			Ⅲ-3.2	具备维持和谐心理环境的能力
	Ⅲ-4	实施健康心理环境的外显行为与实践	Ⅲ-4.1	保持心理环境和谐一致的行动
			Ⅲ-4.2	实施生涯规划的行为

采用“特尔斐法”（专家咨询法）对一级指标和二级指标的权重进行专家咨询，将专家意见归一化处理并进行微调，最终确定了各级指标的权重。“人与自然环境、人与社会环境、人自身心理环境”三个视角的权重比例为4∶3.5∶2.5，每个视角中“知、情、意、行”的权重比例为3∶2∶2∶3。

本评价计量方式采用了分等计分的方法，对各项指标对照评价标准作出价值判断，给出相应的等级，再将相应等级赋予分值，最后计算出总分，完成“定性—分等—赋予分值—计分”的二次量化过程。为避免奇数分等法让评价者产生折中心理，使评价结果出现“趋中化”倾向，对评价结果分等级采用偶数分等制，划分为A、B、C、D四个等级。A、B、C、D等级分别赋予5、4、3、2的分值，最低等级的赋值为2分，即使个别学生没有达到合格标准，也不会完全不具备环境素养，2分的最低赋值比较符合实际。

（二）聚焦学生发展，设计高中生环境素养评价方法和评价工具

1. 指向明确的信息获取方式

为了尽可能真实全面地反映学生环境素养的培育和发展情况，学校采用测验法、问卷/量表测评、观察法、访谈法、查阅资料等方式开展评价，通过学生自评、学生他评、教师（班主任＋特色课程教师）评价等多元评价方式获取全面的数据信息，根据不同评价指标的目标指向和特点选用与之相对应的数据获取方法。

2. 切合实际的评价工具设计

结合“双新”改革提出的“创设真实问题情境”“跨学科学习”等要求，学校根据环境素养培育评价指标的不同维度，着重研制了测评问卷、行为观察量表、态度检测量表。

（1）测评问卷的设计

借鉴上海市绿色指标和PISA测试的评估模式，设计了测评问卷，通过测评，了解学生在“知”和“意”维度上的素养水平。

① 创设生活情境，考查学生解决问题能力。结合真实情境，才能更好地体现学生在真实情境中解决问题的能力。因此，在设计测评问卷时，注重贴近学生生活设计情境化问题，以期真实反映学生的认知、态度、能力等，使评价结果更客观、科学。

② 注重跨学科关联，了解学生综合运用能力。命题时，注重题目中跨学科知识与技能的运用，在测评的过程中不仅可以考查学生知识的掌握、运用情况，还能引导学生用跨学科的思维发现、分析、解决生活中的问题。

③ 设置差别化赋分,真实反映学生环境素养水平。命题中简单的对或错的两维判断,无法准确地获取学生环境素养的相关信息,特别是涉及观念、态度的试题很难有标准答案。因此,学校采取了两维与多维判断相结合以及多维判断差别化赋分的方式,对每个选项赋予不同程度的分值;对可能存在分歧的试题增加选项,通过提高选择的丰富程度提升试题的效度。

(2) 行为观察量表和态度检测量表设计

"情"和"行"维度的素养具有一定的主观性,因人而异,答案不唯一,测评卷只能部分体现学生在这两个维度上的素养水平。为此,学校在传统的观察法、访谈法和资料查询法基础上,专门设计了行为观察量表和态度检测量表,以便更有效地评价"情""行"维度的素养水平。

使用行为观察量表和态度检测量表时,最大的问题是受试者会更倾向选择对自己有利的选项,弱化测评效度。因此,学校在设计量表过程中采取了以下做法:一是避免涉及伦理道德的评判,创设与学生生活相关的真实情境,让学生在真实情境中作出最真实的反应,从而投射相应的素养表现;二是题目设计注重具体化和可观测化,由学生选择多大程度上赞同或不赞同情境的陈述,引发学生相对更加广泛的思考,对素养指标的测评结果也更具区分度和有效性;三是把学生自评、学生互评和教师评价相结合,将个体学生置于学校环境的不同视角,得到相对多维立体、综合客观的结果。

(三) 基于操作实践,设计高中生环境素养评价实施方式

1. 高中生环境素养评价的实施方式

为了更科学地了解环境育人的成效,学校制订了详细的评价实施方案。

评价对象:一是高一年级本校初中部直升学生与外校考入学生,横向比较本校初中四年培养的学生的环境素养和他校初中毕业生的环境素养的差异;二是本校高一、高二、高三各年级的学生,纵向比较本校学生环境素养的发展情况,进行增值性评价。

评价时间:高一、高二、高三年级初始和结束。

评价方式:学生自评、学生互评、教师评价相结合。学生互评指随机抽取班级3位学生对同一学生进行评价;教师评价由班主任和特色课程教师共同进行评价。

评价保障:由校长室直接指导,课程研究中心、政教处、年级组等部门共同负责实施。

评价反馈:通过信息平台及时向学生、家长、教师反馈评价结果。

2. 高中生环境素养评价信息平台的构建

环境素养评价体系具有评价主体多元、评价方式多样、评价对象数量大、评价时间持续长等特点，因此，学校开发了环境素养评价信息平台，具有学生信息管理、问卷/测评表发放与回收、数据统计与分析、数据反馈、过程性资料收集等功能，提升了评价的效能，助力大样本的评价实施。

四、研究成效与反思

（一）研究成效

在研究过程中，学校课题“高中生环境素养评价体系的构建与实践研究”获得市级教育科学研究项目立项，《高中生环境素养评价体系的设计研究》等多篇文章发表于《现代基础教育研究》《上海教育》，相关案例被评为2022年度上海市教育评价改革优秀案例。2019年，以“设计和构建高中生‘环境素养’评价体系的实践与研究”为题，在考试评价国际研讨会上分享研究成果。评价体系的构建与实施，对学校特色发展发挥了导向、监测、调节、激励等作用。

1. 评价发挥了导向作用

高中生环境素养评价体系与学校的育人目标高度契合，从“人与自然环境方面的素养、人与社会环境方面的素养、人自身心理环境方面的素养”三个视角和“知、情、能、行”四个维度评价学生的素养，反映学校的特色育人成效。学校在评价体系的导引下，特色日益鲜明，并先后获国际生态学校、上海市科技教育特色示范学校、“双新”推进项目学校等荣誉。

2. 评价强化了监测作用

经过多年的评价实践，学校发现本评价体系已经能够初步对群体环境素养的达标程度和个体环境素养的提升情况进行描述性评价。学校可以收集学生在高一、高二、高三年级的环境素养提升信息，从横向和纵向上分析学生的环境素养水平，实现增值性评价。通过监测，学校发现在学校环境素养特色培育下，学生的三个视角和四个维度的环境素养均有所提升，其中“人与自然环境方面的素养”和“知”“能”进步较为明显。

3. 评价凸显了调节作用

基于评价结果，学校有针对性地完善了课程实施方案，变革了教与学方式。在评价中,学校发现“人与社会环境方面的素养”和“情”“行”提升缓慢,及时适度调整课程实施方案,充分挖掘和利用学校特色课程的育人功能,挖掘家庭、社会的教育资源,强化家校社育人合力作用,如:家校共同开发劳动课程、承办2022年上海市未成年人修身立志讲堂、组织学生参加同济大学举办的“同济高等讲堂——五月人文系列讲座”等。完善后的学校课程实施规划获评市“特色规划”,收入《上海市普通高中优秀课程实施规划案例集》。

4. 评价彰显了激励作用

环境素养评价所提供的各项数据和多种信息,能够让学生及时了解自身的环境素养水平、调整学习方式、优化生涯发展规划,同时,因受到自身环境素养逐年提升的激励,学生的学习主动性和自信心不断增强。他们积极参加解决生活环境中实际问题的课题和项目研究,人人有课题、课题有质量,创新能力明显增强,在市科技创新大赛等各类竞赛活动中屡获佳绩。在开展各种研究性学习和实践体验的过程中,学生的社会参与意识和责任意识得到激发,学习方式发生转变,学业水平稳步提升,高考本科率连续6年100%。

(二)研究反思

1. 在实施过程中不断完善环境素养评价体系,进一步将环境素养评价与高中生综合素质评价紧密结合,更全面地反映学生环境素养情况和学校的特色育人成效。

2. 不断累积数据、总结经验,建立高中生环境素养水平的对比常模,形成普遍适用的环境素养测评模式。

3. 基于评价结果的分析,更有针对性地完善学校课程体系和学校特色育人场等育人载体,探索更丰富多样的课程实施方式,促进教与学方式的变革,使我校凸显“环境素养培育”特色的育人体系得到进一步改进和完善,更充分发挥其特色育人功能。

高中生环境素养评价体系需要通过更多实践论证进行完善,不论是评价指标体系的构建,还是评价信息获取的方法、数据分析的手段等,都需要经过长期的“实践—调整—再实践—再设计”的过程,让评价体系更加科学、合理、行之有效。“大环境”价值导向的环境素养是21世纪人才发展的必备素养,环境素养培育是面向未来、有生命力的教育。因此,设计和构建科学合理的环境素养评价体系可以很好地发挥评价的诊断、调控、激励、导向功能,有力促进每一位学生全面、和谐、可持续地发展。

曹杨中学秉持“大环境”育人的价值导向，致力于培育学生与“大环境”和谐共生、协同发展的必备品质和关键能力，校本化落实立德树人根本任务。

学校围绕人与自然环境、人与社会环境、人与心理环境三个视角和“知、情、意、行”四个维度，构建了由指标系统评价为基本形式，辅以概括性问题评估形式所构成的高中生环境素养评价体系。

该评价体系指标系统的设计与学校育人目标、课程目标紧密结合，观测要点和计量方式的设计要点全面合理，所使用的信息采集工具能真实了解学生的认知、态度和能力状况。评价实施效果说明该评价体系能够对学生环境素养进行较为客观的群体达标程度评价和个体素养提升的描述性评价，具有较好的信度和较高的效度。

该评价体系在研究和实施过程中，充分发挥了评价的诊断、调控、激励功能和导向作用，不仅评价了高中生环境素养发展水平，而且促进了学校可持续的特色发展，是基层学校教育综合评价的突破性探索，高度契合当前教育评价改革的要求，具有很强的应用和推广价值。

上海市教育委员会基础教育办公室原副主任
上海市教育学会原秘书长　许象国

二

新教学模式

课堂教学是课程改革的最后堡垒，是提升教师课程领导力的重要载体。上海市卢湾高级中学、上海市宜川中学、上海市控江中学、上海市嘉定区第一中学、上海市曹杨第二中学、上海市金山中学、同济大学第一附属中学、上海市财经大学附属北郊高级中学等学校，根据“双新”要求，开展基于标准的教学与评价、单元教学、深度学习、逆向设计、互联网+、项目化学习等方面的实践探索。

一、开展基于课程标准的教学

新课程新教材对学校提升学生核心素养提出了更高要求。学校要深入理解普通高中课程改革要求，准确把握课程标准和教材，围绕核心素养开展教学与评价。学校要关注学生学习过程，创设与生活关联的、任务导向的真实情境，促进学生自主、合作、探究学习，注重对学生学习过程的评价，推进信息技术在教学中的合理应用，提高课程实施水平。

上海市卢湾高级中学以促进教师专业发展为指向，以提升学生核心素养为目标，赋予“三化”以新的内涵——细化课程目标、优化课堂教学、活化作业设计。卢湾高级中学完成了“三化”相关成果案例，完善了“三化”研究流程图，提炼出“三化”实践成果：一是实现了“课程目标细化”的校本化；二是构建了基于深度学习、技术赋能、“大”教学、实验教学的课堂教学优化路径；三是探索了基于整体设计意识、多元化设计意识、精准设计意识的作业活化原则。

上海市宜川中学针对学校教师在单元教学设计与实施中的问题，对单元教学相关概念、单元规划、单元教学设计策略与实施方式、单元教学评价量表开发等进行研究与实践，研制了“核心素养—课程标准—单元目标—课时目标”目标链，建立了以“主题”“概念”“问题”“任务”为主线的内容结构，凝练了“基于真实情境的单元教学、基于素养落实的单元长作业、问题导向与任务驱动引领下的单元活动课”的基本流程，开发了以学科素养和学业质量标准为指标的评价量表。

二、追求深度学习的课堂教学改革

“双新”要求学校转变教与学的方式，大力推进课堂教学改革，积极探索互动式、启发式、探究式、体验式等教学方式，加强实验教学，推进信息技术与教育教学深度融合，提高课堂教学质量。

上海市控江中学的“素养导向下的高中学科深度学习行动研究”项目，以“问题导向—教师赋能—行动研究—现场问诊—反思优化—总结提炼”为研究策略，研制了素养导向下的高中学科深度学习表现性指标，深化了学科单元式学习，创建了线上线下混合式学习系统和育人导向的学习评价系统，进而推动教师转变教学理念与行为，引领学生优化学习观念与学习方式，提高学习质量和效率。

上海市嘉定区第一中学借助《追求理解的教学设计》中的相关理论成果，设立学科研修工作室，采用行动研究、经验总结等方法，基于UbD开展逆向设计，实现了体制机制改革下的师资队伍建设和学科育人模式新探索，积累了基于学科价值落地的学科课程设计、以单元为切入点的逆向设计课例研究经验，完善了基于理解的学习动力模型，并将之应用在各学科教学实践中。

在“双新”要求下，为了持续以《高中数学iMath》撬动师生教与学方式的变革，上海市曹杨第二中学加强《高中数学iMath》的理论研究，将有效教学和深度学习作为理论根基，并从学生层面探索学习方式转变的教学策略，录制了配套微解析资源，激发学生学习与发现的兴趣，逐步实现获取知识和学习方式的有序转变，有意培养学生在数字化环境下的自主学习能力和学科素养，支撑学生的深度学习，满足学生个性化学习的需求。

三、信息技术应用

新课程鼓励学校有效应用互联网、云计算、大数据、物联网以及人工智能等技术，了解学生学习差异，对学生学习需求进行精准诊断和分析，以学生需求为导向开发课程，制订个性化学程，适应学生泛在化、个性化的自主学习与小组合作学习要求，提升学生的数字化学习与实践能力。

上海市金山中学的“基于信息技术平台的‘三学三研’课堂教学改革再探索”项目，借助智学平台的创建，挖掘整合学校校本资源，利用大数据、人工智能、物联网等新兴信息技术，构建以学生为中心的课堂教学环境，以数据为驱动，以智能应用为途径，丰富学生“自学自研”内容，延伸师生“互学互研”交互空间，创设学生“深学深研”多元情境，并同时形成学生学习的“数字画像”，做到精准教学，满足学生个性化的发展需求，以培养学生核心素养为目标，培养创造性人才。

同济大学第一附属中学的“智慧学习环境支持下的慧学课堂实践研究”项目，形成了“构建新型学习环境，促进学习方式转变，实现课堂文化转型，培养学生核心素养”的观点，研发了“智慧学习环境建设与应用指南”“学科线上、线下及融合教学模式与知识维度分类对应属性表”等工具，创建了智慧学习空间，建构了基于信息技术促进“教—学—评”一致性的教学流程，形成了基于智慧学习环境的云翻转、云情境、云辅导教学模式及“线上自主学习+线下辅导”、项目式学习等模式，促进了信息技术与学科教学的深度融合，推动了学生主动学习、多样探究。

上海财经大学附属北郊高级中学充分利用教育信息化技术推动教育教学改革。教师通过过程性及结果性数据，精准分析学生学情，不断优化教学模式、方法与策略，实现差异化教学和精准施教。该项目实践支撑了教师教学方式与学生学习方式的变革，改变了课堂教学结构和组织形式，构建了高效的个性化学习环境。

四、单元作业的设计与实施

在高中育人方式改革、“双新”改革等教育改革的大背景下，上海市曹杨中学基于加德纳提出的多元智能理论、最近发展区理论和克拉申“i＋1”理论，搭建了校本化单元作业设计与实施的体系：①明确了差异性作业的基本原则和设计思路。②确定了设计策略——关注系统性与知识衔接的设计策略；以项目为引领，多主题、跨学科、显特色的设计策略；信息化支持下的评价与反馈策略的作业设计策略。③开展了基于大单元的分层分类作业设计；开展了基于主题式统整的项目化作业设计，注重知识间的纵向衔接、横向贯通和纵横关联。④形成了基于信息平台的涵盖学生动态分层、作业布置、批阅、讲评、订正、评价的全过程作业实施方式。⑤建立了语文、数学、英语等9门学科的差异性作业资源库，以及英语自适应个性化推送平台。

上海市崇明中学对单元校本作业设计的特征、流程和实施，以及各学科单元校本作业设计的特点、类型及典型案例等问题开展行动研究，形成了系列化的研究成果：开辟了一条具有“双循环”特征的单元校本作业编制、改进路径，研制了单元校本作业的评价量表，探索了学科长程作业、跨学科综合作业等新型作业的设计流程与实施形态，形成了落实作业设计、实施和指导的“三统筹”管理策略。

五、实践性教学

新课程倡导学校积极探索互动式、启发式、探究式、体验式等课堂教学，加强课题研究、项目设计、研究性学习等跨学科综合性教学，引导学生将知识学习与社会实践、社区服务、参观考察、研学旅行等教育教学活动结合起来，设计跨学科、项目化、研究性的学习过程。

上海市奉贤中学以项目化学习为抓手，在大量学科教学实践的基础上，通过单元教学策略、驱动性问题策略、活动设计策略、项目化评价策略、学生成果驱动策略等实践研究，与学科的核心素养相融合、与单元教学的整体性相契合、与真实情境相吻合、与活动评价相配合，实施教学变革，以满足新课程、新课标对于课堂教学的新要求。在此基础上，各学科形成了指向该学科核心素养的项目化学习范式。

上海市新中高级中学“行走的教室”，针对经济、环境、生态、文化、民生等现实社会问题，开展现场考察、文献研究、主题思辨、成果创作等环节的研学活动，经历课内外、学科间、多领域的混合学习，形成了促进学生素养发展的新中“行走的教室”模式。

素养导向下的高中学科深度学习行动研究

上海市控江中学[1]

摘　要　本项目通过素养导向下的高中学科深度学习的研究与实践,以"问题导向—教师赋能—行动研究—现场问诊—反思优化—总结提炼"为研究策略,研制了素养导向下的高中学科深度学习表现性指征,深化了学科单元式学习,创建了线上线下混合式学习系统,完善了育人导向的学习评价系统,进而推动教师转变教学理念与行为,引领学生优化学习观念与学习方式,提高学习质量和效率。

一、问题的提出

(一) 主要动因

1. 课程改革的迭代要求

第三轮上海市课程领导力项目研究适逢新一轮国家课程改革,课程改革指向课程建设的多样性、综合性、实践性,即教学方式和评价方式的变革。我校立项项目指向课堂教学形态的优化,紧盯国家课程改革的主题,对标市区改革任务的部署,结合学校课程文化与校情学情,致力于在课程改革的重点难点领域有所突破。

2. 办学转型的内在驱动

在课程改革的总体背景下,学校意识到课堂和课程的转型是办学转型的关键。在课程建设上,新课程新教材的实施,要求以国家课程方案为依据,着眼于学习经历,树立融合观念,增强育人功能;在教学方式上,要求教学设计从三维目标向素养目标过渡;在学习环境上,要求学校着眼于环境育人,聚资源、用工具、建空间、促自主。我校的市课程领导力项目设计以及实施中的调整,都是基于上述办学转型的驱动,因此重点落在了"五

---

[1]项目负责人:顾炜。项目核心成员:吴巍、柳敏、楼文喆、徐莉娜、郭璇。执笔:徐莉娜。

育”“素养”“融合”“深度学习”“课程导航”“个性化”“信息化”“育人生态”这些关键词上。

3. 上轮项目的反思发展

学校在上一轮市课程领导力研究项目中，主要形成了学生发展导航课程群，并获得“2017年上海市基础教育教学成果一等奖”。上一轮项目的重心在课程建设，结项后学校认识到课程建设的高质量稳定发展还需要教和学方式的同步优化跟进。随着对深度学习理论和方式的研究持续推进，学校选择以素养导向下的深度学习作为改进课堂教学的切入点之一。基于真实问题，学校启动了本轮研究。

（二）拟解决的主要问题

本项目在文献研究、开题论证、专家报告的基础上，以单元式学习、线上线下混合式学习支持系统的构建，寻求高中学科深度学习的解决方案。拟解决的问题为：素养导向下的高中学科深度学习表现性指征是什么；如何在素养本位的学科单元式学习中推动深度学习；如何通过线上线下的混合式学习系统为深度学习提供必要的支持；如何科学地评价素养导向下高中学科深度学习的达成。

二、项目的主要内容

（一）主要观点

本项目旨在通过素养导向下的高中学科深度学习的研究与实践，研制素养导向下的高中学科深度学习表现性指征，深化学科单元式学习，创建线上线下混合式学习系统，创建育人导向的学习评价系统，进而推动教师转变教学理念与行为，引领学生优化学习观念与学习方式，提高学习质量和效率。

（二）实施策略

1. 采用网格管理方式

设定研究进度表，形成任务分解，确定相关负责部门或负责人，以季度为时间单位，推进研究进度，开展研究时间、任务、负责人（部门）的网格化管理。通过定期交流，落实任务的完成力度与效度，以便目标实现。

2. 开发项目支持工具

重视工具化的推进方式，给予项目任务推进过程的支持和管理，以“情报参阅”的编制给予文献支持；以“问题链”的编制明确研究方向；以“任务工作书”的编制指引研究进度；以“评价方案”先行，保障经费；通过发布项目保障方案、评价方案、奖励方案，保持教师和教师团队的研究热度。

3. 引进专业指导力量

为精准把握国家课程方案，应对改革要求，学校非常重视智库的指导，具体来说做了三件事——请专家、听报告、签协议。

4. 借力跨校深度研究

围绕五育并举、五育融合的研修主题，五育课程设计组通过成员校校长、秘书、教师、学生等不同主体的联络互动，以及课程、教学、活动、平台、学生评价等不同领域的共建共享，初步构建具有开放性的校际研制新机制。

5. 重视阶段成果提炼

一是依托头脑风暴、学科研训、项目展示、现场体验、案例征集、成果展示等方式，及时总结、交流、反馈阶段性研究成果；二是以课程领导力项目结项评估为牵引，加快推进成果产出、鉴定、评价、反馈，以便对第二阶段的研究形成建设性引导。

6. 给予项目激励保障

一是学校分季度对项目研究的重点人员、重要成果给予绩效奖励；二是学校对优质项目成果给予发表、交流、推荐参赛等方面的支持。

（三）重大进展和突破

1. 研制素养导向下的高中学科深度学习表现性指征

基于行动研究，从教学目标、教学内容、学习评价、学习环境、教学常规五个维度，相继提炼形成了素养导向下的高中学科深度学习表现性指征1.0、2.0和3.0版（见表1），为素养导向下的高中学科深度学习课堂观察提供了初步依据。

2. 以素养导向开展大单元设计的教学重构

建立以核心素养为目标导向的单元教学具体设计路径：着眼核心素养，确立单元学习立意和目标；依据学习任务划分课时安排；以学生立场设计学习活动；设计基于素养提升的校本作业；以学生为本，开展激励性评价。

构建上连核心素养目标、下接学习流程指导的线上单元学习支架。依据各科单元学习的一般流程，将线上学习环节分为单元预学、单元重难点、单元学习资源、单元作业、单元学习评价五个环节。

表1 控江中学“素养导向下的高中学科深度学习”课堂教学观察表

<table>
<tr><td>时间</td><td colspan="2">年 月 日(星期)上午/下午第 节 班级</td><td colspan="3">授课教师</td></tr>
<tr><td>课题</td><td colspan="2"></td><td>学科</td><td colspan="2"></td></tr>
<tr><td>核心要素</td><td>指征</td><td>描述</td><td>分值</td><td>评分</td><td>记录</td></tr>
<tr><td>教学目标</td><td>指向素养立意</td><td>教学目标是否指向学科核心素养？学生是否清晰学习目标？</td><td>10分</td><td></td><td></td></tr>
<tr><td rowspan="6">教学内容</td><td>熟知学科内容</td><td>是否准确理解单课与单元的关系？是否准确解释学科基本概念？是否熟悉教学内容结构与重难点？</td><td>10分</td><td></td><td></td></tr>
<tr><td>问题呈现：情境式</td><td>问题的创设是否基于真实情境？问题之间是否有逻辑关系,形成问题链？</td><td>10分</td><td></td><td></td></tr>
<tr><td>组织呈现：活动式</td><td>教学组织是否有师生或生生有效互动的活动体验？</td><td>5分</td><td></td><td></td></tr>
<tr><td>知识呈现：结构式</td><td>是否围绕目标有效整合教学内容,并用适切的学习工具(如图谱、表格)结构化地呈现知识？</td><td>10分</td><td></td><td></td></tr>
<tr><td>思维呈现：高阶式</td><td>是否采用有效方式激发学生在深度学习中呈现高阶思维(如建构、批判、质疑、辩证、创新)？</td><td>5分</td><td></td><td></td></tr>
<tr><td>情感呈现：沉浸式</td><td>是否吸引学生专注地、积极地参与全过程？</td><td>5分</td><td></td><td></td></tr>
<tr><td rowspan="3">学习评价</td><td>激励性</td><td>是否给予大多数学生成功的经历和具体改进建议以起到激励学习的作用？</td><td>5分</td><td></td><td></td></tr>
<tr><td>一致性</td><td>是否设计多样的反馈方式以了解教学目标达成状况？</td><td>5分</td><td></td><td></td></tr>
<tr><td>适切性</td><td>是否依据教学目标设计数量和难度适切的作业？</td><td>5分</td><td></td><td></td></tr>
<tr><td rowspan="2">学习环境</td><td>多样化的学习环境</td><td>是否创设具有灵活性、多样性、时效性的学习环境？</td><td>5分</td><td></td><td></td></tr>
<tr><td>有效化的学习支撑</td><td>是否提供有效的学习资源、工具支架？</td><td>5分</td><td></td><td></td></tr>
</table>

（续表）

教学常规	掌握教学时间	是否在正式上课前2分钟到教室并完成教学准备？是否准时上下课？	5分		
	恰当运用表达	是否音量足够，吐字清晰，语言规范，用适当的眼神、表情、手势、移动位置等促进课堂交流？	5分		
	注重师生礼仪	上下课时是否行师生礼仪，在教学过程中体现出专业的礼仪修养？	5分		
	关注学生状态	是否关注学生的特殊状态并给予及时反馈调整？	5分		
总评	典型现象描述		总分100分		

探索素养导向下的高中深度学习路径。以核心素养的目标设计作为统摄课堂学习的主旨，以核心素养的现实生发作为观察课堂学习的指向，以学科核心素养的创新转化作为优化课堂学习的驱力，以核心素养的真实落地作为评价课堂学习的依据。全面推进单元教学设计研究，开展围绕单元学习的教学设计，围绕新教材的实施形成了35篇优秀单元教学设计样例、46篇优秀公开教学设计样例。

3. 建成线上线下混合式深度学习系统

开发支持深度学习的自适应学习平台。初步开发了围绕单元式学习的“学习超市”平台建设、围绕“跨学科综合主题学习”的“创客群岛”平台建设，完成了第一轮场景运用；推进“随身学”深度学习APP开发和资源上线，为线上线下混合式学习提供了可能。将数据分析、算法构建、思维模拟等人工智能应用于自适应学习，并深入到“学、练、测、评”等核心环节，解决学习过程中不同学习内容割裂、学习难点滞后、学习路径无针对性等问题；整合教育资源，建设自适应内容、自适应评估、自适应序列三种自适应工具。

建设学生“成长画像”和学业发展规划系统。运用数据分析手段，量化学生在校的行为规律、努力程度、学习技能、社会关系等多维度的特性，描绘学生的学习特点、行为特征和社会关系，揭示学生成长轨迹，评估学生心理状况，基于预测模型对学生的成长发展等进行关联性分析、特殊情况预警和尝试性预测，为个性化教学和学业发展规划提供支持和指导依据。

完善“控江智慧校园”平台的学习功能。充分融合网络课程资源，优化研究性学习、项目化学习、主题学习的过程管理，建立自评、互评、师评等多维度的学习评价体系，并纳入课程学分管理系统中;同时在"互联网+教育"大环境中探索控江优质教育资源在控江教育集团校和跨区域共享,实现跨校课程互选、活动共育、资源互通,实现学校教育的智能升级、功能升级。

4. 创建育人导向、促进质量的学习新评价

加强指向改进的学习评价,通过课堂观察、调研诊断、线上学习数据统计、学业考试成绩等进行综合评估,研制改进措施。优化学校作业评价方案,围绕新教材和单元学习,聚焦学科素养要求,开发集训练、评价于一体的校本作业,促进"教—学—评"一致性。规范学校考试评价制度,严控考试次数,提升考试命题质量。完善综合素质评价制度,建立学生综合素质档案,指导学生客观记录成长过程。建立学业质量导向的教学评价体系,采用教师自评、学生评教、课程委员会评价、校本教研教学互评相结合的综合评价方式。

(四) 推广价值

1. 为"双新"背景下的教学新模式提供范式

新课程新教材要求素养本位,对高中学科的深度学习提出了更高的要求。本项目通过行动研究的牵引,聚焦单元式学习、混合式学习、跨学科学习方式,积极探索实施路径,为教学新模式提供范式。

重构素养为导向的大单元设计教学。通过对课程标准、教材的解读剖析,结合学情,对教学内容进行分析、整合、重组,形成教学主题和立意,形成单元教学具体设计路径。

构建线上线下混合式深度学习系统。一是通过深度教研,推动教师达成从以"教"为中心到以"学"为中心的教学理念转变,并形成校内项目组分工,聚焦资源整合、平台开发、工具测试、流程优化、效果检测等规范化团队合作机制。二是围绕"双新"要求,以"学"为视角,联合学习平台研发人员,架构线上学习平台;依据各科单元学习的一般流程,设计支持单元学习的线上支架。

探索跨学科学习的协同运作机制。为学生创设充分的体验跨学科学习的选择机会,创设支持跨学科学习的时空条件,创设创客教育引领下的跨学科学习体系,创设开放协同的跨学科学习资源,形成一批跨学科课程教学项目,构建了跨学科慕课学习平台"创客群岛"。

2. 为纵横贯通的协同育人提供成果共享

研制了素养导向下的高中学科深度学习表现性指征,以素养导向开展了大单元设计

的教学重构，初步建成了线上线下混合式深度学习系统，形成了一批典型课程设计、教学设计案例，部分研究成果已通过教学期刊发表、案例征集等输出，实现研究成果共享。

3. 为渠道多元、样式灵活的帮扶提供新示范

立项以来，学校积极组织基于新课程新教材的课程课堂教学改革展示、论坛交流、主题发言、专题讲座等，持续提升课堂、课程品质，探索育人方式转变(见图1)。

• 2020年6月23日，学校组织“互联网+教育背景下的五育课程设计”的“双新”主题展示。

• 2020年11月，姜明彦校长在杨浦“双新”国家示范区展示活动中做主题发言。

• 2021年3月23日，学校顺利完成“双新”背景下的上海市课程领导力行动研究(第三轮)中期评估工作。

• 2021年4月7日，学校开展围绕“双新”背景下初高中衔接育人组织市级课题论证。

• 2021年4月15日，教育部专家组赴我校调研国家示范区“双新”推进工作，并推荐一节数学课为全国“双新”示范课。

• 2021年6月14日，姜明彦校长在杨浦“双新”国家示范区推进学校课程建设研讨活动中做主题发言。

• 2021年6月18日，顾炜副校长应邀在华东师范大学课程所为外省市学校开设《“双新”背景下学校课程实施系统设计与推进策略》的主题讲座。

• 2021年，学校组织“聚焦‘双新’实施，提升课程领导力”系列市区公开教学和主题研讨活动。

图1　灵活多样的帮扶新示范

4. 为锻造面向未来的教师队伍提供研训新机制

加强校本教研分层设计。针对不同年龄、不同经历教师的需求，学校制订了“启航计划”“青蓝计划”“卓越计划”，设计个性化、有针对性的培训方案，分别对见习教师、35周岁以下青年教师、各类骨干教师开展分层分类培训，把握教学实施的关键节点——课堂，将课堂转变作为培训指向的中心节点。

采用多样化的研修模式。在校本研修中设定理论研修、团队研修、实践研修、成果提炼等多种研修模式，制作评价量表，对教师实践研修予以肯定，满足教师个性化研修需求。

促进教师研究的有效性。针对教师在“双新”实施中存在的共性问题，营造“教—研—学”一体的生长氛围，通过大项目、中课题、小专题的层级研究方式，开展精准、明确、聚焦的研训活动，为“双新”背景下的真实问题解决提供方案。

提高教师队伍的育德能力。通过班主任分层培养及梯队建设的实践研究,完善班主任的育德与管理能力。完善德育工作网络,组织召开德育专项会议,对班主任进行班集体建设、学生管理、突发事件应急处理、心理辅导等系统培训,提升班主任的科研和育德能力。

三、效果与反思

(一)取得的实际效果

1. 托举了学生可持续可预见发展

学生从参加某一领域的学程起,通过分阶段、综合性的学习经历赋能,为高中选科选课、大学选专业、未来选职业提供预体验,形成证据链;通过参与学程“+高校”“+企业”“+社区”“+场馆”“+公益”等联动项目,延展了学习边界,课题成果、创客成就、艺体成绩斐然;课程满意率从70%提升至95%,选科调换率从20%下降至5%,学生填报基础学科、“卡脖子”专业的意愿增强,典型案例涌现。

2. 推动了教师教育教学行为的转变

教师教学理念更着情于学生立场,着眼于“五育”“素养”“融合”“深度学习”“多边联动”“课程导航”“个性化”“信息化”等关键要素;教学实施更着力于聚资源、用工具、建空间、促研学、重实践;单元式学习、混合式学习、跨学科学习逐步推广,促进了深度学习。近三年,教师立项市区课题50余项,出版论著10余种,核心期刊发表论文百余篇,跻身市、区高端教师序列共52人。

3. 促进了课程育人方式的优化

课程供给从单一走向多元,课程实施从分散走向综合,课程学习从静态走向动态,课程环境从封闭走向开放,学习评价从数量走向质量;自适应学习平台从无到有,平台功能从课程学习到集教学、资源、互动、展示、测评等功能于一体,共建完整课程68门、微课3200余节,其中13门在市、区慕课平台上线,平台使用率近三年提升了45%。

4. 提升了学校办学整体显示度

学校办学影响力、校长课程领导力、教师专业成长力、学生持续发展力显著提升;定位特色发展,学校在20多个领域获全国或市、区特色校和示范校、试点校、实验校、标杆校等称号;在课程教学、技术赋能、跨学段办学、环境育人、学习评价等领域先后形成15个市、区级项目；个性化学程的特色项目通过长三角交流、跨省公益帮扶、大型教育会展、中国（上海）国际技术进出口交易会、学生创客活动等辐射推广，年参观接访形成了“100+”团、“2000+”人次的规模。

（二）存在的不足之处

1. 应对疫情不确定性冲击的能力需进一步提高

疫情的冲击和反复让学校线上平台、线上教学、线上学习工具的开发利用进程加快，倒逼研究的人力、精力、时间、资源向线上倾斜，打乱了线上线下同步研究的时间表，出现不平衡状态。

2. 处理课程多样性和配套支持不足矛盾的能力需进一步提升

现有学校选修课程、综合实践活动等将近1/3的课程需要借助校外力量发展。随着课程的升级，运维成本逐年上升，要保持现有课程建设的规模，需要持续投入大量人力、物力和财力。在财政支持的收敛期，随着新的改革项目持续增加，原有的经费开支呈现较为紧张的状态，校舍物理空间不足的问题也显出端倪，使课程的多样性在落地层面有所压缩和调整。

3. 面对改革综合性带来的挑战应变能力需进一步提升

教育综合改革不停顿，新内容的补充对项目的容变性形成了一定要求，对项目的管理提出了更高的要求，对不同项目的整合也提出了新的挑战。例如：教育部中小学生手机使用新规的出台对线上线下混合式学习形成一定冲击，需要学校重新考虑线上学习平台的功能设计；中考新政全面实施后，学校的生源更加复杂、多样，差异性特征更加突出，需要学校加强对学生的差异化培养力度。

（三）需进一步探索的问题

1. 完善深度学习指征体系，开展深度教研和项目实践

一是以深度学习指征体系3.0为参照依据，开展教学实践研究，结合课程改革、疫情不确定性、“双新”要求等特点，在实践中不断调适、优化高中学科深度学习指征体系；二是组织教师开展主题研修、教学展示、现场评价和研讨反思活动，撰写教学案例，形成经验总结和资源共享；三是开展相配套课程教学质量的研究与评价。

2. 结合疫情常态化的教学特点，推进线上线下学习的深度融合

一是推动线上平台的功能升级，匹配学校线上线下教学融合的实际需求；二是通过

线上线下长期学习与实践，组织优质学科教师逐步开发体现本校课程、教学特色的学科微课程群，保持线上教学的动态性和延续性；三是积极推进线上线下融合的单元式学习，提倡学生视角下的单元设计，开展指向分层的差异化教学研究。

3. 应对生源复杂化、多样化特点，加大差异化培养力度

中考新政全面实施后，学校的生源更加复杂多样，差异性特征更加突出，需要学校加大对学生的差异化培养力度。为此，需要进一步优化学业发展规划系统，运用数据分析手段，量化学生多维度特性，为不同学段、不同学力的学生制定个性化教学和学业发展规划。

4. 指向育人方式的转变，提升学校课程的价值站位

适应课程改革的迭代要求，以立德树人、以人为本为指导思想，以新课程新教材的实施为动力，聚焦育人方式、核心素养、信息技术融合等要素；着眼于课程规划、课程评价、课程保障、课程特色，在课程建设的重难点上重点突破；完善学校特色课程指向多样性、综合性、实践性的品质建设，完善学校特色课程对学生发展的导航功能。

《素养导向下的高中学科深度学习行动研究》聚焦教师的课程领导力，以“问题导向—教师赋能—行动研究—现场问诊—反思优化—总结提炼”为行动路线，围绕学习方式转变、单元式学习、线上线下混合式学习支持系统的构建，寻求高中学科深度学习的校本化方案。在不断实践中凝练了素养导向下高中学科深度学习的表现性指征，开发了相应的评价系统，对于推进“双新”、落实素养具有积极的现实意义。

对于“为什么研究”“做哪些研究”“怎么研究”“想得到什么”“如何提升教师的领导力”等关键问题，既有学理分析，又有鲜活案例；既突出重点分类实施，又覆盖多学科整体推进；既注重项目本身的研究实践，更强调团队成员之间的相互影响；彰显了控江特色，具有较强的辐射推广价值。

上海市教师教育学院副院长　纪明泽

指向学科课程变革的逆向教学设计应用研究

上海市嘉定区第一中学[1]

摘 要 上海市嘉定区第一中学立足市实验性示范性高中发展性督导评估反馈,就系统深入推进课程改革以及进一步在课堂教学中落实核心素养等方面进行了探索。在全员研读文献以及专家团队的指导下,通过学科研修工作室的设立,实现了体制机制改革下的师资队伍建设和学科育人模式新探索;在教师进行挑战性项目研究的过程中,积累了基于学科价值落地的、以单元为切入点的逆向设计课例研究经验,完善了基于理解的学习动力模型。

为全面贯彻习近平新时代中国特色社会主义思想,学校根据党和国家的教育方针,贯彻"双减""五项管理"要求,落实立德树人的根本任务,进一步深化五育融合,深入发展素质教育。借助上海市提升中小学(幼儿园)课程领导力(第三轮)项目的实施,我校聚焦学生核心素养培育、教师专业能力发展、集团贯通课程教育教学质量提升,在育人关键环节和重点领域进行改革,借助《追求理解的教学设计》一书中的相关理论、工具,以大单元、大概念、核心任务为切入点进行教学设计,切实提高课堂实效,提升学科育人水平,为学生适应社会生活、未来职业发展打好基础。

一、问题的提出

我校创建于1926年,教学质量在上海市两期课程改革中提升显著,教师在课堂教学质量提高方面积累了相当丰富的经验。随着"高中育人方式的改革""双新"的持续深入,学科核心素养如何在课堂教学中得以真实落地,成为学校和教师所要迫切解决的新命题。

---

[1]项目负责人:管文洁。项目核心成员:宋小宏、赵界、陈慧、严安东、胡迎霞、文秋婵。执笔:宋小宏、赵界。

（一）落实学生核心素养的要求

《普通高中课程方案（2017年版2020年修订）》中提到，普通高中教育需要着力发展学生核心素养，使学生成为有理想、有本领、有担当的时代新人。落实学科核心素养，需要建立核心素养与课程教学的内在联系，这就要求各学科主动发掘本学科课程教学在全面贯彻党的教育方针、落实立德树人根本任务、发展素质教育等方面的独特育人价值；基于学科核心素养，明确学生学习本学科后所应达成的正确价值观、必备品格和关键能力。

（二）提升教师研修能力的需求

作为一所老牌的市实验性示范性高中，学校拥有一支敬业爱岗、勤奋踏实、专业博学的教师队伍，但随着课程改革逐渐进入深水区，对教师在专业发展方面也提出了新的要求：从学科“教—学—评”一致性的角度看，大部分教师在如何进行课程有效评价方面还有待加强；从教师结构看，初级、中级、高级教师人数比例略显失衡，具有区域层面影响力的高端教师不多，部分学科缺少领军人物；从“双新”实施来看，部分教师对新课标新教材研究相对滞后。

（三）突破学校发展瓶颈的追求

学校以“办一所安静而丰富的学校”为办学愿景，在“合作—创新”办学理念的引领下，正致力于建设一所“学生快乐成长、有效学习，教师幸福工作的高品质‘合作—创新型’高中”。在借助新一轮课程改革推动学校育人方式变革的过程中，学校还存在一些不足：学校课堂教学改革还需加大力度；目前的课程改革还不够系统和深入，各学科教改主攻合力还需要加大推进力度；不同学科与教师之间的课堂还存在较大差异；教师的教学方法、学生活动的组织以及学习方式转变等方面还有较大进步空间。

综上所述，不管是从落实学生核心素养的要求、提升教师研修能力的需求还是突破学校发展瓶颈的追求上，改变课堂、推动育人方式变革都显得尤为重要。从两次较高水准的调研督导反馈评价可以看出，学校教师具备一定的课堂变革力量，但“为学习而教学设计”“为理解而教学设计”的行动力还不够。所以，本项目的研究聚焦在如何真正在课堂教学中落实核心素养的培育上。

二、解决问题的过程与方法

面对学校课堂改革还不够系统、深入，教师的教法、学生活动的组织以及学习方式转变等方面还存在不足的现状，如何进行“指向学科课程变革的逆向教学设计应用研究”，项目研究组采取了以下几种方法。

（一）以理论培训指明研究方向

“教学设计必须是以学习过程而不是教学过程为目的的，教学设计也是以有目的的学习而不是‘偶然’学习为目的的。”[1]《追求理解的教学设计》一书中提出的追求理解的教学设计恰是一种“以终为始”思维的实践，通过“逆向设计”的方式帮助教师理解教学目标、教学实施以及教学评价之间的内在联系，并给出了追求理解的教学设计的基本框架和实施案例。学校通过暑期培训的方式，帮助教师深入研修“基于理解的教学设计”的相关理论。

（二）以课堂实践验证研究成效

理论是否具有成效，需要在教学实践中验证。学校在不断推进理论培训的基础上，高度关注课堂教学实践的效果呈现，遴选项目攻坚团队，在高一年级进行动力系统的初态测试，并制订针对性方案。各学科团队依据方案，基于UbD开展逆向设计，分别形成六个逆向设计经典案例，并进行课堂实施、全过程记录，跟踪学生学习状态、思维深度、学习成效等，形成研究评估报告。

（三）以专家指导补充研究不足

在研究评估报告的基础上，学校聘请专家团队介入，对课堂教学实践所形成的评估报告进行指导，教师反思改进后，形成新的研究策略。同时，在专家的指导下对动力系统中的“理解”进行评估和判定，厘清“理解”与“动力”之间的关联点。每个学科在改进的基础上，进一步设计出高二阶段的六个逆向设计经典案例，同步进行课堂实施，联动更多教师介入研究，依据UbD矩阵，形成“为理解而设计”的校本课程实施方法和评估方法。

（四）以成果展示寻求研究建议

本阶段立足反思、推广、辐射，在项目取得阶段性成果的基础上，学校借助课程领导力平台，对项目研究的形成性成果、学生动力系统的结论性评估、逆向设计的经典案例设计、基于学科价值落地的校本作业、基于理解的学习动力模型等进行区域性展示。一方

---

[1] R. M. 加涅，W. W. 韦杰，K. C. 戈勒斯等. 教学设计原理（第五版修订本）[M]. 王小明，庞维国，陈保华等译. 上海：华东师范大学出版社，2018：3.

面,可以借由展示活动在更广范围内听取各方建议,对下一阶段的项目研究进行优化;另一方面,可以将自身研究所取得的积极成效推广至兄弟学校,进而推动区域教育优质、均衡化发展。

三、项目的主要内容

在启动深入学习的基础上,学校以基于理解的逆向设计模板为抓手,深入推进学科价值落地的学科课程再设计,在单元教学中形成典型课例,并在此基础上建构基于理解的学习动力模型。在项目实施过程中,学校充分关注学科育人模式设计和项目构建,关注指向深度学习的逆向教学设计应用研究。

(一)推动以“效能”为目标的学校机制变革

科学的管理是推动学科课程变革、改变课堂教学方式、提升学生学习效能的保证,学校推行党政工联席会议制度下的年级部、学科研修工作室和职能部门协同合作管理模式。校长作为学校课程第一责任人,领导学校课程,全面管理和监控学校课程建设;成立聘任委员会和监督委员会,增设学术委员会,指导学校课程建设与实施;建立扁平化的管理模式,让专业的人做专业的事情,优化学校一线教师的专业空间;形成学校愿景、共同价值观,提升学校师生精气神。激活机制,为“学习的课堂”研究项目保驾护航。

(二)建立以“教”“研”为核心的学科研修工作室

为进一步提高我校教师的专业素养,培养一批高素质的教育管理和教育教学专业人才,学校开展了“上海市嘉定一中学科研修工作室主持人暨2020年教职工挑战性项目申报”工作。通过此项工作,变学科教研组为学科研修工作室,遴选工作室主持人,邀请学科专家组成导师团。

这一体制机制变革旨在丰富学科教研组的角色,推动学科建设走向项目研修的新阶段,充分发挥校内优秀教师引领、辐射和示范作用,以学校龙头课题和课程领导力项目为抓手,以挑战性项目实施为平台,在课程建设、课堂教学、教育管理等研究领域,通过团队项目实践研究,实现学科课堂的转型和教学行为的优化。

以学校语文学科研修工作室为例。工作室成员紧紧围绕教育现代化背景下的学科教学与评价改进,依据《普通高中语文课程标准》中规定的必修、选择性必修和选修课程要求,开展全员主题研修与以挑战性项目组为单位的项目研修;采取“主题研修+项目研修”的方式，注意加强必修、选择性必修、选修三类课程之间的衔接和统整，既整体把握必修和选修课程的关系，更注意不同课程专属任务群和共同任务群的衔接。

学科研修工作室的建立，推动了研究型教师的涌现，以学科研修工作室的形式将项目研究内容进一步细化，在分解与融合过程中，将逆向设计应用研究推向深入。同时，学科研修工作室着重于“以研促教”的实现，面对在教学实践过程中遇到的问题，学科教师们通过挑战性项目的实施，借助学校平台和专家助力，突破课堂教学实践中所遇到的难题。

（三）培养以“单元”为内涵的教学逆向思维

在启动深入学习的基础上，以基于理解的逆向设计模板为抓手，深入推进学科价值落地的学科课程再设计，在单元教学形成典型案例的基础上建构基于理解的学习动力模型，是实现本项目的基本路径，以单元（大概念、核心任务）为切入点的逆向设计课例研究和梳理则是必要前提。

在各学科研修工作室的研修过程中，以《追求理解的教学设计》一书中的逆向设计模板（预期结果—评估证据—学习计划）为工具，以大单元、大概念、核心任务为切入点，进行教学设计、形成课程案例，并在课堂教学中予以实践应用。积累、评估、反思、改进的研究路径，已成为各学科研修工作室的共识。

以学校地理学科研修工作室为例。工作室成员积极开展基于逆向设计的地理单元教学设计与实践，更新已有单元教学，进行逆向设计和地理主题性阅读课程的设计与实践。通过调查、操作、制作、观察、交流等多种类型的体验方式，激发学生的学习动力，建立学生学习的动机模型——借助行为体验，激发学生学习兴趣；立足生活经验，制订学生学习任务；通过学习实验，提高学生学习能力；依托成果检验，使学生获得学习成就感。

（四）落实以“学习目标—学习任务—学习评价”一致性为目的的课堂学习方式

“为理解而设计”是内外共力驱动学生深度学习的教学设计。外驱动力是教师层面的课堂学习活力设计，内驱动力是学生的学习动力系统。内外驱动力同时发生作用，方能实现“为理解而设计”的价值追求，打造出“学习目标—学习任务—学习测评”一致性的学习课堂，其课堂的基本流程如图1所示。

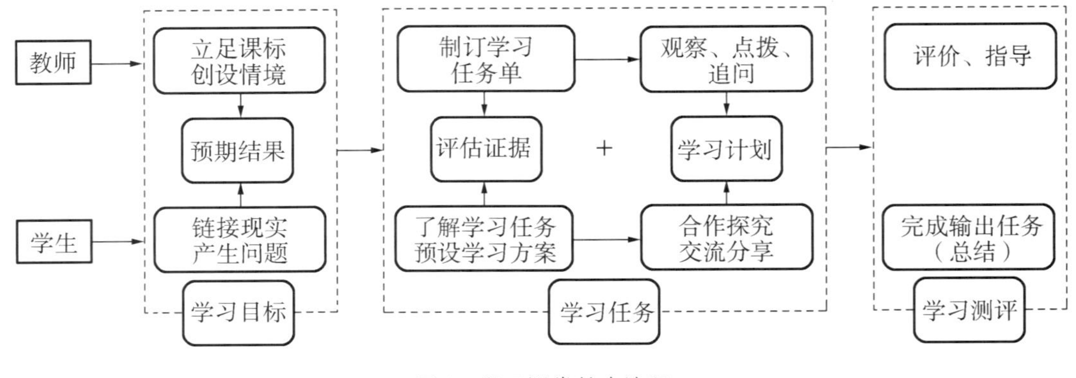

图1　学习课堂基本流程

研修工作室依据基本流程，梳理出了“学习目标—学习任务—学习测评”一致性研究运行的关键要点。

一是落实核心素养的课堂，学习目标要从知识维度上升到素养维度，侧重学科大概念的建构与理解，突出知识的迁移与应用。以化学学科“定量实验‘透明质酸添加量与芦荟胶保湿性关系’项目式学习”为例，本课的学习目标制订立足于化学学科课程标准，教师在对学科核心素养内化后制订了“知能—理解—应用”三个层次的学习目标：

知能层面：学生学会电子天平、移液枪、磁力搅拌器等工具的使用方法，学会精准控制药品配比与反应条件；能设计常见物质制备、分离、提纯、检验等简单任务的方案；能用数据、图表、符号等处理实验信息。

理解层面：能对实验中的“异常”现象和已有结论进行反思、提出质疑和新的实验设想，并进一步付诸实施。

应用层面：能结合真实情境、实际需要提出综合性的探究课题；能有意识地运用所学知识或寻求相关证据参与社会性议题的讨论；能依据各类物质及其反应的不同特征寻找充分的证据，并解释证据与结论之间的关系；能对复杂的化学问题情境中的关键要素进行分析以建构相应的模型，探寻模型优化需要的证据；具有安全意识，逐步养成严谨求实的科学态度，在实践中逐步形成节约成本、循环利用、保护环境等观念。

二是核心任务立足真实情境，聚焦真实问题，贯穿整个单元的学习，是对学生进行表现性评估的证据，是落实核心素养的重要载体。下面以数学学科“基于项目式研究的中学生数据分析、数学建模核心素养培养”为例（见表1）。

三是为提高作业命题与评价设计的科学性、可操作性及解释性，研制作业测评设计

表1 "学习目标—学习任务—学习测评"一致性之学习任务

核心任务	一级子任务	二级子任务	设计目的
中小学生图书资源的借阅分析和优化研究	中小学生图书资源借阅类型分析及可视化	搜集借阅数据并标明出处	学会查阅数据;培养知识产权意识
		筛选有效数据	培养数据分析能力;培养数据处理时的科学严谨态度
		借阅书籍类型有效分类与计划制订	制订研究计划和方案,体验计划先行的准则
		不同类型书籍的统计分析及程序可视化	培养数据分析能力;学会借助计算机程序提高问题解决效率
	图书资源的馆藏优化及采购建议	选取合适模型进行数据预测,通过python编程实现	学会用数学模型解决现实世界中的问题,链接世界
		基于需求量预测数据进行采购规划	运用数学模型揭示现实世界的规律,体会数学的魅力
		基于教育部印发的《中小学图书馆(室)规程》进行检验、完善及总结	验证设计方案,发现问题并优化;培养科学严谨的研究态度,感悟数据的价值与建模的作用

工具,对作业与试题体现的学科核心素养和试题属性进行界定。

例如,语文学科在针对《红楼梦》阅读的单元学习测评中,立足核心素养——语言建构与应用、思维发展与提升、审美鉴赏与创造、文化传承与理解,在学业质量水平的指导下,设计了有针对性的写作测评任务:体会人物性格的多样性与复杂性(学业质量水平4-1),能根据具体的语境和表达的目的、要求,运用口头和书面语言,文从字顺、准确生动地表达自己的真情实感;细读《红楼梦》中描写某个人物的相关段落,分小组讨论人物性格的多样性和复杂性(学业质量水平4-2),表达时讲究逻辑、注重情感,能综合运用多种表达方式,从多个角度、多个方面表达自己的理解和感受,力求做到观点明确、内容丰富、思路清晰、表达准确生动;细读《红楼梦》描写日常生活的片段,以"《红楼梦》中的______"为题写一篇短文,说说所品味出的文化内涵(学业质量水平4-4),能结合具体作品,分析、论述相关的文化现象和观念,发展自己的文化理解和探究能力,传承中华优秀传统文化。

四、效果与反思

作为上海市提升中小学(幼儿园)课程领导力行动研究项目组的成员,我们在不断思考、不断追问的过程中坚定前行,努力尝试回答:学科核心素养真的在课堂上落地了吗?

学习目标、学习任务、学习测评真的是一致的吗？学生、教师自我生长的内驱力真实地产生了吗？这也成为不断鞭策我们前行的动力。

我们将在上海市教师教育学院(上海市教育委员会教学研究室)的指导下，着力推动“价值追寻—项目研修—自我突破——教师团队研修创新机制的建构与实践”和“学习目标—学习任务—学习测评一致性的学习课堂的有效路径的探索与实践”两个项目的深入发展。

基于项目研究的认知与反思，从教师的讲堂、学生的学堂到学习的课堂，应当抓住一个命脉，即：从自然而然起步，遵循规律，回归常识；因科学系统纵深，在系统架构中推进项目研究；在问题解决中扎根，敏锐地发现并解决存在的问题，并在行动中不断深化与改进。

该选题具有重要的时代价值和实践价值。该成果结合学校教学改革传统和现实情况，聚焦于指向核心素养的逆向教学设计及其学科应用，严格按照“文献阅读—学科研讨—专家指导—路径总结”的路径，在确保研究过程的科学性和严谨性的同时，借鉴国际先进理论和实践经验，形成了校本化的逆向教学设计路径，并且根据不同学科的特征归纳出了不同学科逆向设计的关注点，符合预期的研究目标，具有重要的实践引领价值。

当然，为了保证后续研究的连续性和深化推进，建议在以下两个方面进一步完善：其一，采用行动研究的策略，不断完善本成果中的逆向教学设计框架，确保校本化的逆向教学设计框架经得起考验；其二，在实践研究过程中，以课例研究为抓手，系统提升教师的专业素养。

华东师范大学课程与教学研究所副所长　雷浩

新教材背景下《高中数学iMath》改进研究

上海市曹杨第二中学[1]

摘　要　本项目以高中数学新课程新教材落实为背景，开展理论研究，将有效教学和深度学习作为理论根基，深化iStudy教学模式的理论基础，完成了与新教材配套的6册《高中数学iMath》修订并扩充配套微解析资源；深化iStudy教学模式，开展了系列教学实践与展示；对数字化教学资源的广泛性和教学方法的多样性进行深度融合，探索开展线上线下融合的学生讲题活动，有意培养学生在数字化环境下的自主学习能力。本项目研究成果为学校各学科推进“双新”提供了重要参考。

一、问题的提出

新一轮的高考改革对学校教育教学的影响深刻而全面，大多数学校出现了用“老标准、老教材、老进度”教“新学生”的局面。就数学学科而言，高考数学不分文理是一项重要变化，使数学教学面临切实的困难与挑战。学校数学组在多年实践基础上，成为最早应对新高考变革的学科教研组，《高中数学iMath》即是具有实践和推广价值的成果。

本项目在学校已有成果基础上，适应新课标和新教材对学校教学提出的新要求，通过修订《高中数学iMath》及开展相应教学实践，一方面回应新课标对高中数学核心素养连续、系统培育的要求，以项目为抓手，推动教研组对新课标新教材的研究；另一方面，以项目为载体搭建平台，引导教师从“会用技术”向“善用技术”转变，实现教学流程优化、教学效率和品质提升。

---

[1]项目负责人：易建平。项目核心成员：黄坪、郭天翔、朱莉萍、钟谋、罗程宏。执笔：易建平。

二、解决问题的过程与方法

项目研究围绕《高中数学 iMath》文本修订展开，前期针对核心素养和新课程标准展开理论研究，以实践视角挖掘素养培育示例，确定内容修订框架。文本修订、教学实践与资源建设同步展开，遵循边修订、边使用、边完善的实践逻辑。

（一）深化《高中数学 iMath》的支撑理论研究

理念上，比较认同教育部基础教育课程教材发展中心在《“深度学习”教学改进项目实验工作方案》中给出的深度学习的基本特征：一是联想与结构，以融会贯通的方式对学习内容进行组织，构建自己的知识结构；二是活动与体验，使学生能够全身心投入到探索、发现、经历知识的形成过程，体会科学的思考方法；三是本质与变式，让教学能够抓住“关键事件”，把握学科知识的本质联系并在变式中辨析本质特征；四是迁移与应用，将学习的知识用到新的情境中去，能够举一反三、闻一知十。

路径上，比较推崇《深度学习的7种有力策略》一书中介绍的一种简单的教学模式——深度学习路线，如图1所示。

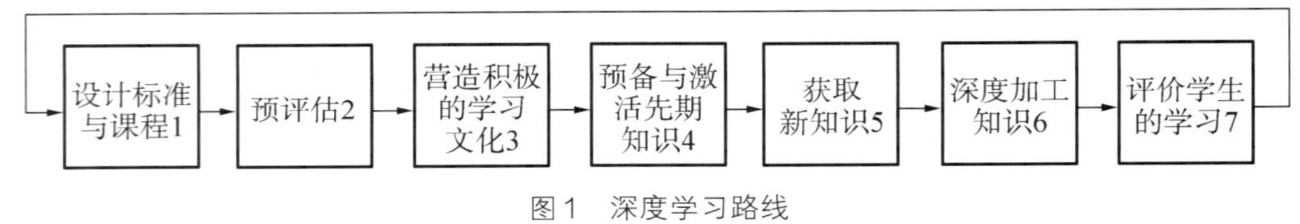

图1　深度学习路线

策略上，比较认可上海师范大学何玲、黎加厚的《促进学生深度学习》一文中提出的基于问题的学习、任务驱动式学习、过程性评价这三条深度学习策略。

（二）新课标背景下《高中数学 iMath》的修订研究

1. 细化要求，综合评价，把新课标要求落实到每章每单元

为了把新课标的理解落实落细，教研组细读新课标，依据课标要求完成了《高中数学新课标252课时全解析》，使之成为项目研究的扎实基础。

修订时，在每章前面增加一个“学习主题”及与之相对应的“学习要求”的表格，以学生视角写明“学什么、怎么学、需达到什么要求”；表格中对应每个学习主题有一栏“自我评价”，该单元学习结束后要求学生对照学习要求，视掌握程度从低到高以“1、2、3、4、5”进行评价，通过累积，系统自动生成一个“模糊综合评判矩阵”；教师统一给各学习主题赋

权后,系统自动生成"学生数学综合素质评价指数"。

2. 强化弱项,递进训练,逐步提升学生数学建模与探究能力

数学建模与探究活动的特点,决定了它的强化路径必然是与基础知识的推进、展开相关联的递进训练和逐步提升。新版的《高中数学 iMath》在每章后面都增加了一节"数学建模与探究活动",这一节的内容总括起来有以下特点。

内容多元:有与本章知识相关的拓展内容,如集合部分的"容斥原理"、简易逻辑部分的"全称量词与存在量词";有跨章节、跨学科的关联内容,如等式与不等式部分的"二次函数与一元二次方程和一元二次不等式的关系";有介绍数学发展的数学史料,如"对数概念的形成与发展";还有数学建模方法的简介,如"拟合函数"等。

方法适用:有对实际问题的数学化抽象的,有归纳整理一般步骤的,有阅读理解后解决相关问题的,有搜集资料、撰写小论文的,也有根据问题情境拟合模型解决问题的。

训练递进:从单一的知识、技能准备到分步体验"选题—开题—做题—结题"数学建模各环节,再到填空模仿全过程,最后自主发现提出问题、自主数学建模、自主解释解决问题、自主写作表达。

评价分层:所有数学建模与探究活动都提出了相对开放的问题,教师可根据学生解释、解决的程度进行分层评价,不求一致,但求有益。

3. 比较研究,整体规划,适当铺垫,用好新教材

比较研究,弄清楚新旧教材的异同。与上海的一、二期课改的教材比较,新教材增加了什么?减少了什么?为什么这么变?"好教材"好在什么地方?……以这些问题为抓手,推进教师对新课标理念的理解和对新教材编写意图的把握。

整体规划,结合校情、学情,对教材内容做适当调整,初排了《高中数学 iMath》(新版)全部6册的课时目录。

适当铺垫,"好教材"需要好的脚手架。从教材到教学,首先厘清教材内容的逻辑顺序、教育教学价值、认知活动和应用活动线索以及习题评价要求,再结合校情、学情,适当铺陈、垫补。例如,在"充分条件和必要条件"前增加了"命题与推出关系"和"等价命题及其应用"两节。

三、项目的主要内容

（一）“5i模式”的传承与创新

《高中数学iMath》把常规教学的课前预习、基础训练、课堂学习、巩固练习和课后反思5个环节对应为“5个i”——iPreview（i预习）、iSelftest（i自测）、iEvolve（i演变）、iPractice（i练习）和iReflect（i反思）。“5个i”环环相扣，依次形成一个难度和层次递进的学习链，称为“5i模式”。

1. “i”的意义

（1）以“我”为本，促进教学角色转变

首先，引导学生改变学习观念，让学生在自主、协作、交互式和研究性学习的环境中，塑造发展性学习和反思性学习的能力。

其次，引导教师转变教学观念，在整个教学过程中引导学生发现问题、演变问题、解决问题，应用现代教育技术整合各学科知识的识记、接受、演变、反思、发展等过程，积累基本的学科思想方法和基本的学习经验。

（2）以“网”为媒，促进教学方式的转变

学校配备校园全覆盖、流量充沛的无线网络环境（以下简称“i环境”）。“i环境”下的iStudy（自主学习），可以更便利地获取信息资源，用平板电脑作为认知和加工信息的工具，建立“i环境”下的数字化资源库，包含教学多媒体素材、自制视频库、优秀的学生作品、学生自建资源库等内容。

2. iStudy深度学习流程

深度学习必须经历三个阶段：一是自我辨析阶段，加深有关概念和特征的理解，并通过及时反馈和修正，逐步完善学生对知识体系的认知；二是引导演变（变式）、有序递进阶段，深化对概念体系和知识点之间内在联系的把握；三是反思整理阶段，促进学生的学习经验内化。

iStudy基于此，提出了具有可操作性的、教学层面的理念，使学生经历“结构调整—技能形成—技能应用—建立典型样例库—结构再调整”的递进式学习过程，以“5i模式”呈现。

iPreview环节要求学生用填空的形式在印刷品上记录预习结果，所有预习材料和预习过程(包括教材的PDF文件、对应资源链接、预习讨论BBS社区等)则在平板电脑上呈现。

iSelftest环节提供5—6道选择题,让学生在20分钟内完成。题目在平板电脑和印刷品上都呈现,学生在平板电脑上作答,教师可根据调查软件即时反馈的结果调整授课内容及进度,并在授课时作适当的讲解和点拨。

iEvolve环节精选3—5道经典例题,在平板电脑和印刷品上都呈现;印刷品供学生做笔记和抄写变式训练题,变式训练题和演变问题由"i插件"储存在平板电脑中,可任由授课教师课前根据学情和进度添加与修改。"演变"不仅可以从例题出发,向深度和广度"散发",也可以根据学情,设计相关的"铺垫"向经典例题"聚合"。

iPractice环节为学生提供课后学习训练的内容,所有习题的解题思路或详细解答可由教师适时发送给学生。每道习题后都有由"i插件"提供的"跟进练习",可由教师根据学生的作业情况进行添加和修改,"一对一"发送;学生接收后,习题与"跟进练习"将被纳入"个人错题集";学生根据提供的解题思路或详细解答自查,在列举的错误类型前打"√",汇总后反馈给教师,形成核心知识与典型思维的"学生建构错误典型样例库",实现"个性化教学"和"跨时空师生交流"。

iReflect环节以留空的形式呈现。在印刷品排版时预留三分之一的空白篇幅,以便学生总结方法、及时纠错和添加学习备注等,体现"反思"的全程贯穿以及"及时与对应"。

上述"五环节"和"三台阶"相辅相成,连成一体,循环交替,使学生养成了良好的学习习惯,有效提高了数学学习能力。如果说五环节是在二维层面上的运作,那么三台阶就是学生数学学习能力在三维空间上的飞跃。第一和第二环节是基础性学习能力形成的初步阶段,第三和第四环节是发展性学习能力形成的重要阶段,第五环节是反思性学习能力形成的关键阶段,是知识学习内化的阶段。

信息技术与教学过程的高度融合,使"数字化技术的便利、快速反馈"与"传统教学模式的系统、深刻"得到了优势统整,激发了学生学习与发现的兴趣,一定程度上满足了学生个性化学习的要求。

在此模式下,数学教研组完成《高中数学iMath》(1—6册)的编辑、修订、出版,并投入实际教学使用。

（二）信息技术在学科教学中有效融合的策略

信息技术与学科教学有效融合策略主要体现为“实时”“适量”“可选择”三个特点。

1. 实时

通过设计、发布有针对性的学习任务，让信息化平台采集学生的个体数据并进行评价、分析、归因，然后一对一发送相匹配的补充学习资源，及时满足学生个性化的学习需求。借助系统后台对学生的个体数据进行进一步统计和梳理，可以反映学生整体学习情况，促使任课教师及时反思教学并进行有针对性的改进和补充，从而提升教学成效。

2. 适量

要使信息技术能够切实为教学服务，需要根据教学目标对传统教学手段进行扬弃，根据学生的学习需要在教学的关键节点插入合适的信息技术手段，从而达成“让学生真实的学习过程能够发生并且展开”这一目的。

3. 可选择

凭借学科优秀教师的经验，教研组收集、整理多样化的学科资源并建成学科资源库。在学科资源的应用过程中，教师根据学生学习需求灵活选择并插入对应的学科资源，适应性地调整教学内容和策略，在满足学生个性化学习的同时也体现出教师的教学特色。

（三）实现深度学习的信息化资源建设

基于信息化平台的资源建设更强调学生的主体性与互动性。在原有以教师发布为主的数学“微解析”网络资源开发的基础上，利用信息技术的优势将学生的优秀作业或作品添加入数字资源库，在丰富资源库内容的基础上，为学生提供更丰富的学习指导选择，满足学生的自主学习和个性化学习需求。

1. 拓展学科内容的个性化学习资源

数学史和数学文化教育是学科核心素养的重要载体，在国家课程标准中有明确的规定，但在教学中却处在边缘位置。《高中数学 iMath》结合数学教学的主要内容，立足现实，关注数学史上相关的数学事件、人物，立足正确的数学观念和良好的学习情感，捕捉有教育意义的历史故事和事件，以学生喜爱的阅读形式编写成《数学传奇——高中数学史和数学文化故事新编》并嵌入“i 预习”环节，方便学生在单元学习中阅读；同时链接相关数学家事迹、历史名题、专题论述、学科进展的专题网站，开阔学生视野，启发和引导学生进行阅读、自学。

2. 促进学习反思的生成性学习资源

“微解析”是由教师编制形成的学习资料，从习题解析的角度，帮助学生理解习题的背景、知识点，点拨解题的关键，启发学生的思路，引导归纳的方向，在学生中广受好评。很多学生提出希望自己来“说题”的想法，“曹小二”讲题活动应运而生。学生选择大家感兴趣或是易错题录制“微解析”，不在于强调“怎样解题”，而是重视“如何讲题”（讲题意、讲思路、讲解法等），把“小课堂”与“大课堂”紧密结合起来。讲题活动变“要我学”为“我要学”，并为“微解析”资源库提供了大量的高质量素材。

从修订之时起，数学教研组围绕修订的教学“攻坚”就已经开始，优质教育资源的建设与共享、课程系统性与学习个性化的协调、线上线下融合与教学的匹配等问题成了新的“攻坚”方向。我校主要在以下两方面取得了进展和突破。

（1）扩充和优化“微解析”资源库

项目组在修订原版“微解析”的同时，结合已经开始探索的“曹小二”讲题比赛，正式启动“学生创课中心”的建设，通过“学生讲、老师评”的形式构建更宽泛的师生互动空间，推进个性化推送算法的优化与学科素材的升级，使原本的学科资源库运行更加顺畅、操作更加方便、定位更加精准、呈现更加精美。

（2）探索基于核心素养的评价

旧版的《高中数学 iMath》在学习评价方面只有课时学习评价，这次修订在每章“学习主题与学习内容”的表格中，对应增加了一栏“自我评价”，以“模糊综合评判法”对“学生数学综合素质”进行评价。之后，将进一步聚焦评价工具的使用策略，以单元的视角开展备课、听课、研讨与反思活动，收集教师反馈信息，优化使用策略，令评价工具真正成为支持教师教学和学生学习的有力工具。

四、效果与反思

《高中数学 iMath》的修订基于核心素养的要求，核心环节以学生学习为主线设计，让学生真实的学习过程能够发生并且展开：学生从被动的内容接受者变为学习活动的主体，“课堂授课听讲，课后完成作业”的教学组织形式转变为“课前自主学习，课堂合作探究”，课堂内容变为作业完成、辅导答疑和讨论交流等。在深度学习理论的指导下，通过环环相扣的设计，从学生的“预习建构、反馈评估、错题归因”中生成的真实的学科问题，又在“平台讨论、素材演变、实践反思”中慢慢形成一个相对完整的知识结构。通过在核心环节插入适量、灵活的信息技术，稳步推进数字技术与教学过程的融合，使课堂教学在现代信息技术环境下产生渐变，动态展现学生真实学习和师生合作探究解决问题的过程，实现学习方式、学习目标从整齐划一到以生为本的个性化选择，是对传统教学模式的扬弃和改进，是现阶段数字化教学的一个可行而有效的方案。

《高中数学iMath》是上海市曹杨第二中学在实施新课程实践探索中的结晶，成果积累了高中数学教学与信息技术深度融合的丰富经验与教学智慧。在新课程新教材落实背景下，学校基于深度学习和有效学习等理论基础，从数字资源建设、iStudy教学模式的开发应用等角度开展了改进研究。项目研究从技术支持的教师个性化教学延伸到线上线下融合的学生自主学习活动设计，其核心环节以学生学习为主线，让学生真实的学习过程能够发生并走向深度，真正保证了学生成为学习活动的主体。学校的课堂教学在适量、适宜、适合的技术支持下，营造了以生为本的学习环境，进一步体现“i”即“以我为本、以网为媒”的特点。《高中数学iMath》的改进研究，在数字资源建设与课堂教学实践的过程中迈出了十分有意义的一步。作为数字化教学的一种尝试，该项目研究有效地促进了课堂教学在技术支持下的育人方式变革。这是一个行之有效并可辐射推广的典型案例。

教育部中学校长培训中心人力资源开发研究室主任　王俭

基于信息技术平台的"三学三研"课堂教学改革再探索

——上海市金山中学[1]

摘　要　"三学三研"课堂教学变革是我校课堂教学改革的特色,即在课堂教学中,学生在教师"三学"指导下经过"三研"获取知识,提升能力,学会创新。"基于信息技术平台的'三学三研'课堂教学改革再探索"是学校借助智学平台的创建,挖掘校本资源,聚拢生成校本题库;利用信息技术,构建以学生为中心的课堂教学环境,打造"三学三研2.0"高效课堂,同时形成学生学习的"数字画像",实现精准教学,满足学生个性化的发展需求。

一、问题的提出

"三学三研"课堂教学变革是我校课堂教学改革的特色,即在课堂教学中,教师的角色是"导学、助学、督学",学生在教师"三学"指导下经过"自学自研、互学互研、深学深研"的"三研"获取知识,提升能力,学会创新。"三学三研"课堂教学模式的目标定位在落实"学生自主探究,小组合作学习"的课堂教学策略上,用教师教学方式的转变促进学生学习方式的转变,让学生养成自主学习、积极参与、大胆发言、敢于质疑、互帮互教、合作学习的习惯。经过十年的实践探索,我校出版了《学习管理与课堂重构——上海市金山中学"三学三研"创新教学实践》教学专著,获得了上海市教育科学院第六届教育科研成果评选三等奖。教学成果"'三学三研'高效课堂的教学实践"获上海市基础教育优秀教学成果二等奖。

2018年,教育部出台《教育信息化2.0行动计划》,标志着我国教育信息化建设进入新的历史时期。该计划提出"面向新时代和信息社会人才培养需要,以信息化引领构建以

[1]项目负责人:金弢。项目核心成员:沈沂、潘健美、陈红梅、应学超、吴建强、鲁丹。执笔:金弢。

学习者为中心的全新教育生态，实现公平而有质量的教育”，要“探索基于信息技术的教学新模式”，“发挥技术优势，变革传统模式，推进信息技术与教育教学的深度融合”。因此，学校提出“基于信息技术平台的‘三学三研’课堂教学改革再探索”这一研究项目，希望通过研究，构建基于信息技术平台的金山中学“智学金中”育人系统，创新2.0版本的“三学三研”课堂教学模式，重构“三学三研”课程体系，深化“三学三研”课堂教学改革，打造信息化时代的科学高中。

二、解决问题的过程与方法

（一）梳理学校传统“三学三研”教学模式的发展瓶颈与掣肘

在传统的“三学三研”教学模式中仍存在一些不足之处。如：内容多为教材中的知识，建构多从教材体系结构出发，较难发现学生尚未掌握的知识和形成的错误知识结构；小组合作多基于行政班建立起的学习小组，讨论的范畴受限于班级、位置等因素，讨论的结果难以及时呈现于课堂，过程中的问题难以全部暴露出来；大多数真实情景构建以文字材料的形式出现，学科知识多以碎片化、单一学科的为主，未能形成较为系统的真实情景，不利于学生进行深入的探讨与研究。

（二）确定研究方向和实践内容

1. 在自学自研中植入信息化“芯片”，让学生更清晰“学什么”

除了纸质学案外，在“三学三研2.0”课堂教学模式中还开发了“微课程导学”“实验探究导学”和“项目研究导学”等导学策略，在资源上紧密联系教学的“芯片”——教材，使用K12阶段主流教材的电子课本、校本资源库、个人资源库等富媒体资源，备课结果云端同步，在授课过程中可直接调用。这些策略使自学自研环节可以安排在课前，也可以穿插在课内完成，时间上更灵活，有利于学生深度参与。

2. 在互学互研中加入信息化“内存”，灵活指导“怎么学”

在“三学三研”的课堂教学模式中，小组合作探究采用的是常用的学习方式，即小组内能者为师，在做“小老师”的体验中，学生由知其然上升为知其所以然。在“三学三研2.0”课堂模式中，借助信息技术的强力支撑，师生可以在任何时间（课内课外）、任何地点（校内校外）实现交互，形成教学数字资源的沉淀与教学效果的提升。在提高教师教学效率的同时，实现个性化教学和辅导。

3. 在深学深研中载入信息化“处理器”，真实体验“怎么用”

借助信息技术，创造多维度展示平台，除传统的“课堂巩固练习”这一深学策略外，采用“拓展学习”“新情境下的应用”“小组学习展示”等方式开展教学活动。通过不同方式的展示，学生不仅学会表达自己的思想、观点、困惑，同时也收获了自信，培养了独立自主的精神和坚持不懈的意志品质。

三、项目的主要内容

(一) 构建智慧校园平台，实现“智慧课堂”全覆盖

学校于2019年引入智慧课堂系统，构建智慧课堂云平台。2019年，在2019级高一新生12个班级中开展基于信息化平台的“三学三研”课堂教学实践，经过三年的实践和研究，实现了智慧课堂三个年级的全面应用；经过三年的建设，形成了具有学校特色的校本资源，极大提升了资源的最大化利用。借助智慧课堂云平台的大数据精准分析，实现了学生学习的点对点精准指导；借助智慧课堂云平台的实时辅导和资源推送，实现了师生线上线下教学的有效融合，全面推进了学校智慧课堂的建设。

(二) 开展信息化2.0培训整校推进，提升教师信息化素养

学校采用自上而下和自下而上相融通的模式，展开信息化2.0整校推进的培训活动。按照“培训者先行、以点带面、分类实施、分层推进”的策略组建学校培训领导团队，筛选丰富网络资源，根据教师需求设计校本培训课程的8个类别，即技术素养类、学科教学与信息技术融合类、教师专业发展类、提升教育信息化领导力类、数据驱动的因材施教、基于信息化平台的“三学三研2.0”的实践与探索、教师智能助手的教学应用、基于信息技术的跨学科教学，采用线上线下相结合的方式，以教师的需求为出发点，靶向指导，稳步提升教师队伍信息化素养。

(三) 挖掘整合校本资源，聚拢生成校本资料研究池

学校教学管理部负责制订校本题库建设方案以及建设流程，各教研组设计题库标签，以备课组为单位，逐步进行分学科校本资料导入，最终形成金山中学校本题库，为学生提供电子错题集和同类题推送，在减轻教师工作量的同时增加了学生训练的针对性。

（四）研发教学引导工具，提升学生学习效应

针对英语学科特点，运用常态化听说专练、智作文、同步练习等功能，提高学生自学自研的效率；利用个性化错题收集功能，增加师生、生生间讨论互动的针对性。同时开发金中单词App特色软件，解决学生背单词难的问题，利用配对练习、PK游戏等不同方式，提升学生深度学习的热情。

（五）开展“三学三研”教学模式的深化研究与实践

1. 基于信息技术平台，打造“三学三研” 体系化、校本化、个性化教学方式

（1）每一位学生都有一个“数字画像”——数据驱动的精准评价

跟踪记录学生学习的全过程，包括作业情况、考试成绩、获奖详情、拓展课及社团选课结果等，获取全方位数据，经过分析与处理，生成学生“数字画像”，有效提高学习评价的准确性、科学性、可读性和实用性；结合大数据和数字画像技术，对学生的综合素养评价开展横向和纵向的数据分析，进一步完善和优化学生评价的机制和路径。

（2）每一位教师都有一个人工智能助手——面向每一位学生的因材施教成为可能

教师利用智学网精准了解学生的知识基础、学科倾向、思维特征、情感偏好、能力潜质等，据此为学生科学地定制教育服务，开展面向每位学生的因材施教。基于“数字画像”的深入教学分析，教师在此基础上为学生提供更有针对性的教学，帮助学生科学规划自主学习路径，查漏补缺，实现个性化学习。

（3）每一门课程都能与信息化技术高度融合——自适应学习得以实现

各教研组、备课组在信息化教学的推动下，不断发挥现代信息技术对学科学习和教学的促进作用，系统打造由电子导学案、微课、慕课、同步课时练、错题本等构成的数字化自学自研资料池，提升自学自研的有效性；利用信息化的“学导测一体”系统，切实提升互学互研的高效性；全面运用课堂实时信息采集系统，准确把握深学深研的精准性。

（六）形成基于信息化技术平台“三学三研2.0”教学课例与范式

各学科在基于信息技术平台的“三学三研”课堂教学改革再探索中，完成了校本学科题库的建设以及教学课例实践与范式研究。

课前，让学生利用导学案及其他数字资源进行预习，了解课堂教学的内容。学生通过完成导学案的预习作业，以及阅读资料、图片、音频、视频等数字资源，夯实课前学习基础；通过智学网反馈预习情况，使学生在有明确学习目标的基础上带着问题进入课堂。

课堂上，学生以小组竞赛方式分组展示自学自研成果，提出并汇总自学自研中不能解决的问题，在教师的引导下进行深学深研；对于部分学生感兴趣、希望进一步探究的问题，作为小课题在课后进一步深入研究。

每一个环节都因有信息技术赋能而更显高效。在自学自研中，学生通过智慧课堂系统的拍照上传等功能快速展示学习成果、反馈学习问题；在互学互研中，小组将讨论结果以多媒体的形式充分展示，再开展深入分析；在深学深研中，学生在信息技术支持下，更好地完成深层问题的分析与学习。

在不同的课型中，“三学三研2.0”课堂教学模式也稍有不司，最终总结了新授课、讲习课、专题复习课几种课堂教学模式。

四、成效与反思

（一）取得的成效

1. 技术应用，切合教与研的“三”需求

（1）信息化下的自学自研从学生原有认知基础出发

不同于传统的自学自研多从教材体系结构出发，信息化下的自学自研是从学生原有的认知基础出发。借助学校智学网平台，教师提前给学生推送检验自学自研学习效果的问题，在课前获取学生学习反馈，收集问题，了解学生原有的认知基础。此后的教学重、难点把握以及学法指导皆是有大数据支撑的科学性依据，可以帮助教师更加全面、准确地掌握学生在学习过程中可能隐藏的问题，从而实现更为高效的课堂教学。

（2）信息化下的互学互研让合作学习更高效

传统的互学互研一般是基于线下行政班级的小组学习，小组合作学习的成果往往也是通过课堂上人工统计的小组合作工具量表呈现的，鉴于课堂时间有限，小组的讨论结果不能一一呈现。在现代信息技术支撑下的“三学三研”，实现线上和线下分组同步进行，既可以利用课堂上的位置条件就近分组，也可以打破空间的束缚，利用线上将能力各异的学生分在一组，从而利用和释放差异势能，实现更为高效的合作学习。同时，2.0版本的互学互研中的线上小组合作可以延伸到课外，真正实现“线上+线下”“课内+课外”泛在式的学习。现代信息技术也使得互学互研小组讨论后的结果可以自动生成，准确且全面地反映互学互研效果，利用大数据实现与学生的有效交互，激发小组的荣誉感，从而激

活学生学习动力。对于教师而言,能准确发现学生在学习过程中的问题,也是创设高效课堂的重要一步。

(3) 信息化的深学深研让课堂研究更真实

传统的深学深研建立的情境多为文字表述、图片展示,缺少情境的真实感。例如,“以咸海面积缩小来研究全球气候变化”这个案例,传统上就是基于文字、数据、图片来呈现这一变化,难免把咸海面积缩小这一情境变得片段化、简单化、抽象化。在现代信息技术的支持下,地理组的教师利用全球导航定位软件定位到咸海,加强学生对地理位置的了解,再通过遥感历史影像,直观地看到咸海面积的变化,还可以用工具测量具体变化情况,用鼠标和键盘讨论有哪些因素导致咸海面积发生变化。由此可见,现代的地理信息技术可以让学生置身于真实的现实地理环境,在提出问题、解决问题中,在区域的特定背景下,运用所学的知识进行综合思考,提高地理实践力。

2. 平台助力,攻坚教与学的“三”要求

(1) 丰富自学内容,激发学生深度参与

各学科结合实际教学进度,在课前推送与课程内容相关的背景资料、基础知识、空中课堂视频等,帮助学生解决自学自研中的疑难问题,提升学生自主学习能力;课后及时推送与教学内容相关的拓展阅读材料,充分调动学生学习兴趣,提升思想境界,提高审美鉴赏能力;在学科检测后推送试卷详细解析以及组内教师亲自录制的讲评视频等,在一定程度上可以提高教学效率、增加课堂容量,引导学生积极参与各学科学习,真正实现学科教学和信息化技术的高度融合。

(2) 提升课堂效率,延伸师生交互空间

在“三学三研”的课堂上,教师预先设计好问题系统,使学生在参与问题解决的过程中接受和掌握知识要点;运用“问题解决模式”“情景模式”“实验探索模式”等活动模式,学生不仅实现了思维的碰撞,同时还收获了社会性沟通与合作的品质。在信息技术的助力之下,让教师和学生的互动不再受限于时间与空间,而是实现实时互动,在提高教师教学效率的同时,实现了个性化教学和辅导。

(3) 依托客观数据,优化学校管理品质

信息技术平台会记录师生课堂互动、作业批改、学生活动、考试成绩等情况,能够客观且高效地反映师生近期教和学的状态。利用大数据技术建立的智慧校园管理平台,实现了对学校各类资源整合和配置的优化,通过对学校冗余的数据进行筛选、分析,整合

“用数据说话、用数据决策、用数据管理、用数据创新”的管理机制,让学校管理更加科学、高效。

3. 多元评价,指明教师发展新方向

有效教学与有效评价是密不可分的,利用大数据改变原有教师评价体系,并基于教师发展性评价数据,形成教师的“数字画像”。同时,联合学校多部门设计相应的师资培训课程,给予教师相应的个性化教师专业发展培训,改变了以往校本培训中多以统一化的校本培训课程开展校本师训的模式,形成了一种个性化教师专业成长的模式。

(二)反思与展望

数据驱动教学,使新的课堂教学模式更符合“双新”改革理念。创新的课堂教学范式在传统的授课方式中融入了创新的教学理念、教学方法,实现对学生知识盲区的可视化,进而靶向指导与修正提升。结合目前基于信息化平台的“三学三研2.0”的探索成果,我们还在积极思考:如何进一步扩大本项目的研究成果,进一步优化长效推进措施,进一步改造优化学校的课程体系,拓展课堂的深度与宽度,持续以教育信息化推动课堂的高质量再发展,赋能“问题导学”下“三学三研”高效课堂;如何继续完善信息化教学资源平台,科学构建资源库导引;持续优化教师发展性评价系统,持续高位提升教师队伍的专业素养,形成核心竞争力,打造好课堂的“完备驾驶室”和“优秀驾驶员”,使之成为人才培养的蓄水池。

高质量教育中的每一次改革创新,都是为了打造熠熠生辉的课堂,为了培育闪闪发光的学生。我们将一直行走在探索高效课堂,培养“崇文通理兼具领袖气质和百姓情怀的优秀高中生”的路上。

随着新课程方案落地,“双新”课程也从顶层设计直通学校课堂创生。金山中学聚力课堂教学“三学三研”变革实践,围绕学生核心素养、必备品格、关键能力培育,以信息化赋能课堂转型,构建以学生学习为中心的课堂教学生态,全景式展示了多视角、多场景和多学科的教学实践与探索,以“在自学自研中植入信息化‘芯片’”拓展教学时空,以“在互学互研中加入信息化‘内存’”丰富教学内

涵,以“在深学深研中载入信息化‘处理器’”呈现互联社会的教学样态。挑战“三学三研2.0版”高效课堂,从被动教育向主动学习升级,以智能化教育教学攻坚演绎并释放教与学双方学习升级与研究潜能,建设信息化时代的智慧高中,让课堂真正成为学生生命成长的场域。

上海市金山区教育局原局长　徐虹

素养导向下的作业校本化之探

——单元视角下校本作业的设计与实施研究

上海市崇明中学[1]

摘　要　作业变革是普通高中育人方式变革的本质要求。本项目通过行动研究，构建了“双循环”单元校本作业编制与改进路径，研制了单元校本作业的评价量表，探索了学科长周期作业、跨学科综合作业等新型作业的设计与实施，形成了落实作业设计、实施和指导的“三统筹”管理策略，初步建成了学校校本单元作业体系，后续将在增加单元作业设计创意、建构单元作业体系、强化项目化综合性作业设计等方面强化研究。

一、作业变革是普通高中育人方式变革的本质要求

单元是中观概念，向上承接课程，向下连接课时。“双新”背景下，教育目标由知识掌握转变为素养培育，单元教学被普遍认为是培育学科核心素养的有效途径。相应地，以单元视角进行作业设计，既有助于教师更好地把握学科课程整体要求，也有助于强化课时之间的联系。可见，作业设计理念的转变，实质上是新课程改革背景下教学方式的转变，从单元视角设计和实施作业，是育人方式变革的本质要求。

单元作业的设计与实施，是一个作业重构过程。教师思考如何围绕单元学习目标设计并应用作业，关注前后课时学习的关联，对单元整体培养目标、教学、评价、作业、资源等进行系统思考，有助于发展其对学科课程的整体把握、系统设计与有效实施的能力，提升教学设计和教学实施能力，这也是提升教师学科素养和专业能力的重要命题。

单元作业的设计与实施，要求变课时作业为单元统整作业，化单一作业为分层作业，改程式化作业为开放性作业，使作业成为多样化、类型丰富的学习活动，使学生的学习体

[1]项目负责人：李玉刚。项目核心成员：李建生、潘峰、王思毅、赵海兵、李俊、施燕、杨勇。执笔：李建生、王思毅、赵海兵。

验更为丰富，对知识的理解和运用更为透彻，有利于学生核心素养发展。

另外，单元视角下的作业设计，不仅可以统筹优化各课时的作业目标、作业内容、作业类型、作业难度等，还可以更好地实现课时作业之间的统整性、关联性和递进性，可以优化各课时的作业时间，减少低效的单一、重复作业，为设计发展高阶思维作业留出空间，有利于达成学生的核心素养，最终实现减负增效。

二、构建单元校本作业编制与实施的有效路径

（一）打通单元校本作业编制与实施，构建“双循环”体系

1. 从作业编制到作业改进的“内循环”

为学科组作业设计流程提供逻辑支架，建立从作业编制到作业改进的“内循环”。作业开发“内循环”包括以下核心环节：一是确定目标，先确定单元教学目标，再在此基础上编制单元、课时作业目标；二是确立属性体系，设计作业框架，明确作业要素；三是设计编制，搜集相关的作业资源，根据作业框架和作业要素编制作业题目，形成课时作业和单元整体作业；四是优化完善，即教师基于作业结果的数据分析，动态调整下一课时的作业。

经过此过程，使作业从静态走向生成，确保单元作业成为可调整的，指向学生知识巩固、能力提升和素养培养的动态作业，让作业更加灵动、适切、有效。

2. 从作业编制到教学改进再到作业改进的“外循环”

教师通过作业编制与作业完成后的统计分析、讲评辅导，发现、归纳、解决学生在知识、方法、思维等层面的问题，反思教学目标的设定与落实、教学流程的设计与推进、师生活动的频率与效率、作业设计的质量与效度等，并以此为基础进行教学、作业的优化与完善，形成“外循环”。

作业的改进过程（见图1），是教与学的共同优化过程，这个过程的循环往复，累积起推动校本作业体系不断完善、作业质量不断提升、作业功能不断优化的强大动能。

（二）关注单元校本作业编制与实施的质量导向，体现“全要素”整合

借鉴上海市教师教育学院（上海市教育委员会教学研究室）有关“单元作业、试卷的质量标准”研究的相关成果，基于我校的校情和学情，研制“单元校本作业质量要求”，并转化为评价量表（见表1），供教研组或教师进行单元作业设计时应用。

单元校本作业评价注重整体性，同时突出差异化和创新性。整体性主要表现为目标

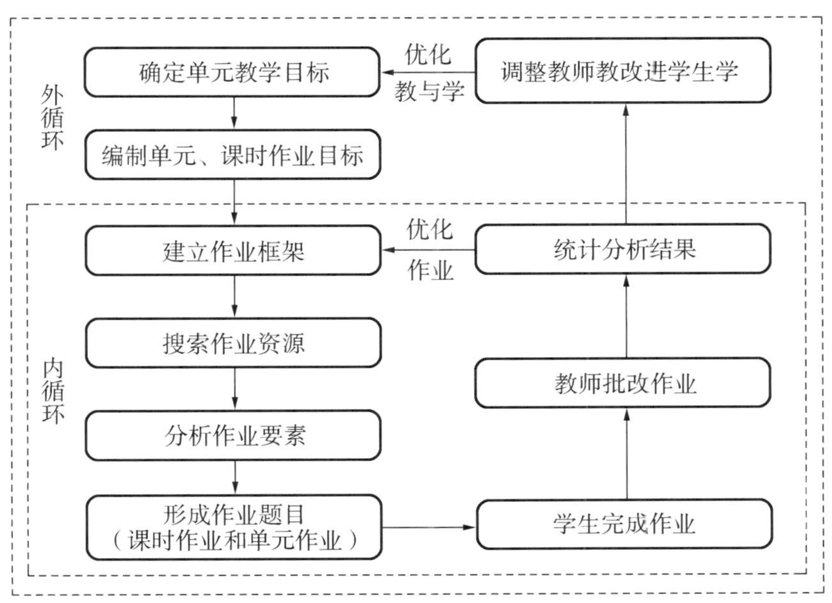

图1　单元作业设计流程图

表1　单元作业质量评价量表

标准	要求	评价等级		
		程度较高	程度一般	程度较低
目标一致	单元作业目标符合课程标准要求；题目实际要求与单元目标相关联；单元目标的覆盖比例合理			
设计科学	内容科学；用语精练；要求明确；易于理解；答案合理			
彰显新颖	内容上，能选择一些尚未利用的素材，进行一些原创性的题目设计；题型上，不简单照搬考试题型，有体现学科情境或生活情境的题目；完成方式上，注重综合性、合作性、实践性、长周期题目的设计			
难度适宜	难度判断准确；不同难度的作业题题量分配合理，以难度中等的题目为主要组成部分			
时间合适	时间判断准确；学生完成各课时作业的平均时间合适，一般语数外作业每天30分钟左右，其他学科20分钟左右			
结构合理	作业类型分布合理，涉及填空、选择、简答等各类题型；难度分布合理，不同课时题目之间体现出递进的特征，以体现作业之间的关联性			
体现选择	从作业难度、作业类型、完成方式等方面，给学生提供选择的机会			
契合学情	基于我校学生特点，能体现岛域历史、文化、生态等理念			

一致、设计科学、难度适宜、时间合适、结构合理五个方面，即看作业能否围绕教学目标对整个教学单元进行整体设计、系统体现，是否充分考虑单元作业设计与目标、活动、评价等之间的联系，是否围绕作业的系统构成把作业目标、作业内容、作业类型、预估完成时间等结合起来考量。

差异化主要表现为根据学生的认知水平、思维能力、兴趣指向、学习风格等，设计分层分类作业，给学生提供选择的机会。

创新性表现在内容上，选择尚未利用的素材，进行原创性的题目设计；表现在题型上，突破考试题型限制，设计体现学科情境或生活情境的题目；表现在完成方式上，考虑有综合性、合作性、实践性、长周期题目的设计。

（三）丰富单元校本作业情境与问题的呈现形态，探索“创新性”题型

加强对学科长周期作业和跨学科综合作业的研究，不断丰富单元校本作业情境与问题的呈现形态。长周期作业注重学科内部单元与单元间知识的贯通，强调学科内部知识与能力、过程与方法、思想与价值方面的联系。跨学科作业重视学科间的横向联系，强调培养学生综合运用知识思辨、解决问题的意识、能力与方法，发展学生的统整、协调能力，提升学生的综合素养，走向全面育人。

长周期作业之“长”，首先是贯穿整个单元学习过程，其次是以任务驱动的方式促进学生主动学习，将书本学习、课内学习与学生生活、课外实践有机融通，在真实的生活情境中发展学科核心素养。下面以语文学科必修上第二单元的“长作业”设计为例，单元主要文本为人物通讯和新闻评论，在进入单元学习伊始，设计这样一个“长作业”。

在本单元学习中，同学们会走近多位新中国杰出劳动者，也将学习如何采写人物通讯。其实，在大家身边也有许多杰出的劳动者，请你以“身边最美崇明人”为主题，完成以下学习活动：

1. 采访身边一位“最美崇明人”，完成采访手记。要求：自主设计采访方案，包括了解其工作生活，设计采访问题，完成采访记录，力争图文并茂。

2. 运用课堂所学，自拟标题，自定主题，从以下任务中任选一项完成。

（1）完成一篇以“身边最美崇明人”为主题的人物通讯。

（2）完成一篇以“身边最美崇明人”为主题的新闻评论。

3. 在班级举办的以“身边最美崇明人”为主题的报告会上，完成宣讲、报告。

跨学科作业以一个学科为中心，通过多门学科融会贯通、交叉渗透进行综合化的设计、实践与评价，以提升学生解决问题的能力。跨学科作业有利于拓宽学生的认知视野、淡化学科界限，有利于学生灵活运用知识解决实际生活问题。例如：学生在数学学科的立体几何部分将学习多面体，了解多面体的顶点、棱、面等概念，在化学中也将学习分子的结构。于是，数学老师借助学生非常喜欢的足球运动这一情境设计了一个跨学科作业。

1996年的诺贝尔化学奖授予对发现C_{60}有重大贡献的三位科学家。C_{60}的分子结构有如足球的形状，这60个C原子分布在多面体的顶点上，连接C原子的化学键相当于多面体的棱，化学上把具有这样分子结构的烯叫作“足球烯”。

提到足球，人们便想到它是球体，但实际上它是由黑白两色皮缝制成的多面体加工而成，其中黑皮为正五边形，白皮为正六边形。严格地讲，足球就是具有C_{60}一样结构且表面可膨胀的充气球体。那么，你知道足球的黑块和白块各有多少吗？

这个跨学科作业所研究的问题来自学生的现实生活，通过唤醒学生已有的学习经验，建立起学生在不同学科所学内容与真实世界的联系，让学生体验数学与现实世界息息相关，使数学学习发生在真实世界的背景下，以此提高学生学习数学的兴趣，培养学生分析问题和解决问题的能力。

长周期作业和跨学科作业在具体实施过程中，主要包括创设主题情境、搭建思维支架、设计核心问题、引导小组合作、注重过程指导、做好过程评价和多元评价等环节。

（四）凸显单元校本作业编制与实施的统整优化，巩固“一盘棋”思路

学校以学生为本，转换教师思维方式，从作业设计、作业实施、作业指导等层面体现“一盘棋”的管理思路，实现以管增能、以管促转、以管提质，共同作用于学生发展。

1. 做好作业设计的统筹

统筹学科作业内容与形式、传承与创新的关系；统筹书面作业与非书面作业、当堂作业与长周期作业的关系；统筹统编练习与校本作业、统一作业与分层作业的关系。

以语文学科为例，作业主要包括以下5种类型：指向本课学习内容梳理与巩固的课堂梳理作业，要求学生尽量以思维导图的形式呈现；指向语言积累与运用的基础作业；指向文本理解与知识运用的提高作业；指向深度学习和思维发展的探究作业；指向综合素养培育的实践(长)作业或阅读作业。作业设计注重与统编练习相互补充，形成呼应，共同引导学生内化课堂所学，达成与落实课程标准所规定学习任务群的目标与内容。

2. 做好作业实施的统筹

统筹学科作业的内容与达标情况;统筹各学科的作业总量与完成时间;统筹作业的差异性与靶向性,让不同程度的学生都能体验到学习的成就感。

以历史学科为例,学科组从校情和学情出发,以培养和提升学生历史学科核心素养为出发点和落脚点,构建并实施基础型、拓展型、研究型和竞赛型四级递进、相辅相成的高中历史校本作业体系。教师根据学生必做的基础型作业的达标情况,适时推进拓展型、研究型作业;对于人文素养和综合素质较高的学生,鼓励他们在教师指导下积极参加高中生历史剧本征集大赛,通过有计划地完成各环节的剧本创作和参赛过程,深化其对相关历史事件、人物或现象的认识,培养其探究创新的能力,使其在创作剧本过程中不断提升历史学科核心素养和人文素养。

3. 做好作业指导的统筹

统筹知识掌握指导与实际应用指导;统筹学生的自主学习与时间管理指导;统筹对统一作业与学生分类作业的指导。

如物理或化学学科,为了提高实验效率,帮助学生在较短时间内完成相关实验,教师设计课中助学型实验作业,通过一份课堂作业(表格),将实验过程细化为一系列任务,以指导学生在实验开始前清晰了解实验目的是什么、观察什么现象、测量哪些数据、如何记录实验数据或结果等。这类助学型实验作业能让学生清楚自己要做什么、怎么做,也有助于学生把握做得怎样。

(五) 形成单元校本作业编制与实施的物化成果,积累“过程性”智慧

经过三年实践,项目研究取得了如下物化成果。

一是形成了《单元视角下校本作业的设计和实施研究结项报告》,初步形成可复制、可推广的经验,同时明确了后续进一步研究的方向。

二是形成了《各学科单元校本作业集(学程手册)》,作业集一般包括课前作业和课后作业,课后作业包括课堂梳理、基础作业、探究作业等,同时独立设计单元梳理、反思和探究性作业;学程手册则将前置学习作业和课后作业融于学习过程,将作业作为检验学生基本学习技能达成和关键能力形成的重要途径。

三是形成了《各学科单元校本作业设计案例集》,编印了《最熟悉的陌生人——上海市崇明中学学科单元作业案例》文科专辑和理科专辑,包含单元目标设计、课时作业、单

元作业、作业答案、作业题目属性和作业案例特色说明等。

四是形成了《单元作业设计与实施论文和跨学科单元作业案例集》,将各学科组的典型经验、做法和跨学科单元作业案例结集供全体教师学习、讨论与研究。

三、研究成效与反思

(一)取得的成效

1. 确保了课程标准的细化与落地

基于单元视角的作业校本化研究,将较为宏观而上位的课程标准细化为中观的单元目标和单元作业,再落地为微观的课时目标和课时作业,实现了学科课程标准的细化与落地。

2. 推动了校本作业的重构与完善

项目研究持续促进了学科核心素养在单元校本作业中的落实与实践,作业充分融入单元教学意识,强调了作业的整体统整、融合,关注了作业学科内的前后联系、学科间的左右沟通,重视作业的层次与差异,突破了课时作业在时空与形态、数量与质量方面的制约。

3. 拓展了教师培训的内容与载体

作业设计与实施作为教学的重要环节,有牵一发而动全身之效,落实课程标准、设计单元教学、探索项目化学习、研究学业测评等,成为单元作业设计与实施的关键点,从这些点上衍生出来的师训项目,成为促进“双新”背景下教师发展的有效载体。

4. 丰富了学业评价的视角与方法

项目着力推动了学科长周期作业和跨学科综合类作业的研究,突出了对学生完成作业的过程性评价,其中既有学生的互评、自评,也有教师、家长的观测、记录,扩大了学业评价视角,丰富了学业评价的方法。

(二)研究反思

1. 单元作业设计的新意不多、创意不够

部分学科教师难以高屋建瓴地把握整个新课程体系,有时把既往的经历、经验演变成自己认知、释读新课程新教材的参考依据,单元作业设计得新意不多、创意不够。

2. 单元作业有案例但未成体系

单元作业设计有亮“点”，但这些“点”没能连成呼应新课程新教材体系的“线”，更没能建构回应“教—学—评”一致的“面”，单元作业、单元教学设计和单元学习评价的体系还有待完善。

3. 满足学生项目化综合性学习的作业设计比较匮乏

教师的“专业出身”使其在设计作业时较为偏重本学科，跨学科思维的意识尚未彻底形成，难以满足学生项目化综合学习的需求。

学校围绕单元视角下的作业设计与实施，以校为本开展持续、深入的研究与实践，在系统性、操作性、创新性等方面取得明显突破。

一是凸显作业对于发展学生核心素养的价值，从促进教学、作业、评价一体化的高度把握作业定位，强调对于作业设计、完成、批改、分析、讲评、改进的整体设计，体现系统性，符合课改导向。

二是建构融合各类要素的作业设计与实施“双循环”路径，建立既体现整体特征又强化校本特色的单元作业质量评价量表，确立优化作业设计、实施和指导的“三统筹”管理策略，增强操作性，凸显应用指向。

三是突出校本情境设计，研发彰显实践性、融合性、发展性特征的学科长周期作业和跨学科综合作业，针对认知水平、兴趣指向、学习风格等方面设计适应学生个性特征的分层分类作业，凸显创新性，引领实践方向。

后续可充分利用已有成果，开展素养为本、单元视角、顺应差异的作业设计与实施，逐步形成具有校本特色的各学科作业体系，优化、完善现有路径、方法与工具，促进成果的辐射应用。

上海市教师教育学院(上海市教育委员会教学研究室)　张新宇

大数据视域下高中学业质量精准分析的实践研究

上海财经大学附属北郊高级中学[1]

摘　要　在“双新”推进过程中，上海财经大学附属北郊高级中学不断探索个性化教学方式，充分利用教育信息化技术推动教育教学变革。在学生选科复杂、学情差异大的背景下，教师利用学业大数据精准分析学生学情，不断优化教学模式、方法与策略，实现差异化教学和精准施教。通过本项目实践，形成了基于大数据精准化分析的教育教学模型，有力支撑了教师教学方式与学生学习方式的变革，构建了高效且富有个性化的学习环境，促进了教师专业发展，为学校管理的精确化、科学化提供了保障。

一、问题的提出

（一）教育改革的需要

党的二十大报告明确提出，要加快建设高质量教育体系，发展素质教育，促进教育公平。同时，报告还提出要推进教育数字化，把教育数字化建设与学习型社会建设联系起来。因此，推进信息技术与教育教学深度融合、加强考试数据分析、积极开展学生学业质量评价，不仅是顺应教育改革与发展趋势的内在要求，也是提升与改善学校教育教学质量、促进学生全面和可持续发展的现实诉求，具有重要意义。在当下“双新”推进之际，“基于大数据支持的精准教学”不仅可以有效促进学生学业质量以及综合素质的提高，而且在加强学校课程建设、优化教学资源配置、构建完善教学体系、提升教师育人实力、促进教师专业发展等方面都具有积极意义。

---

[1]项目负责人：唐群。项目核心成员：徐凯里、金罗兰、曾盛、徐晓敏、朱晓磊、刘学腾。执笔：唐群、徐凯里、金罗兰。

（二）学校发展的需要

近几年来，我校扎实践行教育综合改革，不断探索个性化教学方式，充分利用教育信息化技术推动教育教学改革。目前，在选科复杂、学情差异大的背景下，教师急切需要借助大数据、人工智能为代表的智能技术，通过过程性及结果性数据精准分析学生学情，不断优化教学模式、方法与策略，实现差异化教学和精准施教。因此，学校对基于大数据的学业质量精准分析与定位展开实践研究，能有效支撑教师教学方式与学生学习方式的变革，改变课堂教学结构和组织形式，真正做到减负增效，构建个性化学习环境。

二、主要研究内容

（一）核心概念界定

1. 大数据

大数据通常被定义为蕴藏海量数据的信息数据集，是全体数代替随机样本、混杂性代替精确性、相关关系代替因果关系的思维方式。学校的教育教学过程是大数据的应用领域之一。本项目主要收集与研究的大数据是在信息技术支持下学习者与外界的交互过程中产生的数据集合，包括过程性数据和结果性数据。其中，过程性数据主要指学生在学习过程中产生的定性和定量行为数据，如课堂互动情况、作业完成情况等；结果性数据主要指易于用数字量化的数据，如考试成绩等。

2. 学业质量精准分析

学业质量是学生在完成课程阶段性学习后的学业成就表现，反映核心素养要求。本项目中的学业质量是指：在各学科课程修习过程中，学生掌握基础知识、基本技能、基本方法的程度，以及学习能力与核心素养的发展水平。

学业质量作为教育质量的重要组成部分，其优劣不仅体现了学生的学业发展质态，更是衡量教育教学管理水平的重要标尺，对其进行全面、科学、规范的评价至关重要。利用大数据进行学业质量的精准分析，能客观、准确、有效地了解、发现当前学业质量发展现状与差异程度，并给出指导性的意见和建议。

（二）研究方向

本项目利用大数据技术和教育信息资源，有针对性、差异化地指导学生进步、成长，充分利用统计内容数据链，助力教师挖掘学生的共同点、学习偏好、求学“痛点”等；通过分析、挖掘、整理统计内容数据链的行为数据，了解学生的学习规律，帮助教师更好地“传道、授业、解惑”，实现真正意义的“去经验化”教学。

1. 精准分析学业质量，量化教育管理

通过对考试、作业中采集而来的过程性数据进行分析、形成多层级成绩报告，覆盖15个模块80多项指标。进一步利用数据挖掘与分析技术，进行大数据精准分析，形成基于学科知识点的学科学情、学生学情、学业分析，从横向与纵向两个维度把握学生学业质量，为学校管理者提供科学决策依据。

2. 优化教学过程，创新教学模式

依据系统全程教学数据，进行多维报告分析，帮助教师发现教学问题及其背后关联，为教育教学活动提供合理、科学的决策支持。基于全场景动态性数据的伴随式采集与分析，教师能够快速、精准定位讲评重点，提升讲评效率和讲评质量，进而缩小年轻教师与资深教师之间因教学经验而产生的差距。

3. 改变学习习惯，辅助学业决策

基于学业质量精准分析，帮助学生精准定位共性薄弱点，进行重点学习；智能化生成作业错题整理，改变学生学习习惯；帮助学生分析自己的学科优势与群体中的定位，制订复习决策；根据学生作答数据诊断知识点掌握情况，为每位学生构建知识图谱，构建高效、个性化学习环境。

（三）研究过程

1. 数据精准采集

大数据采集主要包括作业数据采集、网阅数据采集和手阅数据采集，满足不同场景数据采集需求。通过先扫描后阅卷的方式，实现阶段性测试、考试、校际联考的全场景数据采集。

2. 数据精准分析

为了获得有价值的数据信息，专业人员根据项目组实际需要建立数学模型，再由软件开发人员应用数学统计、机器学习、数据挖掘等技术手段，进行精准科学的数据分析，生成对学生学习、教师教学、校长决策有价值的信息。

3. 教学精准实施

运用工具，引导教师开展基于大数据分析的精准教学，探索教学模式。项目组构建了可供教师借鉴的精准教学模式：确立精准化的教学目标、备课目标；设计教学过程框架；进行精准化的教学评价与预测，使评价注重差异化、辅导注重个性化。

三、项目成效

本项目从学校教学实际需求出发，深度融入课堂教学流程，通过全场景过程性动态数据采集，构建以学生为中心的学业评价体系，促进了课堂教学的整体优化与变革。

（一）师生发展层面

1. 基于大数据分析，提升“教学五环节”精准性

从学校教学实际需求出发，建立基于大数据分析的精准教学结构（见图1），并将其深度融入课堂教学流程，通过全场景过程性动态数据采集，构建以学生为中心的学业评价体系，促进课堂教学的整体优化与变革。教师借助大数据，能及时关注班级的整体学情动态，做好深度辅导和跟踪，实现精准教学。

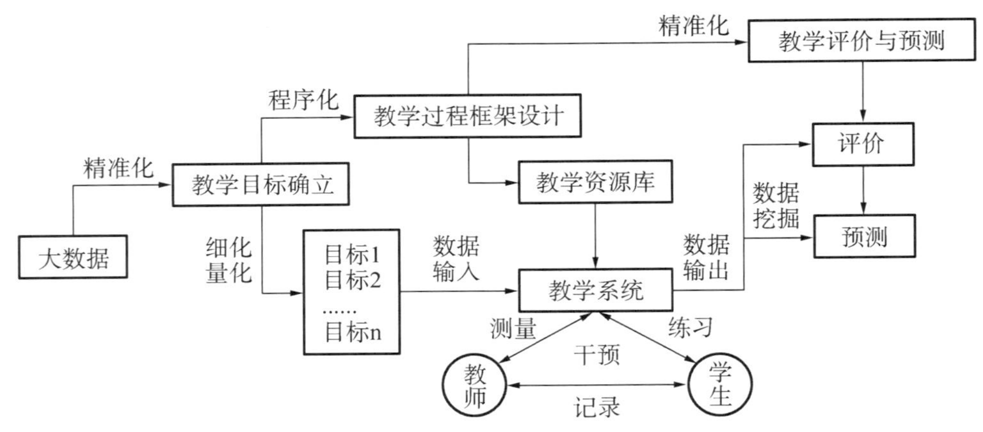

图1　基于大数据分析的精准教学结构

（1）备课关注前端分析

利用相应的技术支持在课前作出前端分析，即对学习需求、学习内容、学习对象的分析，然后根据分析结果，将学生已掌握的知识关联其他知识，将新学知识与原有知识进行有机结合，为下一阶段的学习决策提供指导依据。这种做法既能有效组织开展教学活动，又可以充分了解学生的认知水平和对知识的掌握情况。

（2）上课注重多样数据体现

利用多样的学习资源，配合舒适的学习环境，学生可以充分发挥自己对情境的认知

水平。通过文字与图像在多屏的互动、手写板书与媒体的交互运用，引发学生思考，尽可能使其形成长期记忆。

教学过程中，利用即时反馈系统促进课堂反馈与群体讨论，实时记录学习痕迹，并对知识点掌握情况进行测评；测评结束后，即时提供数据，供教师对所教授内容进行有根据的修改或完善，学生可以同时根据自己的测试结果寻找相应的学习痕迹，实现查缺补漏。

（3）精准作业评估

依据学生学习过程和结果的分析数据，向其提供个性化的学习资源和作业内容，在了解其知识点的掌握情况后再通过及时诊断和反馈，使其清楚了解自身的学习状况。通过记录、细化学生的作业情况，如每道习题答题的过程、时间、速度、停顿甚至部分思路，并利用大数据技术和智能算法进行分析，可以精准预测学生的学习困扰，从而向其定向推送合适的测试题目和个性化学习进度安排，为其提供合理的学习方案。

（4）个性化辅导

借助前端数据分析，准确诊断学生的学习需求，帮助教师预测学生的下一个行为，以便在辅导过程中提供更加个性化、针对性的有效支持。教师利用智慧云课堂平台将知识可视化，在对学生有针对性的辅导中，帮助其将隐性知识外化、对表征问题进行推理，从而促进知识的传播与创新。

（5）多元化评价

评价兼顾了宏观上的调控以及微观上的自我改善，不仅注重提高评价主体的能力、素质和学习结果，还注重教学过程的全方位评价。对于主体的评价，主要是进行师生互评、生生互评以及小组互评；对于过程的全方位评价，则是根据教学过程的开展流程，围绕课前、课中、课后开展。其中，课前评价主要是指通过课前测对学生的基础水平予以评价；课中评价主要是通过设计学习活动，让学生递交小组作品或进行小组汇报，在递交或汇报后开展相应评价；课后评价主要是针对学生的反思以及家长的评价。

2. 依托大数据分析，形成鲜明教学特色

三年来，教师共开设了数十节基于数据助教的公开课，发表了三十多篇与大数据精准教学相关的文章。部分学科教研组长带头深入钻研，带领教研组形成了一大批具有特色的基于智学网大数据分析的教学实例。例如：地理教研组运用智学网提供的学业大数据，优化在线教学过程，提升教学效果，代表学校在市课程领导力项目实施组年度大会上

就相关案例进行了汇报。又如：思政学科青年教师积极探索，灵活运用精准教学方式在2022年在线教学时期取得良好效果，并在“上海教研”公众号上发表教学案例。

在精准教学指导下，学生的学科思维品质和综合素质也得以提升，在中学生作文竞赛、中学古诗文大会、青少年应用化学与技能竞赛、高中数学联合竞赛、青少年科技创新大赛等众多市级高水平比赛中屡获奖项。

（二）学校层面

1. 多维分析报告助力科学管理

系统自动生成的校级报告可以提供班级成绩对比、测验质量报告、学生成绩汇总等内容，帮助管理者了解各分数段分布情况和各班级优劣势学科信息，以及难度系数、信度、区分度等测验质量参数。通过数据统计、分析与反馈，按照科学的教育评价准则，提供及时、准确的教学质量测评与分析数据，助力管理者科学决策，实现对教育活动、教育过程和教育结果的准确评判，为提高教育质量、提出教育决策、学校改进日常教学方法提供科学依据。

2. 创新教学模式实现跨越发展

大数据精准教学系统覆盖备、教、改、辅、研、管教学全场景，为学校提供全过程的学业数据采集、教学大数据分析，精准聚焦学生共性薄弱点，掌握学情及个体差异，形成以学生为中心的教育环境，利用人工智能和大数据技术面向师生提供精准教学、自适应学习、个性化诊断与分析等服务，有效支撑教师教学方式与学生学习方式的变革，快速、精准定位讲评重点，实现从“规模化教学”到“个性化教学”的跨越式发展（见图2）。

通过大数据分析，学校找寻到更适合学生的教学方式和学习方式。学校以学生为主体，尊重个体差异和个性化需求，遵循教育规律和个人成长发展规律，通过采集教学环节中的数据等量化的手段将学习数据化，从而对学生的学习内容需求和个人学习习惯有所掌握。基于数据的学习分析，为学习策略的选择和调整提供参考，以达到为学生提供个性化分析、判断、人性化推送与服务的目的。通过教师的专业素养以及技术的个性化订制，最终实现对学生的人性化关怀，从而让每一位学生都能健康、可持续地成长。

3. 教育教学特色形成广泛影响

近三年来，学校陆续开展了“基于大数据的学业质量精准分析与定位的实践研究”“大数据背景下精准教学的实践研究”“信息技术背景下促进学生深度学习的校本实践研

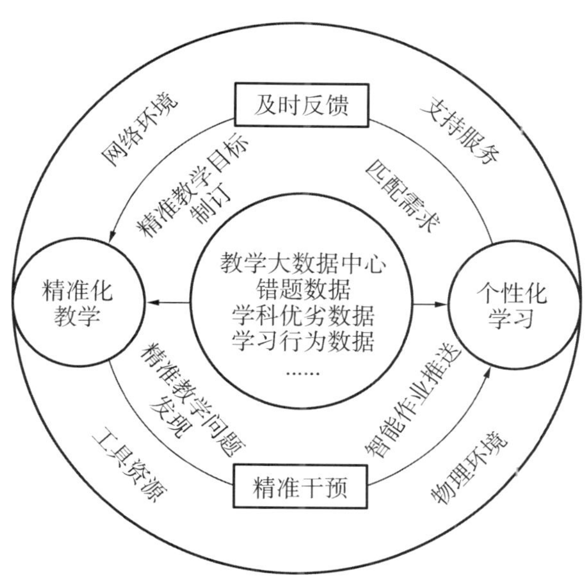

图2 “精准化教学与个性化学习”模型图

究”等项目研究和实施，构建了基于大数据技术的精准教学模式，使教学过程和教学结果可量化、可监控。这种有目的、有意识的教学数据收集与分析，能够有效地帮助教师找准学生的最近发展区，有利于教师获得更好的教学效果，从而提高整个学校教育教学质量。

近几年，我校教师积极探索和研究学生基于大数据的个性化学习方式，探索并推进教师基于大数据的个性化教学设计实践，探索并推广教研组、备课组基于大数据的教学研究模式。

四、进阶展望

研究结果证明，将大数据融入课堂教学实现教学精准化是教育发展的大趋势。运用大数据能更好地发掘学生行为中隐藏的问题本质，这让精准化教育的进一步发展成为可能。在完成本研究的同时，项目组也对后续的研究进行了展望，希望能够从以下几方面继续进行深入探索。

（一）基于大数据的个性化教学

聚焦基于大数据的个性化教学模式设计，探索不同学科基于大数据的教学路径，进一步创新具有学科特色的教学方式，促进学生个性化培养和协同育人。在进行现代化的教学时，利用大数据的优势对传统教学的教学过程进行优化，充分利用大数据分析与挖掘技术，及时、准确地发现学生个体的学习行为偏差与知识掌握的薄弱项，实现真正的个性化教与学，进而推动个性化智慧教育的发展。

（二）基于大数据的班级智能化教学管理

进一步优化基于大数据的班级智能化教学管理实践，通过推广信息技术支持下的选课走班、校际协同等灵活开放的教学组织模式，最终实现班级精细化管理和智能化决策。大数据应用于教学管理领域，能够帮助班主任全面、客观地采集学生数据，透彻了解学生的个性特点与内部需求，进而实现教学管理的数据化、人性化，确保教学管理的立体化与时效性，更能助力班级文化的建设与德育管理内容的渗透。

（三）实施信息技术支持的教育评价

通过开展伴随式数据采集，创新评价工具，支持学生各学段全过程纵向评价和德智体美劳全要素横向评价。借助信息技术构建一个课堂教学质量评价递阶指标体系，并将其运用于课堂评价，可以更好地了解教与学之间的关联，明确课堂教学中要解决的问题，提出更有针对性的改进建议，从而达到优化课堂教学、提升教学质量的目标。

（四）提升学校教育大数据的治理能力

数据治理是用好数据的基础，学校将优化及时、全面、规范、准确的数据采集服务，提升教育数据采集、分析、挖掘等处理能力，夯实大数据应用基础，推动教育数据有序流动，实现跨地域、跨层级、跨部门数据共享，从数据中把握办学规律和发展趋势，实现精准服务和高效管理，提高决策的科学化水平，提升学校综合治理能力。

专家点评

财大附属北郊高中顺应时代发展，紧扣“双新”背景，以构建大数据支持下的高效教学为宗旨，对数字技术支持高中教学精准化做了探究与实践，构建了具有学校特色的精准教学平台。该项目研究包括利用数据技术针对性差异化指导学生学习；利用数据链统计分析，助力教师把准学生学习偏好与“痛点”；挖掘、整理行为数据，描绘学生学习规律，指导教师“去经验化”，更好地传道授业解惑，展现了不同教学场景大数据应用的样式与特征，既有理论高度，又有实践示范,是高中课程领导力研究解决数字化赋能、提升教学品质的优秀成果;对解决当下教学现实问题,让数据技术赋能,促进教与学精准化实施,开展分层和个性化教学,具有现实意义和推广价值。

上海市浦东新区教育发展研究院原院长　顾志跃

三

新环境建设

新课程落实需要物理环境、心理环境和课堂环境等的优化。学校要创建或改造学校走廊、会议室、功能教室、实验室，特别是传统教室，设计新型的多功能学习空间，适应学生泛在化、个性化的自主学习与小组合作学习要求。学校要成立学生发展指导中心，组建专、兼职导师团队，切实实施生涯规划教育，开设有序列的生涯规划课程，组织开展职业讲座、职业体验等活动，帮助学生认识自我、学会选择。学校应建立学生发展指导制度，建立学生成长服务机制，加强对学生思想、心理、学业、生活、生涯规划等方面的指导。学校要帮助学生树立坚定的社会主义理想信念，正确地认识自我，更好地适应高中阶段的学习与生活，处理好兴趣特长、潜能倾向与社会需要的关系，选择适合的发展方向，提高生涯规划能力和自主发展能力。

一、课程环境建设

上海市大同中学的《基于个性化学习的学校课程供给机制建设研究》，从满足学生个性化学习的需求角度着力解决学校课程供给结构、供给内容、供给服务的短板，从系统视角探索学校课程供给，从学生适应课程转向课程适应学生，从学校规划课程转向学生自主设计学习路径。学校探索建构了一种服务学生选择学习、个性发展的课程供给模式；建构了学校课程供给证据（数据）系统；探索实践了基于课程链服务学生个性化学习的诊断指导机制；开展了体现“包容性、选择性”特点的课程统整实践，以更好地支持学生全面而有个性的发展。上海市大同中学从学生综合素质培育的视角出发，落实五育并举，提出了学生生涯导航课程建设的构想。该课程指向学生的生涯发展，链通校内校外，整合了德育课程、专题教育、学科拓展、学校文化活动、生涯规划课程等。课程围绕结构统整、路径优化、流程完善、平台打造等方面开展了系统性建设。

上海市控江中学以“指向育人目标与方式的转型”为主旨，以学校特色课程“学生发展导航课程群”的规范化设计、系统化实践、差异化培养作为优化方向和研究内容，通过“需求调研—顶层设计—课程实践—配套提升—总结提炼”的研究机制，完善课程群的规范标准，升级课程群的配套空间，创新课程群的评价方式，强化课程群促进课程综合性、实践性、多样性发展的功能，为学生的优势发展、专业选择、未来生涯的导航提供支持。

二、课堂环境建设

针对班级授课制存在的环境单一、预设教学、师生思维受限等问题，上海市市西中学在“优势学习”理念引领下，推进“数字化背景下建构学校教学范式的行动研究”和“学生学习时间的科学配置与管理指导策略的行动研究”两个项目的实践探索。项目组通过学习环境创建、教学组织调整、信息技术融入等途径，进一步深化思维广场跨学科融合式教学的实践探索，建构网络学习平台，开展“漫思”实验室理化生地教学改革实践探索，进一步突破时空限制，再造教学流程，为学生提供更充分的选择，满足学生差异化的学习和发展需要，使学生的学习效能得到提升。学校整体科学配置学习时间，通过调整“大中小课时”及作息时间，设立并不断优化免修制度，充分释放学生的个别化自主学习时空，通过建立导师制和学长制等指导和管理机制，提升学生自主学习和自我管理的能力，保障学生更好地开展因人而异的学习。

上海市松江二中针对传统学习空间固定封闭、功能单一、布局固化，无法满足新型学习方式支持、学生个性化和多元化发展需求等问题，为实现更好育人价值，探索学校发展新生长点，围绕“以教为中心”转向“以学为中心”空间、以单一学科转向“功能灵活组合”素养培育空间、以完全重建式转向因势利导空间等三个重构方向，开展三项实践探究。一是工具开发、技术赋能，指导、支持学习空间科学设计和建设、开放和共享；研制重构框架图、框架表，开发连接专用学习空间的泛在学习系统。二是有效结合、素养培育，激活现有空间与资源；通过专用学习空间与学术竞赛、科创活动等结合，有目的、有计划地强化学科素养、综合素养培育。三是基于课程、内联外接，探索空间重构新策略；通过建设跨学科ESAIS课程，实现校内学习空间的整合、与校外学习空间的连接，重构了一批校内外专用学习空间共同体。

三、成长环境建设

上海市建青实验学校尝试通过建立“优势智能实验室”，开发与之配套的自适应学习支持工具，推动“高中优势智能实验室”课程平台的改革与建设，把学生差异转化为教育资源，使不同潜质、潜能的学生得到充分的、多样化的发展。

北京外国语大学附属上海闵行田园高级中学探索实践课堂教学变革，从“四步八字”的“五美课堂”到“五个维度”的“创意课堂”，聚焦课堂教学落实全员创意涵育，形成了有别于面向精英、偏向理科的创新素养培育方式，为学生终身发展奠基；形成了“情境体验、审辨想象、文化理解、创意表达、审美情趣”五维“创意课堂”教学范式及各学科创意课堂教学模式，让不同创意基础学生的创意素养从高一到高三都能得到持续激发和提升。

上海市吴淞中学基于“个人学习环境（PLE）”创建的教学改革实践研究，主要探索适应新时代和未来教育的新型人才培养和教育治理模式，以优化学习流程、构建虚实共生的学习环境、丰富数字教学资源、搭建智能化基座为主要研究策略，在统整学校信息环境、充实数字教学资源、再造教学组织流程、实现智能化的因材施教方面取得了重大进展和突破，且具备有效性和普适性。

上海市曹杨第二中学针对高中社会实践长效机制在“双新”实施背景下如何进一步完善，以及如何将机制向其他学校推广的问题，凝练了社会实践长效机制应用推广核心要素。学校建立制度体系，达成基于国家课程和学校传统的价值认同；明确利益关系，设计了体现学生发展和教师成长的评价方式；构筑自组织系统，统整了突出真实体验和循序渐进的活动体系。

学生生涯导航课程建设研究

上海市大同中学[1]

摘　要　生涯导航课程是在学校、家庭、社区各领域和各环节为学生的思想、心理、学业、生活、学涯提供个性化的学习经历，培育学生成人、成长、成才，支持学生生涯发展的系列课程。根据课程内容分为学科拓展课程、素养拓展课程、专业导航课程和成长导航课程。该课程指向学生的生涯发展，旨在丰富学生的课程经历，强化学生的个性化学习，引领学生的志趣培育，导航学生的生涯路径，让每一位学生全面而有个性地发展。

一、问题的提出

（一）研究背景

1. 综合素质评价在教育综合改革与招生考试改革背景下的重要性日益凸显

自2017年起，上海依据统一高考和高中学业水平考试成绩，参考综合素质评价的“两依据一参考”，推行多元录取机制。综合素质评价作为高中招生考试评价的重要组成部分，其重要性在高校招生选拔中越来越得到重视。学校需要为学生设计并提供契合其生涯发展的学习经历和个性化的课程体验。

2. 学生的学习经历应该成为其生涯成长的有机组成部分

高考新政增加了学生选择课程的机会，学生课程的选择需要根据其生涯发展基础和发展诉求进行，也就是学生的学习活动应该成为学生生涯成长的有机组成部分。从某种意义上讲，这种个性化的学习经历应该使学生的专业志趣更聚焦，或者为学生生涯成长供给相关联的课程经历。

---

[1]项目负责人：应华。项目核心成员：魏薇、王菲、何刚、张伟峰、张亚东、傅桂花。执笔：张伟峰。

3. 课程整合实践是当前学校课程建设的重要趋势

教育综合改革背景下，不以学科为限，基于项目驱动、主题辐射、社会实践、社团活动，打通家庭、学校、社会壁垒，将学生已有的知识、经验扩大到学生的生活世界，让学生对自己的人生进行自主探索，是当前学校课程建设的重要趋势。跨学科课程整合能够增加学生学习的意义性、应用度及效率。为此，学校想建设这样一门课程——生涯导航课程，该课程是在学校、家庭、社区各领域和各环节为学生的思想、心理、学业、生活、学涯提供个性化的学习经历，培育学生成人、成长、成才，支持学生生涯发展的系列课程。

（二）拟解决的主要问题

本项目重点聚焦三个问题的应对：学校德智体美劳五育课程的培育存在结构性失衡，有待深化统整；从学生综合素质培育出发，跨学科实践性项目在领域、深度、广度方面有待进一步拓展；学生志趣培育与学校课程经历存在一定脱节，课程与学生志趣培育有待加强对接和保障。

二、解决问题的过程与方法

（一）项目研究的推进过程

第一阶段：研究启动阶段

课题组成员集体研讨，完善课题研究顶层设计，课题组人员依据各自分工开展研究。

第二阶段：第一轮行动研究

第一轮行动研究具体包括：整合学校既有德育课程、研究型课程、社团等，逐步构建生涯导航课程方案；在上海市电教馆研究型课程自适应学习平台的基础上启动学校研究性学习自适应平台建设，探索信息技术助力育人新模式；进一步深化学校创新实验室与高校资源库建设，梳理校内外课程资源。

第三阶段：第二轮行动研究

第二轮行动研究主要包括：生涯导航课程系列建设初具规模，课程的目标、结构、管理等形成制度文本；自适应平台基本成形，完善平台操作流程，梳理生涯导航课程教育教学与学生自适应学习策略；导航课程保障机制基本形成，校内外课程资源网络初具规模。

第四阶段：结题阶段

总结、反思，结题，梳理课题研究成果。

（二）项目研究的路径

在上海教育综合改革背景下，跨学科课程的重要性日益凸显。如何更好地落实综合素质评价对学生发展核心素养提出的新要求，更好地为学生生涯发展和志趣培育提供必要支撑，需要学校在跨学科课程的建设上围绕时间、空间与机制开展深化探索。

本项目以新课程新教材为依据，从课程建设入手，为学生个性化学习的开展提供与学生生涯志趣相适应的课程经历与学习体验。项目研究计划从三个方面入手：生涯导航课程如何与高校专业组相对接，重点解决课程的内容与结构问题；生涯导航课程如何与学生生涯发展相对接，侧重课程自适应平台建设研究；研究性学习能力如何与专业志趣培养相对接，侧重课程保障的建设。本项目将通过课程内容统整、课程实施优化、自适应平台建设、课程保障探索等助力生涯导航课程的研究实践。

三、主要研究内容

（一）统整形成了生涯导航课程的整体框架

通过对《国务院办公厅关于新时代推进普通高中育人方式改革的指导意见》《教育部关于做好普通高中新课程新教材实施工作的指导意见》《关于全面加强和改进新时代学校体育工作的意见》等政策文件的解读与学习，从立德树人、五育融合的视角出发，学校提出了生涯导航课程的理念，并将其界定为：在学校、社区、家庭各领域和各环节为学生的思想、心理、学业、生活、学涯提供个性化的学习经历，培育学生成人、成长、成才，支持学生生涯发展的系列课程。

生涯导航课程指向学生生涯发展，在“双新”背景下链通了校内校外，整合了德育课程、专题教育、学科拓展、学校文化活动、生涯规划课程等。课程根据其不同内容形态可细分为学科拓展课程、素养拓展课程、专业导航课程和成长导航课程。

1. 学科拓展课程

各学科根据课程标准中关于选修课程的要求设置科目，为学生提供不同水平层次与专业倾向的学科选修类课程，满足不同层次学生的学科素养发展需要。本课程包括重在夯实学科基础的学科基础课程；有志于未来专业深造的学科进阶课程；对学科有着浓厚兴趣且有志于竞赛或学科挑战项目的学科荣誉课程。

2. 素养拓展课程

课程从培养学生通识素养和个性特长维度，设置语言与文学、社会与人文、艺术与文化、科技与自然、信息与技术、数学与逻辑、思维与方法、生命与成长八大模块。

3. 专业导航课程

课程以项目式学习、问题式学习为主要学习形式，旨在培育学生创新意识、研究能力与专业志趣，为学生认识、理解并体验专业打好基础，是学生在导师指导下自主开展问题探究与创造性实践的一门跨学科课程。专业导航课程由CIE课程与学院课程组成。CIE是英文Creativity（创造能力）、Innovation（创新意识）和Entrepreneurship（创业精神）三个单词的首字母缩写，该课程旨在培育学生发现、提出问题以及研究、解决问题的创新意识与学习能力。学院课程作为CIE课程在高二阶段的进阶课程，在原有CIE课程要求的基础上，与相关学科类竞赛、科创类活动、设计类比赛等对接，鼓励创新应用。

4. 成长导航课程

课程依托校内外各类社会公共资源，构建与社区、家庭联动的大教育格局，以德育课程、专题教育、生涯规划课程、学校文化活动等多种途径对学生开展道德、法治、人文、生命、安全、心理健康等综合性主题教育，为学生成长提供人生导航。

（二）探索完善了生涯导航教育的实施路径

学校对生涯导航教育链通学科单元学习、专题课程学习、研究性学习、社团活动、志愿服务、主题教育、劳动教育等的可能性进行了探索。通过实践，学校将课程学习由学校拓展至家庭、社区、社会，形成了生涯导航教育的新路径，满足了学生个性化的学习需求与课程路径选择。目前，已探索形成以下生涯导航教育路径。

路径1：生涯导航+学科核心素养——国家课程的跨学科主题单元学习

各学科在必修课程实施中，每学期以一个单元为试点，以生涯理念围绕一个主题进行跨学科单元教学设计的探索，引领学生体验真实的社会问题情境，在问题解决中开展整合式学习。例如：在学科单元学习模块，在教学中将生涯发展理念融入议题式教学、案例教学、项目教学、活动教学；探索以学科单元为单位设计主题学习活动；围绕主题设计跨学科学习活动，让学生在单元学习中沉浸于真实的社会情境，感悟生涯方向。

路径2：生涯导航+校本选修课程——校本课程的专题项目学习

学校围绕21世纪的人才发展需要确立了五大主题，包括全球化、生态环境、生命健康、人际交往、信息科技,并围绕主题开展课程建设。基于主题的设定,学校对现有CIE校本课程进行内容更新和迭代升级,形成致力于创新素养培育的项目化校本专题课程群。

路径3:生涯导航+综合实践活动、劳动教育——CAS社会性学习活动

CAS是创造力(Creativity)、活动(Action)、服务(Service)三个单词的首字母缩写,是融合学生兴趣、学校培养目标和社会期望于一体的创新实施路径,通过引导学生走进社会并在社会大舞台开展学习和服务,培育学生的生涯意识与方向。

路径4:生涯导航+学生自主实践——"院社课程"学习活动

学校立足大同教育集团青少年科学研究院,构建"主题科学营"和"专题科学社",开展主题科学营、专题科学社的活动模式探索,引导学生围绕个人志趣开展自主研究和实践。

(三)构建形成了生涯导航课程的实施流程

学校从指导、实施、评价三方面入手,构建形成了生涯寻航课程的实施流程。流程的整体步骤涉及"生涯测评—学程设计—学程实施—学程评价"四个阶段,每一阶段均设有相应环节以确保课程目标的落实。例如:在学生学程设计前,学校通过编制《课程学习指南》以及选课指导,帮助学生了解学校的课程体系和自我个性倾向;在学程实施中,学校通过走班制以及编组活动,保障学生课程选择的自主性与个性化。

(四)创设丰富了生涯导航课程的实践平台

学校重视课程资源的开发、更新和使用,为了支持学生能有更多时空对个人的生涯开展自主探索,学校以生涯导航课程为主体,通过打破课程边界,链通课内课外、校内校外,以课程学习为中心,打造了四大实践平台。

1. 创客空间

依据学校创新教育体系建设的需求,对学校空间进行再规划、再设计,将走廊、实验室、图书馆、博物馆等学校物理空间按照其既有结构功能进行优化再造,为学校创新教育的实施和培育提供物理空间的支持,为学生创设可供"研讨交流、激发思维、支持创新、探索实践"的学校支持性创客空间。

2. 泛在学习社区

以信息技术为支持,打通线上线下学习,为学生搭建集"专题研讨、资源共享、合作学习”于一体的线上空间以及集“课程学习、实践探索、课题研究”于一体的线下空间，形成“线上线下联动、以学生为中心、支持无缝学习”的学生创新泛在学习社区。

3. 实践工作站

将高校资源、社区资源、场馆资源等进行统整，构建适合学生开展综合实践活动与劳动教育的创新实践工作站。

4. 院社活动点

立足大同教育集团青少年科学研究院，开拓并梳理“主题科学营”和“专题科学社”等院社活动的创新实践点。

（五）研发形成了生涯导航课程自适应平台

学校在研究型课程基础上，聚焦学生研究性学习的自主开展，通过实践和个体案例的追踪，发现研究性学习是增强生涯素养的最佳方式之一。大学专业划分为12个学科门类，与课题研究的领域划分之间有着高度的契合性，学生可以通过课题研究认识相关专业。学校自2018年起步，着手建设校本化的自适应平台并将其与校研究性学习相对接。

学校自适应平台主要由三个管理角色界面组成，包括校级管理员、课题研究辅导员、课题导师。校级管理员主要负责课程的管理和实施、导师的招募和培训、年级课程的进程管理、平台的建设和优化、课题的评选和展示等；课题辅导员主要负责课题研究的通识性教育，包括常见的研究范式和研究方法、班级课题的过程性管理、阶段性任务发布以及研究进程的推进；课题导师则通过与学生的互动交流，确认研究主题和内容，把控课题研究质量。自适应平台以生涯测评数据为基础，通过管理员、辅导员、导师三种角色协同指导，助力学生结合自身生涯志趣开展研究性学习，为学生的自适应发展提供平台与路径支撑。

四、效果与反思

（一）项目实践成效

“双新”课改以来，学校对标教育部《普通高中课程方案（2017年版2020年修订）》，贯彻《关于新时代推进普通高中育人方式改革的指导意见》等文件精神，可以说学校生涯导航课程的建构体现了学校对于“双新”课改的理解和实践探索，让学生学会选择，助力学生在全面而有个性的发展过程中落实德智体美劳五育并举的要旨。

一是课程的内容与结构对标教育部新课程方案的实施要求,紧紧围绕培养"全面发展、学有特长"的学校育人目标,以学生生涯发展为指向,形成学科拓展课程、素养拓展课程、专业导航课程、成长导航课程四大校本课程领域,突出课程对学生的适应性,支持学生个性化学习与生涯发展。

二是课程实施中将生涯理念融入各课程实施载体,如校本选修课程、综合实践活动等,探索形成四大实施机制,包括国家课程的跨学科主题单元学习、校本课程的专题项目学习、CAS社会性学习活动、"院社课程"学习活动。课程机制的丰富与流程的再造,赋予了学生更多的选择权与课程自主性,让学生的课程学习得以贯通校内校外、课内课外、必修选修,实现生涯导航教育的全方位、全过程覆盖,有效提升了课程的实效性与学习的获得感。

三是课程保障方面构建了线上线下融合的自适应与实践两大平台。一方面,在教育信息化背景下,学校借助信息技术的支持,聚焦学生研究性学习的自主开展,打造自适应学习平台,支持学生专业志趣与创业素养的培育。另一方面,学校重视课程资源的开发与更新,打造了集创客空间、泛在学习社区、实践工作站、院社活动点于一体的实践平台,不断丰富学生的课程时空,助力学生生涯探索。

(二)反思与展望

1. 加强信息技术对生涯导航课程的赋能与融合

在研究实践中发现,当前学校对于信息技术应用于生涯导航课程的实践仍有较大的探索空间。例如:学生的课程经历、职业体验等的数据采集分别来自学业成绩平台、综合素质评价平台以及研究性学习自适应平台,数据的分散弱化了课程与学生间的沟通反馈,不利于课程的动态调整和优化。这有待于在后续研究中以信息技术手段为抓手,探索信息技术与生涯导航课程的深度融合。

2. 生涯导航课程体系有待进一步整合优化

学校围绕生涯导航课程开展了有关课程结构、课程实施、实践平台等多方面的探索。如何进一步深化对学生生涯的引领,需要在下一阶段从课程内容、实施路径、保障与评价机制上做细做精,完善生涯导航课程实施方案,深化探索课程的实施与评价。

3. 生涯导航课程的资源平台有待进一步丰富

学校在课程资源保障建设的基础上,将进一步围绕泛在学习社区、创客空间、实践工作站、院社活动点进行课程资源的梳理、更新与拓展；将高校、社会、场馆、家庭等课程资源相链通，按照区域、功能、领域、定位等维度开展资源网络的梳理，形成课程资源目录；通过线上线下课程空间的打通，引导学生开展自主学习，转变教与学的方式，为生涯导航课程的开展提供更多支持与保障。

大同中学的“学生生涯导航课程建设研究”，在“双新”背景下，紧紧围绕“全面发展、学有特长”的学校育人目标，以学生生涯发展为指向，将德育课程、专题教育、学科拓展、学校文化活动、生涯规划课程等进行整合，建构出支持学生生涯发展的学科拓展课程、素养拓展课程、专业导航课程、成长导航课程四大课程序列，摸索出国家课程的跨学科主题单元学习、校本课程的专题项目学习、CAS社会性学习活动、“院社课程”学习活动等校本生涯导航教育实施路径，打造自适应学习平台，丰富个性化的课程时空，促进学生跨学科研究性学习，培育专业志趣与创业素养，自主合作开展生涯探究，在课程结构功能上确保了学生全面而有个性的发展，富有特色地促进了大同中学学生的成人、成长和成才。

华东师范大学课程与教学研究所　吴刚平

基于"个人学习环境(PLE)"创建的教学改革实践研究

上海市吴淞中学[1]

摘　要　传承学校办学文脉,以培养主动学习者为目标,探索适应新时代和未来教育的新型人才培养和教育治理模式,通过创建个人学习环境(PLE),探索适切的教学流程,以实现规模化、常态化的个性化学习。构建虚实共生的学习环境,以搭建智能化基座为主要研究策略,在统整学校信息环境、充实数字教学资源、再造教学组织流程、实现智能化的因材施教方面取得了重大进展和突破,且具备有效性和普适性。

一、项目概述

在吴淞中学建校百年的历程中,守正创新是其始终坚守的办学信念和教育使命。创建初期,舒新城先生在校园中开展了区别于传统教育的道尔顿制实验,废除了年级制和由教师系统讲授的班级授课制,代之以教师指导下的学生自学,学生依据工约,自行掌握进度,开展自主且个性的学习。当时的美好愿景因时代局限而无法最终实现。如今,在"双新"背景下,国家与社会越来越重视学生学科核心素养的全面提升、综合素质的全面发展,强调育人方式的变革、教与学关系的转变。我们深深地感受到,曾经的教育实验与国家的教育战略在倡导学生自主学习、合作互进、实践创新上高度契合。

"基于'个人学习环境(PLE)'创建的教学改革实践研究"既传承了学校"自主个性"的教育理念,又积极回应了新时代对于高素质创新人才培养的需求,深入探索了教与学方式变革的可循路径。

在依托道尔顿制工约进行的教学改革中,学校通过建构个人学习环境的三大系统,实现规模化和常态化的个性化学习;利用人工智能、大数据等先进技术,打造PLE学习环

[1]项目负责人:施忠明。项目核心成员:陈洁、丁玲、张灵犀、赵晔华、闫白洋、邹斌。执笔:施忠明、陈洁。

境，以信息技术深入促进教学改革，提升学生自主学习的意识和能力，实现大规模的因材施教，全面提升学校的人才培养质量。

二、项目实施

（一）个人学习环境的构建

PLE是“Personal Learning Environment”的缩写，加拿大教育技术专家史蒂芬曾这样描述：“PLE是一种工具、服务、人和资源的松散集合体，是利用网络力量的一种新方式。”学习者在PLE中不仅在主动寻找自己的学习资源，同时也在创造资源、分享资源。

PLE是一种全新的学习环境——建设为学生提供学习资源支持的内容库；通过打造自适应学习诊断系统，及时、科学地诊断学生在学科学习中的个性化障碍点；帮助学生设定学习目标、规划学习路径、确定学习任务；通过导引系统，为学生提供在线智能化自主学习支持。

结合目前的教育现状，为满足学生个性化学习需求，学校实施了教育信息化支持下的“新道尔顿制”改革，其核心是依托“工约”创建个人学习环境。工约作为变革的抓手，使教与学的关系发生了变化，形成给养、导航和支持三大系统，集学习资源、信息工具、硬件设施、技术支持、人文氛围等于一体，突破了“实体学习场所”的禁锢，实现了实体与虚拟、社会与学校、课内与课外学习空间的贯通，构建起教师与学生共同生长的学习空间。

基于以上，学校构建了支持个人学习环境的三大系统（见图1），包括导航系统、给养系统和支持系统。

1. 导航系统：个性化的学习流程

导航系统是三大系统的灵魂，是锚定学生自主学习各环节的关键点。为满足学生个性化学习需求，学校首先开展了信息化支持下的“新道尔顿制”改革。工约是“道尔顿制”的精髓，调整了固有的教学流程，形成了教师指导下的学生自主学习的新模式。工约的实施流程由自主学习、障碍反馈、堂课指导、巩固练习、个性指导等环节构成。为适应该实施流程，导航系统的构建历经三个阶段。

第一阶段：初探校本课程的个人学习环境构建

依托网上观澜书院，依据工约实施流程搭建了“课程学习”“课程介绍”“老师介绍”“课程评价”“拓展资源”“讨论区”等六个功能区，初步架构了PLE的实施框架。作为用于

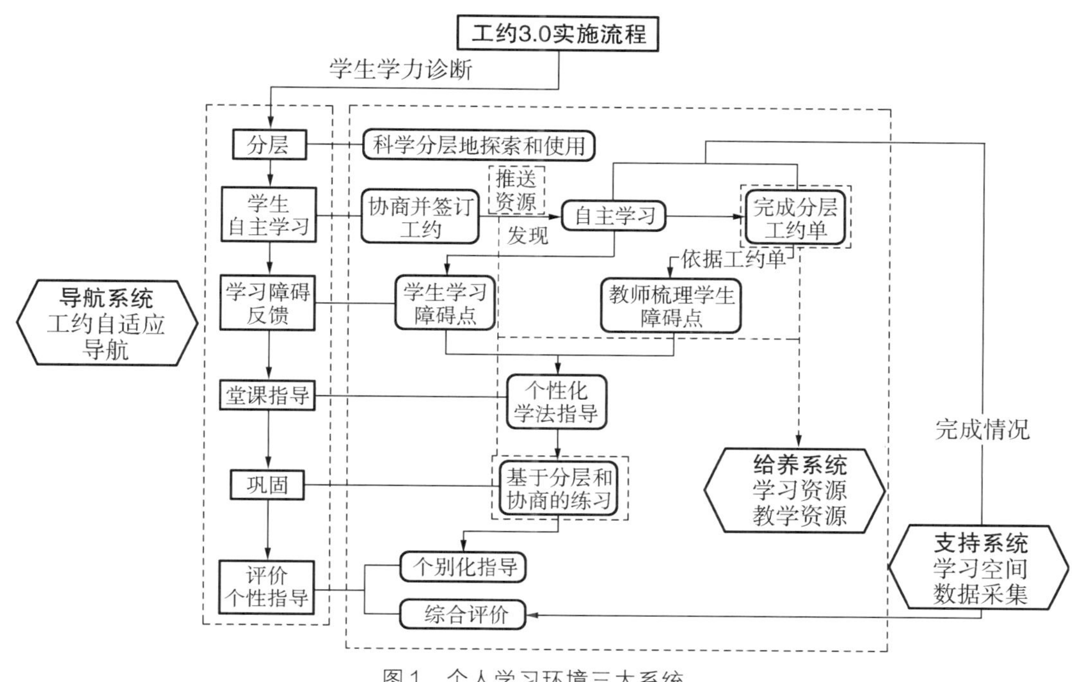

图1　个人学习环境三大系统

本校和集团校学生自主学习的平台，网上观澜书院向学生提供了自主学习资源，学生可根据教师指导和自己的实际情况进行课程选择和内容学习，并获取相应评价。平台涵盖科技、艺术、人文和综合学科的选修课程，以工约实施流程为路径，为学生提供课程学习导航，探索数字化课程实施的全流程架构。

第二阶段：深研国家课程的个人学习环境构建

随着“双新”改革的深入，学校继续在国家课程中依托“未来宝”教学平台构建个人学习环境。以数学为例，在大规模在线教学期间，教师制订课时工约，通过“未来宝”教学平台向学生提供匹配的学习资源，根据反馈情况给予学生个性化指导，对线上线下混合式学习的个人学习空间进行了探索。“未来宝”教学平台依托学科知识图谱探索自适应学习，根据学生画像智能规划学习路径和资源；学生能直观了解自己的学习情况，进行有针对性的自主学习和提升练习；教学进程从“先教后学”到“先学后教”“以学定教”，实现个性化教学和因材施教。

第三阶段：个人学习环境的整体实现

例如：学校生物团队与区级团队协作，对学科知识进行“切片”，建立基于知识图谱的自适应学习平台，提供AI课程、个性化训练、学习报告、自主反思、专题自主学习等多个学习场景。学生按照自己的学习目标、学习需求和学习时间在平台上进行个人学习任务定制。在教师端，智适应学习系统清晰展示每一位学生的学习路径，让教师更精准掌握学情，从而提供更精细、有效、智能的个性化学习任务。智适应学习系统的流程与实践的PLE理念高度契合，是理想中的工约流程在虚拟学习环境中的整体实现。

2. 给养系统：多元而丰富的学习资源

给养系统实现了课程资源供给多元化、丰富化，受众普及化，涵盖教师“教”和学生“学”的全流程需求。以“双新”为纲，促进学习资源的重组。依托网上观澜书院，探索数字化课程群建设，对原有书院教学资源进行符合新标准、贴合新体系的结构化梳理。以“工约单”为抓手，使在线单元学习流程建构实现“双新”资源整合。利用信息化平台推进线上线下融合，以学生自主意愿、真实体验、能力发展为导向，聚焦学习主体的差异化目标、不同个体与不同时期的个性化需求和具有针对性的实施路径设计，实现从“教师追着学生跑”到“学生追着老师问”的质的转变，为学生提供个性化资源给养。以“减负”为导向，利用数字技术赋能精准推送资源。从课程资源采集角度看，学校根据课程的内容、使用等级和频率，将其分为精品课和家常课。对于前者，进行排期录制或者展示同期录制；对于后者，进行自然采集，在减少教师工作负担的同时实现资源采集和循环使用。

给养系统可根据不同需求，提供专题化资源。学科网推进信息技术与教育教学融合应用，为备课阶段的教师提供优质教学资源；上海微校根据学生课前、课中、课后的学习行为提供个性化内容推荐，帮助学生找到兴趣点；慕课平台拥有科创课程，学生可获得完整的学习体验，包括课件、视频、测验与作业、教师答疑等，有利于拓宽视野，提升创新能力。

3. 支持系统：有力的支撑基座

支持系统搭建智能化基座，主要包含评价系统和基础应用系统，为改进后续发展提供有力支撑，为数据融通及学生综合评价提供支持。“未来宝”基座可以实现几乎全流程的网络教学实施，实现 “教—学—管—评”一致化，通过“评”，为“教、学、管”提供支持。比如：作为“教”与“学”的分析工具“极课系统”，利用大数据进行学情分析，实现横向和纵向的比对，帮助学校发现教育教学中的优势与不足，促进学校课程基于实证的改革；“勤业空间”是作业的“管”系统，具有操作简单、数据可累、反馈及时、调阅可视化等优势，为学生的学习画像提供数据来源，为促进学生的个性化发展提供科学证据。

学生的数字画像帮助教师适时改变教学策略。例如:数字画像聚焦体育,通过数据收集和维度标签的建立,帮助教师清晰、准确地了解学生在体育上的兴趣点、能力点、潜力点和不足点。画像并非静态不变,每一学年都会重绘,并与前期画像进行纵向或整体或分项的比较,进而发现学生的变化与成长,然后根据结果适时改变教师的教育教学策略,实现"学生变化,教育变化"的动态教育机制。学生群体画像帮助学校发现教育教学管理中的优势与不足,促进学校课程基于实证的改革,逐步建立完善的教育教学改进机制,为学校教育教学改进指明方向。

记录学生学习活动,助力学校精准管理。人脸识别系统通过AI摄像头采集学生在道尔顿工坊、观澜书院、宽正体育馆等实体空间的学习行为数据,主要记录和跟踪学生在实体场所进行研究、实验、讨论、训练等自主学习时的活跃度和持续性,为个性化课程推进提供行为分析数据。

(二) 个人学习环境支持下的教学实践

通过个人学习环境创建,优化教学流程,再造个性化学习导航路径;充实个性化学习资源,将资源的生成和共享机制进行创新;通过搭建智能化的支持基座,整合学校原有信息环境。在以上个人学习环境的支持下,学校在多个学科中进行了教学实践探索。

1. 学情数据收集智能化,课前诊断更高效

依据工约实施流程,学生的课前任务是完成"自学路径导航"中的相关问题,如果遇到学习困难,可以通过"学习材料准备"中的资源链接,尝试自主解决。在此学习基础上,学生还需要完成"前置测试",并于课前交给教师评价定级。教师借助平台对学生的"前置测试"进行评价,能够准确、高效地统计测试的完成情况,收集测试中的错误,以便有充足的时间为课堂做准备,同时减轻批改作业的工作量。

2. 依托智能化教学工具,课堂组织更高效

(1) 学生合作形式的变化:利用平台数据实施智能化分组

教师改变传统的课堂教学模式,根据"前置测试"的学生定级情况,对学生进行混合式分组。利用平台提供的数据,将学生按照"共同讨论式""组员互助式""小组竞赛式"等模式进行分组。以SOLO分类理论为指导,依托大数据分析,了解学生学习情况,并在此基础上构建合适的学习共同体,使学生相互交流、共同分享、发现自我,在合作的氛围中得到发展。

（2）教学场景的变化：建设OMO的混动化场景

在个人学习环境构建的基础上，教学场景得到了新的延展，除了传统课堂，虚拟的学习空间也成为新的教学场域。学生除了在实体教室中进行学习，还可以在课堂上运用“钉钉未来宝”“观澜书院”“问卷星”等线上学习平台和工具，结合教学内容开展互动讨论、学习评价等活动，实现课堂教学场景的混动化。

（3）学习评价的变化：“未来宝”辅助个性化诊断

智能化的作业批改实现学习障碍点诊断的精准化。学生通过“未来宝”教学助手完成练习后，教师通过软件批改作业，在信息化赋能下获取详细、精准的作业情况反馈，包括学情概况、知识点分析、小题得分率、小题答题详情、小题答错名单等。在学习管理上也有更精准的效果，教师可发告知单提醒缺交作业次数较多的学生。

除学生学习诊断实现精准化之外，教师还可利用信息技术为学生提供个性化的学习辅导，给出适合的学习支持，如集中讲评、分组交流、个别辅导等，帮助学生完成学习目标；教师针对不同学生给出的关于知识、技能、基本思想和基本活动经验的个性化学习评价和改进建议，以及适量的定级作业，有助于促进学生反思。

（三）指向核心素养的个人学习环境再优化

从网上观澜书院到“未来宝”教学助手，学校的个人学习环境构建在不断优化的研究探索中，在信息化技术不断发展的背景下，智能化程度不断提升，最终在生物学科中实现了全流程的智适应，真正实现了学生的个性化学习。

1. 更完善的资源图谱建设实现核心素养的提升

学校生物教师团队积极参与研究生物知识图谱，与市级团队共建知识图谱相匹配的资源图谱，为知识图谱中的“实体”匹配了4300多个微课、动画、文本和测评试题。迭代后的知识图谱确保核心素养价值导向融入资源图谱建设中，以发展学生的生物学核心素养为旨归，更加注重学生的关键能力、价值观念、必备品格等的培养。

2. 更丰富的应用场景实现教与学全场景应用

基于知识图谱的智适应学习系统设计的应用场景有三个。一是课堂教学场景：教师备课—智能分组—推送个性化资源—学生课堂自主学习—教师课堂精准提问和教学—解决问题—推送个性化作业，主要探索课堂教学“1加1”的路径。二是新课自主学习场景：选择章节—推送学习资源—试题推送—学习结果诊断—推送个性化学习资源……主要探索课前备课“1帮1”的路径。三是自主复习场景:选择章节—设计目标—试题推送—学习结果诊断—个性化推送学习资源—个性化试题推送—学习结果诊断……主要探索课后辅导“1对1”的路径。

3. 更适切的教学策略模型提升学习效果

教学策略模型是开发智适应学习系统的规范和引导。主流模型有三种:一是“微课+评价+资源推送”,学习过程是“学习内化—学习评价—评价反馈”无限循环的螺旋上升;二是“设计问题链”,通过加入启发性议题、引导性议题和探究性议题,设计具有沉浸感的学习模式,用问题链驱动学生不断深入开展探究与学习;三是“测试评价+资源推送”,通过做题,系统将知识点的掌握情况反馈给教师和学生,并据此开展验证性评价,然后根据评价结果决定推送给学生的视频、动画等学习资源,再给予有针对性的辅导,以学定教。三种模型彼此交叉,生成N种路径,加上学习空间的支持,智能系统打开的过程将是一场多源、异步的对话。

三、研究成果

(一) PLE为学生提供了一个系统的环境

匹配工约“教—学—评”的完整流程,所有学习环节都能够在虚拟环境中实现,提升了个人学习环境的完整度和智能化。平台帮助学生选择更适合自己的学习资源,同时支持学生利用自己习惯的网络社交方式,在虚拟空间进行资源共享、信息交流、互相评价。

(二) 实现了常态化且规模化的个性化学习

个人学习环境能在线上和线下长期有效地为学生提供个性化的学习服务、满足个人学习需求,学校的生物和数学学科已成为PLE常态教学范例。在线教学期间,学校积极开展PLE下的教学实践。以大规模在线教学为契机,PLE教学模式已辐射至学校下属的五所集团校,为集团校线上教学的顺利开展提供了宝贵的经验借鉴。

(三) 在学校、教师、学生层面取得了丰富实效

2022年,学校的“基于个人学习环境构建的个性化教学实践”案例在教育部“智慧教育优秀案例”评比中荣获二等奖;2020年,论文《有“约”在先 学习更有动力》在《中国教育报》发表;以我校生物教师为核心的“智适应系统构建”项目成果获“2021上海市基础教育成果特等奖”。近年来,得益于PLE教学模式,学校教师纷纷获得各学科类竞赛优秀指

导教师荣誉；学生的特长也得以发展，2022届楼同学、2021届蔡同学等分别在学科特长助力下角逐“强基计划”，被清华大学、上海交通大学等录取；学校生物学科等级考A率较实施前增长15%左右。

“基于‘个人学习环境(PLE)’创建的教学改革实践研究”这一项目既体现了传承学校办学文脉的延续性，也体现了探索新教育治理模式的开创性。项目对学校办学历史上的教学改革进行了深入研究，抓住了核心理念，并将这个理念放诸当下新时代的教育变革背景之下。结合校情，淬炼了“个性而自主地发展”这一育人目标，不仅切合“双新”的新理念，也体现了学校的办学特色，适切且独到。在整个项目研究中，学校利用信息技术打造个人学习环境，以工约为依托实施教学，形成了功能分明的导航、给养、支持三大系统，帮助学生规划个性化的学习路径，提供丰富的学习资源和智能化的评价支持，让学生的主体性和自主性得以充分实现，让“双新”的落地有了具体的抓手与载体。

华东师范大学教育学部课程与教学系主任　周文叶

重构专用教室学习空间的行动研究

上海市松江二中[1]

摘　要　本项目从“以学为中心”的空间、“跨学科学习”的空间、“内联外接”的空间三个方向，开展了专用教室学习空间重构的实践探索，研制了学习空间重构的框架，开发了连接学习空间的泛在学习系统。通过学科活动的有效融入，激活了现有学习空间；通过ESAIS跨学科课程，实现了学习空间的内联整合与纵向拓展。重构的实践表明，课程是学习空间重构的核心载体，整合是学习空间重构的主要手段，学生得到更好发展是学习空间重构的最终目的。

一、问题的提出

（一）研究的主要动因

《关于上海市新时代推进普通高中育人方式改革的实施意见》提出，要加强个性化学习空间建设，积极支持学校创建学科教室和创新实验室，增强设施设备使用效率，促进全体学生的创新素养培育和创新活动参与。

学校传统教学空间存在诸如布局相对固定，缺乏开放性、灵活性，功能单一，相互分割，侧重于教，对学生个性化、多样性学习需求支持不足，无法支持学生跨学科学习等问题。

（二）解决的主要问题

1. 如何更好满足学习空间的功能需求？

2. 如何有效支撑项目化学习、泛在学习等各种新型学习模式？

---

[1]项目负责人：俞金飞。项目核心成员：余方喜、陈栋、李潇、赵凌云、高瑛、顾春梅。执笔：余方喜、陈栋。

3. 如何满足跨学科学习、综合实践活动的需要？

（三）解决问题的过程与方法

第一阶段：运用文献研究、调查研究等方法，了解专用教室学习空间发展的现状；调查本校专用教室学习空间发展的现状、问题与需求。

第二阶段：运用行动研究、案例研究等方法，围绕三类“重构”开展实践研究，形成开发工具和实践案例。

第三阶段：通过调查研究、经验总结等方法，了解重构效果，提炼重构经验与策略。

二、项目的主要内容

（一）理论基础

1. 理论基础

本项目研究主要基于PST理论框架、情景认知学习理论、联通主义学习理论、具身认知理论、环境心理学理论等。

2. 关键概念

学习空间　本项目所指的学习空间是指从学生的角度出发，深度融合教学内容、教学方式和技术设备，通过激发学生的学习兴趣、支持学习活动来促进学生深度学习的校园学习空间。

专用教室　本项目中的专用教室特指学科教室、创新实验室。学科教室特指基于学科教学的专用教室，是集课堂教学、学生分组实验、教师办公、学生阅览及学科文化展示功能于一体的多功能教学场所。创新实验室特指学生开展自主探究和创新实践的场所，是融合学习内容、学习方式和技术装备于一体的新型学习环境。

重构　本项目所指的“重构”主要包括三个方面：一是“以教为中心”转向“以学为中心”；二是“以单一学科为中心”转向“跨学科学习空间建设”；三是“以完全重建式”转向“改造和整合相结合的重构”。

专用教室学习空间重构　本项目中的专用教室学习空间重构，指学校围绕学科教室和创新实验室两类专用教室开展的学习空间重构。重构包括课程内容的统整、学习方式的变革、学习空间形态的创新和现代信息技术的融入，通过重构促进学校教学组织方式和人才培养模式的转型，实现全面育人。

（二）主要观点

1. 学习空间重构，需要学校整体设计、渐进实施

学习空间重构，上接课程内容统整，下连教学方式、学习方式转型，横向涉及学习空间形态创新和现代信息技术等多样化融入，牵动学校教学组织方式和人才培养模式转型等诸多方面，需要学校整体设计、系统思考、全局规划、渐进实施。

2. 学习空间重构的最终目标是促进学生发展

重构不是谋求建设一种统一的、固定的学习空间，而是从标准配置到满足学生需求的个性化、多元化发展。学习空间重构，要成为引发学习方式变革的实验场，最终目标是促成有效学习、深度学习的发生，使学生得到更好发展。

3. 学习空间重构的主引擎是课程“迭代”升华

重构中，通过有效的课程设计和实施，重新定义课程、课程的学习形态，使课程从封闭到开放、连续，课程资源的整合与开发不断支持学生个性化、多样化发展的需求。过程中，课程将不断“迭代”升华，与空间同步发展。

4. 学习空间重构的主要手段是整合和拓展

加强校内专用教室学习空间整合，使学校专用教室从单一功能走向多种功能，从所属单学科到多学科、跨学科，通过技术赋能、课程组织、项目导引、活动结合，让人、物、事流动起来，是可行的方法之一。同时，拓展校外资源，让校外学习空间与校内学习空间有机连接，充分发挥校外专家教授、学校领导、学科教师、实验员、学生等学习空间建设者和重构者的作用，也是学习空间重构的有效思路和做法。

5. 学习空间重构的主要特征是支持多元

重构后的学习空间的主要特征有：支持多类型课程（必修课程、选择性必修、选修课程）的实施；支持多样化学习（如研究性学习、项目化学习、合作式学习等）的开展；支持教师诸多育人能力（如跨学科能力、学科专业能力、课程开发与设计能力等）的培养。

（三）实施策略

1. 工具开发、技术赋能，指导和支持学校专用学习空间建设

（1）工具开发

学习空间重构需要兼顾物理环境和软环境。学习空间重构，外显的是物理空间的改变，如空间布局、设施设备配置、声光电环境创设、信息技术应用等方面的配置、更新与重

组；内隐的是教育理念、学校文化、课程体系、教学组织、师生关系、管理机制、业务流程等方面的有效融合与创新。在重构过程中，需要设计物理环境和软环境层面的重构框架，不断细化各类指标。下面以“基于数字化实验课程的化学创新实验室重构”为例（见表1和表2）加以说明。

表1　物理环境层面重构框架表

设计点	重点内容
空间布局	在原有格局基础上，增加小组学习桌可移动性，提升小组合作学习活动的灵活组合
设施设备配置	四周多组短焦投影及白板（或大屏一体机）替代原有黑板；增加可移动磁性黑板，便于师生交流分享时板书；升级数字传感器、基础实验仪器、信息网络，构建有助于交互式学习的实验平台
声光电环境创设	实验室、实验台照明系统更加适合化学实验特点
信息技术应用	实验室无线网络全覆盖，相关设备物联至网内；新增智慧教室等平台系统，提供师生讨论、分享实验数据等交互式学习的功能

表2　软环境层面重构框架表

设计点	重点内容
学校文化	在氛围布置、课程内容等方面融合学校文化
课程内容	必修、选择性必修、选修和科创类课程等
学习方式	主要以项目式开展；通过实验平台，实现教师指导学生实践、学生充分体验的过程，实现师生、生生的交互式学习
教学组织	教师挖掘教学内容，提炼项目化学习主题，设计不同的活动环节，激发学生参与、共同完成任务，发挥团队力量
评价方式	设计合理的评价量表；从实验前的设计准备、实验中的素养与技能、实验后的成果与总结反思等方面，综合评价小组乃至个人的学习活动
师生关系	主要以学生为主体开展，教师充分发挥“导师”作用，提供及时的指导、支持和帮助；同时在数字实验室中发挥生生互动的有效性，组与组之间共享实践成果，分享学习体会

（2）技术赋能

开发“泛在学习系统”，以“机器人设计与制作实验室重构”为例。学校发现在规定的课程框架下，学生受到时间、空间的限制，而且器材设备管理麻烦、指导教师不足等问题，使“机器人设计与制作实验”成为少部分学生活动的专利。于是,学校设计和开发了简化版“泛在学习系统”,添置了物联网专用设备,系统、空间及设备连接如图1所示。

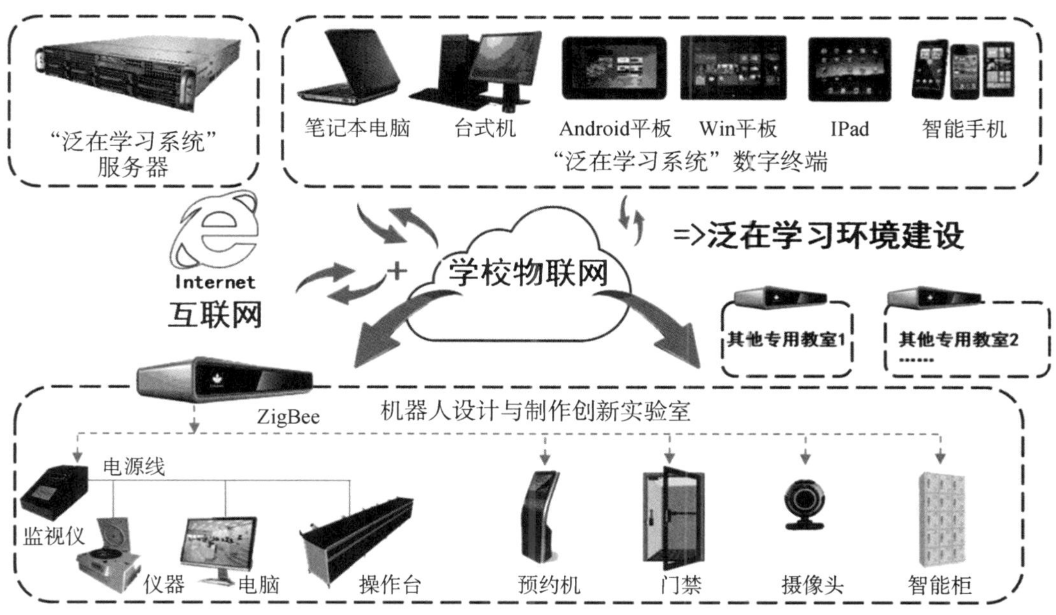

图1　专用学习空间内物联网硬件设备及周边设备连接的逻辑图

在泛在学习环境中,学生可在任意地点、任意时间,利用学校自主开发的“泛在学习系统”,在线选择适合自己的学习时间段和“机器人设计与制作”课程,先行完成机器人设计的在线课程。然后在预约时间段内参加课程学习,通过刷卡识别或在线用户登录的方式进入机器人实验室,刷卡打开智能柜,取得配套器材,再到预约的操作台完成实验课程。实验结束后,在线填写实验报告。实验过程中,指导教师登录平台,通过网络远程视频监控,对学生进行在线指导和评价。

2. 结合竞赛,融合活动,激活学校现有专用学习空间与资源

尝试引入与专用学习空间相联系的各类竞赛、实践活动,进一步激活学校各专用学习空间。引入的相关竞赛或活动有中学生物理学术竞赛、生物学科竞赛、生化科创活动、天象馆与天文观测结合、政治和历史单元教学实践等。

例如,将物理各类实验室与上海市中学生物理学术竞赛结合。在实验室里,学生开展知识学习、理论分析、方案设计、实验操作、结果讨论,以团队合作的形式研究实际物理问题,以辩论的形式参加学术竞赛,既锻炼了解决复杂科学问题的能力,又培养了发散性思维和交流表达的能力,使知识、能力和素质得到全面发展。

又如，为了激活学校天象馆，地理组与江苏、云南、四川三地兄弟学校联合，组织线上线下结合的天文观测及互动活动。在学校天文台，学生通过天文望远镜，深入了解月球上的月海、山脉、环形山等形态和结构；在不适合望远镜观测时，则通过数字天象仪，进行全天候、全方位的虚拟天文观测，了解全球任意时间、任意地点的星空图像。通过网络共享，四地学校实现了同一时段观月绘图，并共同完成了实验报告，进行了线上线下互动交流。四地同步观察及互动活动，让学生拥有了全新的学习体验，更加激发了他们的学习兴趣。

3. 基于课程，内联外接，探索专用学习空间重构新策略

（1）主动内联，促进校内学习空间的横向整合

以跨学科课程为基础，面对不同课程主题、不同研究项目，各教室合作联动；通过添置有限设备、整合各学习空间技术装备，实现校内不同学习空间两两联合或者多个联合，形成跨学科项目学习的学习空间（见图2），初步解决了长期以来学校学习空间彼此分割、各自独立的局面，盘活了设备，拓展了空间，激活了团队，提升了利用率。

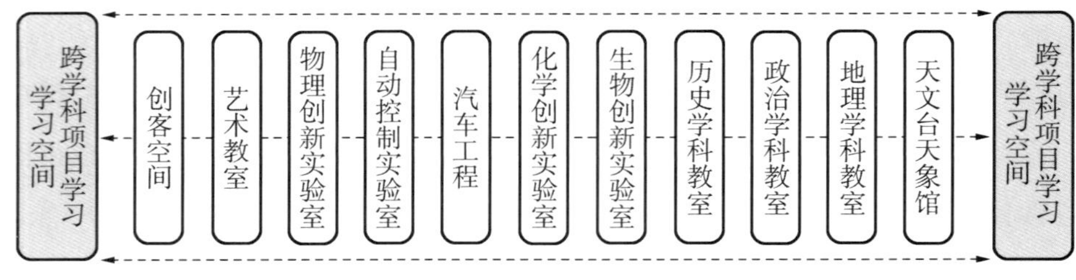

图2　专用教室学习空间横向整合图

以“四鳃鲈鱼养殖环境的模拟与建构”项目为例。该项目既涉及电路问题，又涉及自动控制、水流循环及水质处理与检测，还涉及装置制作以及食物选择与投放等多学科问题。为了解决一个个具体问题，负责教师主动从一个实验室走到另一个实验室，主动与不同学科教师和实验员协商。静态的装置、设备动了起来，学习资源不断得到拓展和延伸，教师和学生随着流动的课程，在不同学习空间活跃起来。

（2）积极外接，实现学习空间的纵向拓展

围绕学生跨学科ESAIS学习项目，有限改造学校专用教室，连接不同高校、高企课程资源，链接设施设备、前沿技术、学习内容、教师指导，形成 高中与大学纵向衔接的学习空间（见图3）。

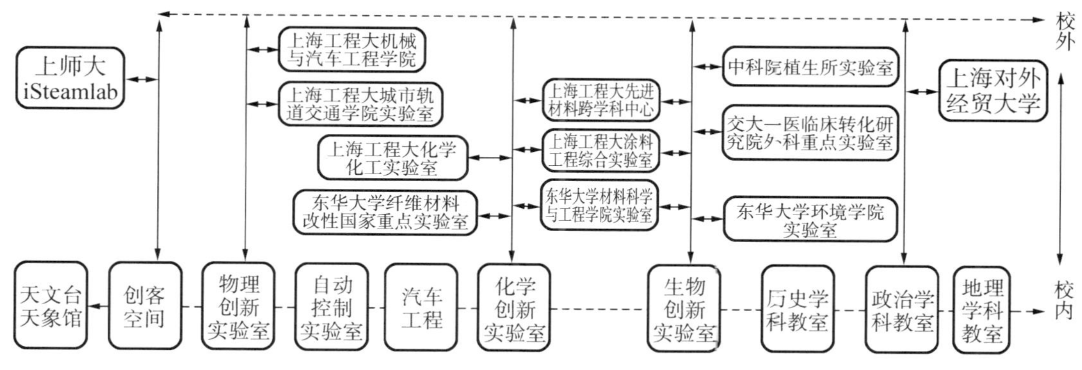

图3 专用教室和部分高校实验室合作框架图

以与东华大学合作为例。依托ESAIS课程，学生围绕高性能纤维与复合材料、功能纤维与低维材料、环境友好与生物纤维材料、纤维材料测试与表征等方面开展项目研究。实施中的理论学习、文献研究和基础实验、开题论证和结题汇报等安排在中学，关键的研究和集中实验则安排在东华大学国家重点实验室。目前，学校已与上海工程技术大学、上海对外经贸大学、上海市第一人民医院以及G60科创走廊等9家高新企业开展了合作。

（四）主要成果

1. 开发了专用学习空间重构工具

重构中，学校开发了专用学习空间重构框架图以及设计框架表、框架流程图，并将这些工具量表不断"复制"在本校基于项目化学习的活动型思政学科教室、智能数学科创实验室等专用学习空间的建设中，推广至九峰实验学校、华东政法大学附属松江高级中学等多个学校。

2. 开发了连接全校专用学习空间的"泛在学习系统"

学校开发了连接全校专用教室学习空间的"泛在学习系统"，实现了以学生为中心的泛在学习。《基于物联网技术的"泛在学习系统"应用——以机器人实验室学习空间重构为例》《基于学习环境变革的泛在学习环境设计》《基于物联网技术的"泛在学习系统"设计初探》等论文发表在《现代信息科技》杂志。

3. 形成基于课程、内联外接的学习空间重构策略

依托本土的自然、人文和社会三类环境，从科学与艺术视角切入，结合学科知识，让学生从中发现未知、提出并解决问题，以提升学生创新素养能力，培养学生社会责任感为导向，开发了ESAIS跨学科课程。通过ESAIS课程，形成了内联、外接两条重构策略。

2022年3月,《内联外接,协同育人:基于ESAIS课程建设的学习空间重构》发表在《上海教育技术装备》杂志;2022年6月,《内联外接,让课程资源流动起来》收录在《基于学习方式变革的中小学学习空间重构的实践与思考》一书中。

三、效果与反思

(一) 取得的实效

“学生对学习空间重构的感知与满意度问卷”的调查显示,学生认为学习空间重构后,拥有了更为适合的学习环境和新颖的学习体验,相对传统实验室,更喜欢在重构后的专用教室学习空间学习,更有利于自主学习、协作学习等深度学习行为的发生。

我校教师在课程设计与开发、教学设计思维和教学组织方式等方面发生了变化。教师们逐步习惯整体性、系统性思考,在课程开发与教学设计中开始有意识地思考如何将学习环境更好地融入课程与教学中,以支持学生学习方式的深度变革。

学校专用教室学习空间的重构,为国家课程方案中的跨学科学习、综合实践活动的落地探寻到一条路径,学校也逐步走上特色发展之路。

(二) 反思

如何更好地实现以学习者为中心? 如何使学习环境与学习过程更好地融合? ……这些问题都需要我们不断学习、坚持探索。

学校专用教室学习空间、公共学习空间和虚拟学习空间都是学生学习的场所,局部的探索需要上升到整体的设计,以期建设更好的全面育人环境。

专家点评

重构学习空间是推动基础教育采用各种教学新技术的重要抓手,也是高中全面实施素质教育、培养与发展学生核心素养的关键环节。松江二中从促进学生全面而有个性发展的立场出发,结合学校实际,围绕原有教学空间的重构开展实践探索,在不增加过多硬件的前提下,探寻了一条学习空间重构的路径,为大家提供了思路和范式。传统的高中教学以知识技能学习为主,班级教室、电子白板、学科实验室是学校的普遍配置。随着基础教育育人功能的不断确立,除了学科知识技能之外，学校教育还要关注学生思维与方法的发展、实践与能力的提升，以及态度与责任的养成。这些素养要求不是在教室里通过教师的简单讲授就能直接培养的，而要通过多样化的学习方式，如跨学科主题探究、现场考察、博物馆课程、实作体验等，让学生在亲历各种学习活动的过程中获得感知，产生体验，形成个体经验与认识。创设这些学习需要环境与条件的支持。松江二中通过内联，激活了校内原有各学习资源的横向整合重构，搭建出新的学习空间；通过外接，广泛联系社会各级各类教学资源，横向涉及工、农、商、科各个行业，纵向延伸到高校、高企，构成了丰富多元的校内外学习资源网络，建成了能支持并满足学生多元、个性学习的学校学习新空间。这种探索，不仅丰富了校内外的课程资源，更为重要的是支持了学生学习方式的变革，促进了学校育人目标的有效达成，提升了育人品质，进而为学校高质量发展提供了一条可供借鉴的新思路。

上海市浦东教育发展研究院原院长　顾志跃

十五年一贯制学校高中学生优势智能实验室及课程建设的实践研究

上海市建青实验学校[1]

摘　要　本项目通过建设高中优势智能实验室、开发优势智能实验室课程及配套自适应学习支持工具，探索了优势智能实验室建设的原则、优势智能实验室课程建设的策略以及优势智能实验室与优势智能实验室课程的关系。利用学校资源，提供利于学生优势智能发展的学习环境，开发相应课程及与课程配套的支持工具，帮助学生在学习中发现总结、自主解决问题，发挥高中学生特长优势，推动其成为个性化发展的学习者。

一、问题的提出及解决

建青实验学校为公办十五年一贯制学校，学生年龄跨度从3岁至18岁，经历幼儿园、小学、初中和高中四个学段。“一贯制”办学，既有学生系统学习和习惯培养的优势，也有生源非择优、学生个体差异大的特点。如何为每一位具有不同优势智能的学生提供特色课程以发现、培育和发展能力特长？如何通过整合学校资源，搭建自适应学习平台以实现学生自我认知、自我选择、自我评价、自我发展？本项目将研究的侧重点放在通过优势智能实验室课程建设，培养学生个性特长，注重素养培养方面。在研究实施阶段，以学生优势智能为基础，根据课程要求和学校自身资源确定相关实验室建设，拓展实验室功能，开发实验室课程；根据课程及学生自主学习需要，开发课程支持手册，梳理学校已有十五年一贯制JQ(JOIN QUALITY)课程体系与优势智能实验室课程的脉络，绘制基于素养培养的课程图谱，形成优势智能实验室课程建设新模式。

---

[1]项目负责人：罗宇锋。项目核心成员：张东林、童葆菁、万技伟、滕芳梅、陶晓阳、尚丽娟。执笔：罗宇锋。

二、项目的主要内容

以学校育人目标、优势资源与学生智能发展现状为基础，建设符合学生个性化发展的优势智能实验室；开发优势智能实验室课程，探索优势智能实验室课程与实验室的关系；开发课程配套自适应学习支持工具，搭建自适应学习平台。

（一）打造适合学生优势智能发展的实验室

1. 优势智能实验室建设原则

（1）灵动组合

优势智能实验室建设根据学生和课程需要灵活变动。以ARTIST艺术时尚实验室的建设为例。大艺术课程群的子课程以工作室形式开展，这些工作室一门相隔，隔门可以移动。在日常教学中，这些工作室单独分开使用；开展大型主题活动时，将隔门移除，整个实验室变成一个展示舞台，学生可进行时装秀，展示在服装设计工作室设计的服装，音乐伴奏来自数字音频教室上课时的作品，现场拍摄时则用到摄影工作室学习到的摄影技术。

（2）主题综合

优势智能实验室根据主题统领的跨学科综合学习需要实施建设。以MEDIUM传媒语言素养实验室的建设为例。MEDIUM传媒语言素养实验室课程群的子课程DI DRAMA创意戏剧课程的实施围绕一个主题开展，先编写剧本，再设计方案、制作道具，最后通过舞台表演的形式呈现。这是一门融写作、DI创新、戏剧表演为一体的课程，有DI实验室、戏剧表演空间等。

（3）探索实验

优势智能实验室依据学校建在实验室中的理念实施建设。以EXPLORER跨学科创新实验室的建设为例。EXPLORER跨学科创新实验室课程群的生灵之境课程实施过程为：在生灵之境教室，学生围绕需要实验的任务开展小组讨论、资料查询，然后带着任务到校园各处开展观察和实验，如采集气象观察数据、采集植物标本等，最后回到教室进行分析讨论。

2. 优势智能实验室建设框架

遵循灵动组合、主题综合、探索实验等原则，学校建成了对接语言智能的MEDIUM传媒语言素养实验室、对接逻辑数学智能和自然观察者智能的EXPLORER跨学科实验室、对接人际关系智能和自我认知智能的DESIGNER生涯设计实验室、对接音乐智能和身体动觉智能的ARTIST艺术时尚实验室等(见表1)。

表1 基于优势智能的课程及实验室建设对照表

优势智能	实验室课程	优势智能实验室
语言智能	经典诵读、雅思综合课程等	MEDIUM传媒语言素养实验室
逻辑数学智能	数学思维、科创大赛等	EXPLORER跨学科创新实验室
逻辑数学智能	电脑制作、机器人等	EXPLORER跨学科创新实验室
自然观察者智能	生活中的生物、生灵之境等	EXPLORER跨学科创新实验室
人际关系智能、自我认知智能	JA财商课程、生涯指导课程等	DESIGNER生涯设计实验室
音乐智能、身体动觉智能	大艺术、国际时尚创意课程、手球等	ARTIST艺术时尚实验室

(二)开发满足学生优势智能发展的实验室课程

1. 优势智能实验室课程总目标

学校立足《中国教育现代化2035》和《上海教育现代化2035》,基于《中国学生发展核心素养》,围绕办师生喜欢的学校、让师生共同发展的办学理念,以培养"德行好、基础实、能力强、特长显、视野阔"的建青学子为目标,依托EXPLORER跨学科创新实验室、ARTIST艺术时尚实验室、MEDIUM传媒语言素养实验室、DESIGNER生涯设计实验室几大空间的构建,基于国家课程方案和学科课程标准的框架,结合学校JQ课程体系,建设优势智能实验室课程,着力培养学生的创新精神、创造能力、艺术鉴赏力、思辨能力、批判精神、生涯规划能力以及跨文化意识。

2. 优势智能实验室课程建设原则

(1) 跨学科设计

依据学生的思维发展和培养目标,寻找一个可以融合多个学科思想的环境载体,在探究主线问题的过程中,积极调用学生的多个学科知识,通过理解、分析、应用多学科知识,解决实践中的问题。上文提到的DI DRAMA创意戏剧课程就是跨学科设计的最好诠释。

(2) 跨时空设计

学生根据自身需求,在课前课后、课内课外开展自主探究实践。以时尚创意课程为例。时尚创意课程因涉及印染、编曲、数码编程等领域,这些课程的内容都需要学生在课前准备,在课堂上交流、讨论、修改,在课后继续研究,因此将课前、课中以及课后的教学任务全部纳入课程设置。

(3) 一贯制设计

根据学生的不同思维发展水平和今后的学业发展要求,课程设计的探究主题全局考虑课程衔接。以DI创新思维课程中的"戈德堡装置的设计与建造"为例。学生在小学和初中阶段,通过航模、车模、机器人等课程,已经有了一些工程建造的实践体验,在高中阶段完整地体验工程项目的实施过程,并在过程中提高实践能力,将有助于其培养创新精神、形成工程思维。

3. 优势智能实验室课程结构与设置

课程将人文资源和自然资源纳入实施过程,开发学科性综合实践活动课程,丰富学校的课程内容,拓宽师生的课程视野,实现全面提升学生科学素养的目标(见图1)。

4. 开发整合空间的优势智能实验室课程

遵循跨学科设计、跨时空设计、一贯制设计的原则,学校开发了EXPLORER跨学科创新实验室课程、ARTIST艺术时尚实验室课程、MEDIUM传媒语言素养实验室课程、DESIGNER生涯设计实验室课程。

(1) 整合课程空间的EXPLORER跨学科创新实验室课程

该课程的特点是借助实验帮助学生获得学科知识,有机整合不同学科,培养学生的综合素养和科学精神。依托学校现有的物理、化学、生物等创新实验室,科创中心地下空间等按照学科要求和育人需求建造的整个校园开放式实验室平台,激励更多学生在科技类课程和科技类活动的学习中主动质疑、主动思考,提升学生发现并解决问题的能力。

目前,课程内容有六个主题板块,即物理创新实验板块、化学创新实验板块、生物创新实验板块、NCG生灵之境实验板块、DI创新思维实验板块、创意实验板块。在课程实施过程中,凸显了部分精品课程,如科学创新课(见表2)。

(2) 整合课程空间的ARTIST艺术时尚实验室课程

该课程是在结合原有艺术学习领域三门基础型课程(音乐、美术、艺术)及拓展型课

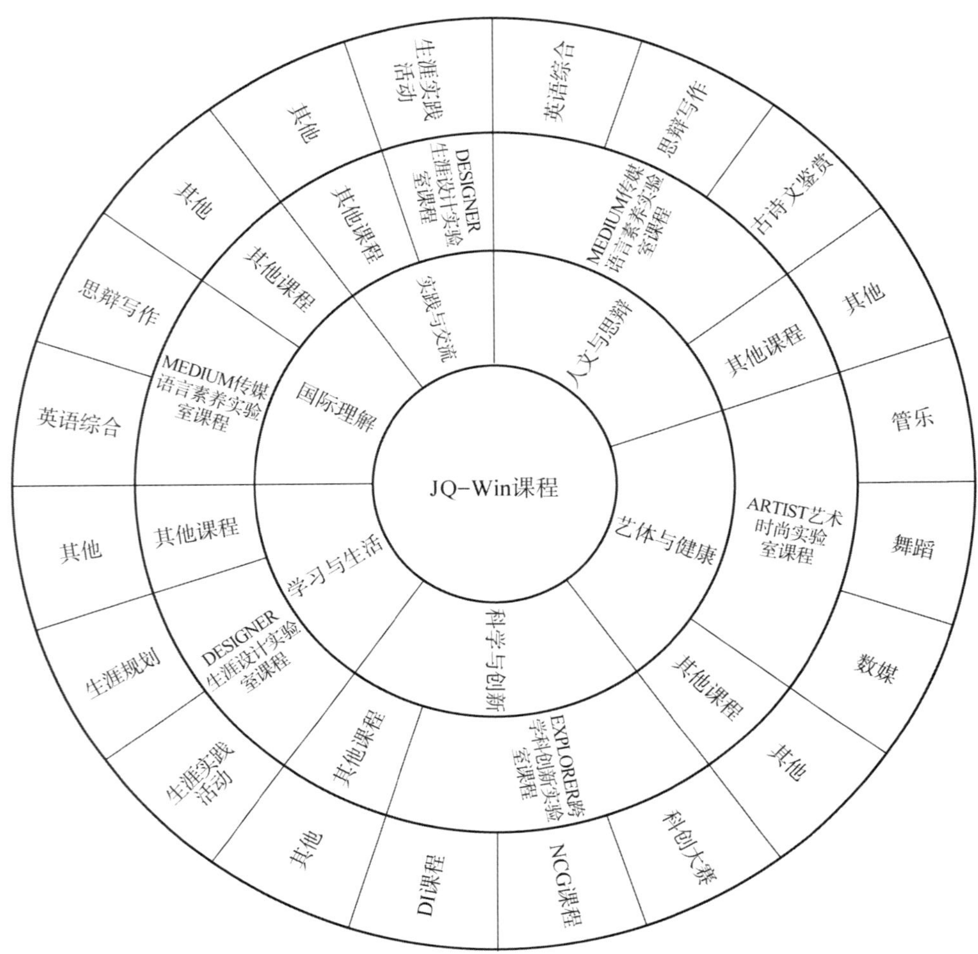

注：W-WE Q合作意识；I-INTERNATIONAL国际理解；N-NOVELTY创新精神。

图1 JQ-Win课程及优势智能实验室课程图谱

表2 科学创新课程介绍

课程名称	科学创新
课程简介	课程以科创项目为内容，以能力培养为目标，用科学研究的方式让学生入门研究性学习。通过提供专家讲座、教师指导等系统化的课程，帮助学生从学习生活和社会生活中选择、确定研究课题，运用科学的研究方法主动获取知识，并运用知识解决问题
课程目标	让学生通过技术学习和项目研究解决自己感兴趣的问题，掌握科学的研究方法，完成一篇小论文
课程内容/知识领域	课程涉及工程、行为和社会科学、化学、环境科学与工程、计算机科学、植物学、微生物学等领域

（续表）

课程结构/形式	课程以PBL项目合作形式开展。教师按照课程设置开设主题讲座，安排课程进度，指导课程进展；学生以小组合作的方式开展项目研究，在教师的指导下根据自选主题进行探究，如信息采集、甄别、筛选、分析，最后撰写论文，进行项目成果展示
课程评价	根据学生项目参与度、小组展示成果、论文质量等进行综合评价

程，围绕校园文化，统整各类教学时空及资源的基础上，进行的学校整体艺术课程的顶层设计。课程力争让每一个学生都参与其中，让学生能够根据自己的兴趣爱好及特长选择课程内容，享受艺术带来的乐趣，使每一个学生在充满艺术的学习生活中成为“艺术家”。

围绕课程理念，学校开发了学生艺术团课程，加强舞蹈、管乐、合唱等传统艺术项目的建设，设计了数字音频、服装设计、数码印染、数字媒体艺术、摄影等课程内容，将传统艺术与现代文化视角及技术手段相融合，在课程建设中坚持“创意融合技术，设计传承文化，知识改变生活”，力求构建“学—研—创”一体化的学习方式，为学生的多元发展提供成长的平台和途径。下面以“时尚创意课程”为例（见表3）。

表3 时尚创意课程介绍

课程名称	时尚创意
课程简介	课程在ARTIST艺术时尚实验室课程指导下，依托拓展型课程展开，教师“跨界”合作、集体备课，以项目、单元为载体，以“跨界”融合的方式将数字音频、服装设计与制作、数码印花、数字媒体艺术、舞台综合摄影艺术等结合在一起，将知识和技能蕴含于情境化的真实问题中
课程目标	学生积极主动地利用各学科相关知识设计解决方案；通过跨学科实践，提高学生知识迁移和运用的能力；注重激发学生对于当下时事热点和社会问题的思考与关注，培养学生的社会责任感
课程内容/知识领域	舞蹈、绘画、数字媒体、服装设计
课程结构/形式	课程由数字音频、服装设计与制作、数码印花、数字媒体艺术、舞台综合摄影五个主题项目构成，以PBL项目合作形式开展
课程评价	根据学生项目参与度、小组展示成果、舞台综合效果等进行综合评价

（3）整合课程空间的MEDIUM传媒语言素养实验室课程

该课程通过培育学生传媒素养与语言能力，帮助学生成长为适应现代信息社会的国际化人才。课程主要分为两部分：一是在现有的学科基础型课程中，渗透实施语言与传媒课程模块，重点关注传媒素养与语言能力的基础培养；二是构建“传媒与语言”拓展型校本课程，系统培养学生传媒素养与语言能力。课程的主题为：思辨、探索、创新。

通过思辨写作等课程，培养学生融欣赏与批判于一体、思辨性地解读媒介信息的素养；通过数字音频、戏剧表演等课程，感受、判断、评估信息；通过古诗文鉴赏、播音编辑等课程，在对“传媒”和“语言”的反复思辨与探索的基础上，创作新颖、多元、融入个人思考的“传媒和语言”作品。下面以“思辨写作课程”为例（见表4）加以说明。

表4　思辨写作课程介绍

<table>
<tr><th>课程名称</th><th>思辨写作</th></tr>
<tr><td>课程简介</td><td>课程旨在培养学生的书面语言表达能力和思辨能力。在课程中，学生将学习不同类型论文（如因果关系、比较、问题解决方案与论证）的写作技巧，以及如何将这些写作技巧运用到文章中</td></tr>
<tr><td>课程目标</td><td>用正确的语法结构，构建更好的英语写作风格；在建立语法结构知识的基础上，继续完善写作风格；写作前，培养良好的论文写作习惯；能够识别优秀文章与平淡文章；在规定时间内完成一篇文章</td></tr>
<tr><td>课程内容/知识领域</td><td>以写作的方式练习；从语法结构、词汇标点、用法规范、段落结构等领域切入</td></tr>
<tr><td>课程结构/形式</td><td>课程以PBL项目合作形式开展；教师按照课程设置，开设与思辨写作相关的主题讲座，组织与思辨写作相关的教学活动，如围绕写作主题开展的公共演讲和辩论</td></tr>
<tr><td>课程评价</td><td>
<table>
<tr><th></th><th>Description 描述</th><th>Assessment Breakdown
评估分解</th></tr>
<tr><td rowspan="4">Assessment Objectives
评估目标</td><td>Demonstration of Knowledge
知识展示</td><td>20</td></tr>
<tr><td>Application of Concepts
概念应用</td><td>20</td></tr>
<tr><td>Selection of Skills and Techniques
技能与技巧选择</td><td>20</td></tr>
<tr><td>Production of Well-Structure Content
结构清楚，内容丰富</td><td>40</td></tr>
<tr><td></td><td>Total 总分</td><td>100</td></tr>
</table>
</td></tr>
</table>

(4) 整合课程空间的DESIGNER生涯设计实验室课程

该课程的开发与建设立足于学校十五年一贯制的学制优势,整体设计具有建青特色的高中生涯教育体系,构建内涵丰富、科学适切的生涯教育目标与内容体系;绘制以学生多元发展需求为导向,形式多样、注重体验、讲求实效的学生成长地图,最终促进学生的健康成长与终身发展。

课程有生涯教育课程、生涯主题教育活动、学职探索、家校合作共育、社会实践大课堂五大板块。在高中不同年级分别组织开展适合不同学段特点的生涯主题教育活动,如新生入学适应、职业体验与情景模拟、学生自主管理、成长经验分享、选科决策与升学指导等。下面以"高中生生涯规划辅导课程"为例(见表5)加以说明。

表5　高中生生涯规划辅导课程介绍

课程名称	高中生生涯规划辅导
课程简介	课程基于学校育人目标及高考新政,帮助学生进行自我分析,学会人生规划与设计,为适应未来社会奠定坚实基础;在提高学生综合素质的同时,使他们在高中阶段就有明确的人生目标,进而有效地调动学习积极性,激发学习潜能,成长为一个终身学习者
课程目标	提高学生对自己的兴趣、性格、能力、价值观等方面的认识,帮助学生挖掘和发挥自己的优势,实现自己学业的精准定位和个性化发展;通过有针对性的指导,为学生的选科和专业选择提供专业支持,帮助学生了解有关高校和专业的相关知识,助其实现对自身未来职业发展的探索
课程内容/知识领域	生涯指导规划、心理品质
课程结构/形式	生涯活动课、专题讲座、主题班会、社会实践
课程评价	根据学生课堂参与度、自我成长小论文完成度等进行过程性评价

(三)开发优势智能实验室课程支持工具

根据学生个性化特点及需求构建的学校课程空间,在一定程度上满足了学生多元化发展的需求,考虑到课外对学生自主学习的指导也是满足个性化需求必不可少的部分,学校编写了一系列优势智能实验室课程自主学习手册,为教师提供了精准指导的依据,给学生提供了自主学习的资源。

1. 创新实验操作手册

学校结合优势智能实验室课程,尝试进行多学段、跨学科的实验衔接研究,由科学、生物学、物理、化学、地理以及艺术等不同学科教师，根据现有和设想中的校园环境进行创新实验设计；注重指导学生运用多学科知识解决实际问题，引导学生在实践中不断反思、总结。该手册已成为学生自适应学习的有效资源。

2. 研究性学习指导手册

优势智能实验室课程所涉及的学科与主题均会成为学生开展研究性学习的课题，学校编写的与课程配套的《高中研究性学习指导手册》，不仅能帮助学生确定研究性学习内容，明确实施研究性学习的方式，还能在研究性学习的各个阶段为学生提供具体指导，以更好地培养学生的科学精神和创新能力。

3. 高中英语整本书阅读手册

为更好地培养学生的传媒语言素养、思维品质和批判思维，学校编写了《高中英语整本书阅读手册》。该手册选择了适合高中生阅读的英语原版书籍，并对核心词汇进行分页注解，对书籍进行大纲式导读问题编写，根据角色人物、故事情节进行问题设计，同时配以根据书籍改写的剧本的电影评析，以便多角度引导学生开展自主阅读，进而培养其自适应学习能力。

三、效果与反思

优势智能实验室与优势智能实验室课程是共生共长的关系，实验室满足了跨学科、项目化学习的需要，实验室课程则为学生个性化发展提供了载体、支持、场所。本项目研究对教师教育理念的提升起到了促进作用。在研究开展过程中，学校积极思考如何通过建设基于数据的学生特长培养跟踪机制，更好地记录学生综合素养培养的过程，以便为学生全面发展提供更有力的数据支持。

上海市建青实验学校发挥十五年一贯制学校的生源差异化特点和办学一贯制优势，开展了高中学生优势智能实验室及课程建设的实践研究，创造出高中立德树人的校本化实施新路径。

项目研究以学生优势智能为基础，结合课程政策要求和学校实际，建立优势智能实验室,探索和总结出优势智能实验室课程建设基本模式。特别是建成了对接语言智能的MEDIUM传媒语言素养实验室、对接逻辑数学智能和自然观察者智能的EXPLORER跨学科实验室、对接人际关系智能和自我认知智能的DESIGNER生涯设计实验室、对接音乐智能和身体动觉智能的ARTIST艺术时尚实验室等,推动了“高中优势智能实验室”课程平台的优化发展,不断把学生差异转化为教育资源,使不同潜质、潜能的学生得到充分的、多样化的特色发展。

华东师范大学课程与教学研究所　吴刚平

图书在版编目(CIP)数据

“双新”要求下的上海高中课程行动/上海市教师教育学院(上海市教育委员会教学研究室)编著. —上海:上海科技教育出版社,2023.6

ISBN 978-7-5428-7956-1

Ⅰ. ①双… Ⅱ. ①上… Ⅲ. ①高中—课程建设—研究—上海 Ⅳ. ①G632.3

中国版本图书馆CIP数据核字(2023)第071797号

责任编辑 师宇楠
封面设计 李梦雪

“双新”要求下的上海高中课程行动
上海市教师教育学院(上海市教育委员会教学研究室) 编著

出版发行 上海科技教育出版社有限公司
(上海市闵行区号景路159弄A座8楼 邮政编码201101)
网　　址 www.sste.com www.ewen.co
经　　销 各地新华书店
印　　刷 上海华顿书刊印刷有限公司
开　　本 787×1092 1/16
印　　张 16
插　　页 2
版　　次 2023年6月第1版
印　　次 2023年6月第1次印刷
书　　号 ISBN 978-7-5428-7956-1/G·4702
定　　价 99.00元